宁夏"三大战略"丛书

TUOPIN FUMIN ZHANLUE

脱贫富民战略

主编／狄国忠

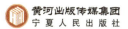

黄河出版传媒集团
宁夏人民出版社

图书在版编目（CIP）数据

脱贫富民战略 / 狄国忠主编. –– 银川：宁夏人民
出版社，2019.12
（宁夏"三大战略"丛书）
ISBN 978-7-227-07155-6

Ⅰ．①脱… Ⅱ．①狄… Ⅲ．①扶贫 – 研究–宁夏
Ⅳ．①F127.43

中国版本图书馆 CIP 数据核字（2020）第 006504 号

宁夏"三大战略"丛书
脱贫富民战略
狄国忠　主编

责任编辑　周淑芸
责任校对　杨敏媛
封面设计　张　宁
责任印制　陈　哲

黄河出版传媒集团
宁夏人民出版社　出版发行

出 版 人　薛文斌
地　　　址　宁夏银川市北京东路 139 号出版大厦（750001）
网　　　址　http://www.yrpubm.com
网上书店　http://www.hh–book.com
电子信箱　nxrmcbs@126.com
邮购电话　0951–5052104　5052106
经　　　销　全国新华书店
印刷装订　宁夏银报智能印刷科技有限公司
印刷委托书号（宁）0017399

开本　720 mm×1000 mm　1/16
印张　20
字数　278 千字
版次　2020 年 1 月第 1 版
印次　2020 年 1 月第 1 次印刷
书号　ISBN 978-7-227-07155-6
定价　52.00 元

目
录
catalogue

第 7 章
充分挖掘农民增收新潜力

第 8 章
激发培育贫困群众脱贫内生动力

第 9 章
聚焦各方力量合力攻坚

下编　大力实施富民工程

第13章
大力实施富民工程

第14章
推进产业富民

第15章
推进创业富民

第 16 章
推进就业富民

第 17 章
创新完善职工增收激励机制

第 18 章
提高城镇低收入居民收入

第 19 章
落实好强农惠农富农政策

第 20 章
优化教育资源均衡配置

第 21 章
切实减轻群众就医负担

第 22 章
稳步提高社会保险待遇水平

总　论
实施脱贫富民战略
与全国同步建成全面小康社会

十九大报告明确指出："从现在到2020年，是全面建成小康社会决胜期。"《宁夏回族自治区党委 人民政府关于推进脱贫富民战略的实施意见》强调，深入贯彻落实习近平新时代中国特色社会主义思想以及习近平总书记视察宁夏时的重要讲话精神，"按照自治区第十二次党代会部署，振奋精神、实干兴宁，集中力量、优化资源、用足政策，大力实施脱贫富民战略"，"与全国同步建成全面小康社会"。我们要坚决贯彻中央要求和自治区战略部署，切实增强使命感、责任感和紧迫感，牢牢把握脱贫攻坚的正确方向，向最难处攻坚，在最需要处发力，众志成城，坚决打赢脱贫攻坚战，努力提高城乡居民收入，提升基本公共服务水平，与全国同步建成全面小康社会。

一、打赢脱贫攻坚战，是宁夏与全国同步建成全面小康社会的前提基础

党的十八届五中全会从实现全面建成小康社会奋斗目标出发，明确提出了脱贫攻坚的目标任务，到 2020 年我国现行标准下农村贫困人口实现脱贫，贫困县全部摘帽，解决区域性整体贫困。现在，我们越来越趋近完成脱贫攻坚目标任务，但是，越是趋近完成脱贫攻坚的目标任务，剩下的贫困人口越是脱贫攻坚中的硬骨头。脱贫攻坚仍然是全面建成小康社会的短板，是全面建成小康社会最繁重的任务。习近平总书记在解决"两不愁三保障"突出问题座谈会上的讲话中指出："脱贫攻坚是全面建成小康社会必须完成的硬任务。"我们搞社会主义，就是要让各族人民都过上幸福美好的生活。无论这块硬骨头有多硬都必须啃下，无论这场攻坚战有多难打都必须打赢，全面小康路上不能忘记任何一个民族、任何一个家庭。我们要坚持精准扶贫和精准脱贫的基本方略，提高脱贫攻坚的成效，确保宁夏高质量完成脱贫攻坚任务，与全国人民一道全面建成小康社会。

脱贫攻坚是宁夏与全国一道同步建成全面小康社会最为艰巨繁重的任务。到 2020 年全面建成小康社会，是我们党确定的"两个一百年"奋斗目标的第一个百年奋斗目标。全面建成小康社会，贫困县（区）摘帽、贫困人口脱贫是最艰巨最繁重的任务。没有贫困地区农村的小康，是不完整的小康。我们必须深刻认识和把握精准扶贫、精准脱贫工作的核心要义，准确把握扶贫脱贫规律，正确判断新时期脱贫攻坚工作的形势和任务，努力开创脱贫攻坚工作新局面。在脱贫程度上，改革开放以来，经过在全国范围有计划有组织地大规模开展扶贫工作，一大批扶贫工程和扶贫项目实施，取得了巨大的成就。特别是党的十八大以来，我国实施精准扶贫方略，扶贫成效明显增强。现行标准下农村贫困人口从 2012 年的 9899 万人减少到 2019 年的 551 万人，累计减少 9348 万人，连续 7 年每年减贫规模都在 1000 万人以上，贫困发生率由 10.2%降至 0.6%。改革开放以来，宁夏贫困人口大幅度的减少，

到 2019 年底仅剩下 1.88 万贫困人口，贫困发生率降到 0.47% 以下。在脱贫难度上，宁夏脱贫攻坚工作实现由打赢脱贫攻坚战向精准打好脱贫攻坚战转变，由解决温饱问题向加快贫困地区和贫困人口的脱贫致富转变，脱贫攻坚已进入啃硬骨头、攻坚拔寨的攻坚期。通过 40 多年的脱贫攻坚工作，我国贫困人口大量减少，贫困地区面貌显著改变。在我国现行脱贫标准下，到 2020 年实现农村贫困人口脱贫，贫困县全部摘帽，还需要减贫 551 万贫困人口。截至 2019 年末，宁夏还未脱贫的人口贫困程度深，脱贫攻坚的成本更高、难度更大，2020 年是脱贫攻坚的收官之年，完成这一目标，时间紧，任务重，难度大，脱贫攻坚进入冲刺期。在脱贫重点上，深度贫困地区仍然是脱贫攻坚的重点区域。宁夏是革命老区、民族地区和贫困地区，贫困人口数量大、程度深。目前，宁夏还未脱贫的人口基本上在深度贫困地区。深度贫困地区重点县农民人均可支配收入相当于全区农民平均水平的 67.5%。贫困地区条件差、发展难度大。现有贫困人口大多分布在生存环境差、发展水平低的深山区、干旱区、风沙区，是脱贫攻坚最难啃的"硬骨头"。深度贫困地区贫困人口致贫因素多、返贫压力大，既有脱贫产业发展滞后的问题，也有防灾抗灾能力弱的问题，特别是因病、因灾致贫问题突出。据统计，全区建档立卡贫困人口中，患长期慢性病、大病人员和残疾人占 41%。加快贫困群众脱贫致富，实现与全国同步全面建成小康社会，任务十分繁重艰巨。

精准打好打赢脱贫攻坚战，对于全区与全国一道进入全面建成小康社会至关重要。2016 年 7 月，习近平总书记在宁夏考察时就曾嘱托："全面建成小康社会，一个地区、一个民族都不能落下。"习近平总书记的重要讲话为宁夏发展把脉定向、量体裁衣，提出了具有重大指导意义的总体要求，核心是希望宁夏发展得更好，老百姓生活得更好。我们要认真落实党中央决策部署，贯彻落实习近平总书记对宁夏重要指示精神，实施精准扶贫、精准脱贫，聚集各类资源，聚焦扶贫对象，提高扶贫工作的精准度和有效性，确保帮到点上、扶到根上，让贫困地区和贫困群众真正脱贫致富奔小康，努力建设好经济繁荣民族团结环境优美人民富裕的美丽新宁夏。

首先，把握脱贫攻坚政策，推进全面建成小康社会。习近平总书记指出，消除贫困，改善民生，逐步实现共同富裕，是社会主义的本质要求，是我们党的重要使命。党员干部要有高度的政治责任感和使命感，以高度的政治自觉和行动自觉，强烈的责任意识和担当精神，把贫困地区加快发展、贫困群众脱贫致富放在更加重要的位置。一是着力解决一些摘帽县干部中存在的松劲懈怠、"歇歇脚"的意识问题，鼓足干劲，持续推进农村居民全面发展。二是有效对接乡村振兴战略，采取更加有效的措施，提高已脱贫群众收入水平，特别要把防止返贫摆在重要位置，适时组织对脱贫人口开展"回头看"，对返贫人口和新发生贫困人口及时予以帮扶。三是要继续完成剩余贫困人口脱贫任务，稳定实现脱贫人口的脱贫目标。四是把握好脱贫攻坚主要政策。要继续执行脱贫攻坚政策，做到摘帽不摘政策、摘帽不摘帮扶、摘帽不摘监管。

其次，集中精力攻克坚中之坚，补齐全面建成小康社会短板。目前，宁夏剩下的贫困人口都是贫中之贫、困中之困、难中之难。如果这部分人的脱贫问题没有彻底得到解决，就难以与全国同步建成全面小康社会。精准打赢脱贫攻坚战，是全面建成小康社会需要着力解决的重大问题。习近平总书记指出，要深化脱贫攻坚，坚持靶心不偏、焦点不散、标准不变，在普遍实现"两不愁"的基础上，重点攻克"三保障"方面的突出问题，把脱贫攻坚重心向深度贫困地区聚焦。要全面准确掌握贫困人口的规模、分布以及居住条件、就业渠道、收入来源、致贫因素等情况，逐村逐户、逐人逐项解决问题，加大深度贫困农户脱贫攻坚的力度，逐一研究细化实化攻坚举措，攻城拔寨，确保完成脱贫任务。

再次，不断提高脱贫质量，打好全面建成小康社会的基础。习近平总书记指出，要坚持因人因地施策，因贫困原因施策，因贫困类型施策。我们必须始终坚持实事求是，根据贫困的类型和原因、发展的资源和条件，科学制订脱贫攻坚的方案，提高扶贫措施的精准性、系统性和可操作性。要坚持脱贫攻坚既看数量更看质量的要求，加强对特困户点对点帮扶，做到"一户一本台账，一户一个脱贫计划，一户一套扶贫措施"，不断改善贫困群众生产生活条件，使他们增强获得感，得到真实惠。要多管齐下提高脱贫质量，巩固脱贫成果。要严把贫困退出关，严格执行退出标准和程序，确保脱真贫、真脱贫。要探索建立稳定脱贫长效机制，强化扶贫产业的竞争力和可持续性，加大培训的针对性、实效性，促进转移就业，让贫困群众有稳定的工作岗位。要加强扶贫同扶志扶智相结合，让脱贫具有可持续内生动力。

最后，加强作风建设，全力推进全面建成小康社会。习近平总书记指出，要精准扶贫，切忌喊口号，也不要定好高骛远的目标。如果把扶贫作为"形象工程"，实施一些华而不实的扶贫项目，势必会产生巨额的"扶贫债务"，留下扶贫"后遗症"。在策划扶贫项目时，要多到贫困地区了解民意，倾听贫困群众心声，真正把贫困地区迫切需要、贫困群众热切期盼的项目纳入扶贫范围，让扶贫项目成为贫困地区发展的动力之源、贫困群众脱贫的致富之源。一是各级党委、政府要把脱贫攻坚当作重大政治任务来抓，思想认识到位，责任落实到位。二是贯彻扶贫脱贫精准方略，力戒发钱发物"一发了之"，或统一入股分红"一股了之"，或低保兜底"一兜了之"，把精力用在绣花功夫上。三是力戒形式主义、官僚主义。近年来，扶贫领域的会议多、检查多、填表多，基层干部疲于应付，各地区各部门要全面排查梳理问题，各类问题要确保整改到位。宁夏贫困人口主要集中在中南部地区，要实现山川共济、城乡协调发展的新局面，必须下定决心、排除万难，坚决打赢脱贫攻坚战，让贫困群众与全区人民一道步入小康社会。

二、实施富民工程，是宁夏与全国同步建成全面小康社会的重要组成部分

自治区第十二次党代会报告明确提出，要"大力实施脱贫富民战略，增强人民群众的获得感和幸福感"，这充分体现了自治区党委贯彻以人民为中心的发展思想，把增进人民福祉、实现人民幸福作为发展的出发点和落脚点，这将有力推动宁夏与全国同步建成全面小康社会奋斗目标如期实现。

实施富民工程，必须以习近平新时代中国特色社会主义思想为指导。习近平来宁夏考察时指出，"要有信心和定力，看大势、看趋势，下大气力解决制约经济发展的深层次问题，多做强基础、谋长远的事情，从根本上提高经济发展质量、效益、竞争力"。要始终保持信心和定力，统一思想，凝聚力量。当前，宁夏的发展正处于关键时期，我们要努力使新发展理念渗透到干部群众的头脑当中，解放思想，真抓实干，务实苦干，科学巧干，聚焦重点，寻求突破，推动各项工作迈上新台阶、更上一层楼。抓好发展第一要务、保持一定经济增速的同时，认真贯彻落实新发展理念，推进"三去一降一补"，加快产业优化升级，进一步提高经济发展质量和效益，不断推进各项重点工作顺利开展，确保与全国同步建成全面小康社会。要善于抓住重点。要深刻领会习近平总书记提出的"三个着力"重点任务，把着力推进经济持续健康发展、着力保持社会和谐稳定、着力巩固和发展党的执政基础作为宁夏的核心任务，作为全面建成小康社会的关键抓手，把3个方面的要求不折不扣落到实处，贯穿到宁夏经济社会发展的各方面。要敢于担当、主动作为，对确定的每一项工作、每一件事情一抓到底、务求实效，推进富民工程的实施。全区广大干部群众要增强紧迫感和主动性，要把富民工程作为做好民生工作的重中之重，在"准"和"实"上再下些工夫、再想些办法。要充分发挥党的政治优势。习近平总书记指出，推动经济社会发展，促进社会和谐，根本靠坚持和改进党的领导。要进一步推动党的理论和路线方针政策

深入人心，打牢各族干部群众团结奋斗的共同思想基础。要建好基层组织和基层政权，大力推进基层服务型党组织建设，不断夯实基层基础，为确保与全国同步进入全面小康社会提供有力保障。

实施富民工程，使人民过上富裕幸福生活。发展的最终目的是造福人民，全面建成小康社会最直接的体现是人民富裕。现在老百姓最关注的就是收入水平、生活质量。我们不仅要关注 GDP 增速，更要让城乡居民收入跑赢 GDP，从根本上提高人民群众的富裕程度和生活质量。大力推进以保障和改善民生为重点的社会建设是宁夏长期性的重要工作，目前，正在勠力从扶危济困向保障民生战略转变，从满足温饱向建立居民收入增长长效机制转变，从满足老百姓的生存需求向更加关注老百姓的发展需求转变，从解决老百姓的现实利益问题向提高老百姓的幸福感转变。要实现这几个转变，关键还是要千方百计增加城乡居民收入，可以说，这四个转变成功与否，标志就是城乡居民收入是否实现了稳步增长。全面小康，是惠及全体人民的小康，是要让人民群众过上更加殷实的生活，享受公平充足的公共服务供给、更可靠的社会保障。大力实施富民工程，是宁夏完成历史使命、实现宏伟目标的必然选择。

实施富民工程，让人民群众有更多获得感、幸福感和安全感。"天下顺治在民富，天下和静在民乐。"目前，宁夏城乡居民收入较低，人民群众的获得感和幸福感有待增强。宁夏人均 GDP 在全国排名第 15 位左右，但城乡居民收入分别排在第 26 位和 25 位，人民群众生活水平和生活质量与经济发展水平不够相称。因此，要大力发展本地特色产业，切实把各县（区）的资源优势有效转化为富民优势，发展稳定的可持续的致富产业。同时，政府要制定和完善更加积极的创业就业政策，鼓励更多有劳动能力的人积极就业创业，使人民群众在就业创业中得到实实在在的利益，充分享受自己劳动的丰硕成果。历史和现实都已证明，只有解决好关系人民群众切身利益的问题，才能从根本上减少不和谐不稳定因素；只有让人民幸福安康，才能战胜前进道路上的一切艰难险阻；只有真正为民解忧、为民谋利，让发展成果公平共享，让老百姓有满满的获得感、稳稳的幸福感，才能赢得群众的真诚拥护，才能为发展凝聚起强大的向心力。可以说，富民工程是社会稳定的保障，是提高人民生活水平的要求，是满足人民幸福感的举措，也是可持续发展的基础。

三、实施脱贫富民战略，是宁夏与全国同步建成全面小康社会的着力点

习近平总书记在宁夏考察时强调，宁夏要"努力实现经济繁荣、民族团结、环境优美、人民富裕，确保与全国同步建成全面小康社会"①。我们要按照十六大、十七大、十八大、十九大提出的全面建成小康社会各项要求，紧扣我国社会主要矛盾变化，坚定实施脱贫富民战略，突出抓重点、补短板、强弱项，把脱贫富民作为今后五年发展的价值取向和工作导向，坚决打赢脱贫攻坚战，大力实施富民工程，实实在在提高人民群众的富裕程度和生活质量，让经济发展成果更多转化为富民成果。要充分认识脱贫攻坚的艰巨性、复杂性，把打赢脱贫攻坚战作为民生工作的重中之重，既要坚定信心，一步一个脚印，稳扎稳打，扎实推进，也要克服超越实际、盲目乐观、急于求成的倾向，在稳定可持续上下工夫，确保小康路上一个不少、一人不落。同时，大力推进产业富民，实施更加积极的创业就业政策，落实好强农惠农富农政策，努力让老百姓的钱袋子鼓起来。要加快推进公共服务均等化，让人民群众得到更多实惠，不断开创美好新生活，续写新的光辉篇章。

重点攻克深度贫困地区脱贫攻坚任务。深度贫困地区主要是指生活水平远低于基准贫困线，生存环境恶劣，生产生活条件极差，收入水平低下，生活质量较差的地区。深度贫困地区的党委和政府必须把攻克本地区深度贫困的脱贫任务作为重大政治任务来抓，切实增强责任感、使命感和紧迫感，切

①《习近平在宁夏考察时强调 解放思想 真抓实干 奋力前进 确保与全国同步建成全面小康社会》，新华社，2016年7月20日。

实解决好思想认识不到位、体制机制不健全、工作措施不落实等突出问题，不辱使命、勇于担当，只争朝夕、真抓实干。要把中央统筹给予深度贫困地区的政策、资金、人力等用好用活，要鼓励社会各界给予深度贫困地区更多的帮助、支持与关爱。要找准导致深度贫困的主要原因，以解决突出问题为重点，以补短板为突破口，以推进重大扶贫工程建设和到村到户帮扶等措施为主要抓手精准发力。要坚持发挥政府投入的主体和主导作用，积极加大各方帮扶力度，全力改善深度贫困地区基础设施和公共服务设施条件。要加大对贫困老年人、残疾人、重病患者等深度贫困群体的扶持力度，加快大病集中救治覆盖所有深度贫困地区，对所有患大病和慢性病的贫困人口进行分类救治，将符合条件的贫困残疾人全部纳入农村低保范围，提供救助供养或照料护理服务。

全面深化细化实化精准扶贫措施。扶贫脱贫工作贵在精准，重在精准，成败在于精准，特别要做到"六个精准"，即扶持对象精准、项目安排精准、资金使用精准、措施到户精准、因村派人（第一书记）精准、脱贫成效精准。在全面建成小康社会的决胜阶段，我们要打赢脱贫攻坚战，必须坚持精准扶贫、精准脱贫，唯有如此才能取得应有的成效。推进精准扶贫、精准脱贫，确保脱贫真实，关键是要做深做细做实"五个一批"精准扶贫工程，着力提升扶贫措施的针对性和精准度。发展生产脱贫，要抓好产业带动和劳务输出。易地扶贫搬迁脱贫，要合理选择搬迁安置方式，加大群众后续脱贫扶持力度，确保搬迁一户，稳定脱贫一户。生态补偿脱贫，要创新生态资金使用方式，利用生态补偿和生态保护工程资金让有劳动能力的贫困人口转化为护林员等生态保护人员，完善森林、草原、湿地、水土保持等生态补偿制度。发展教育脱贫，要降低贫困家庭子女就学负担，大力发展职业教育，着力阻断贫困代际传递。社会保障兜底，对贫困人口中完全或部分丧失劳动能力的人，要由社会保障来兜底，加快推进健康扶贫，避免因病致贫返贫。

坚持大扶贫格局。脱贫攻坚要动员全党全国全社会力量，要得到社会各方面的支持与帮助。要充分发挥各民主党派、无党派人士在人才和智力扶贫上的优势与作用；鼓励支持民营企业、社会组织、个人参与扶贫开发，实现社会帮扶资源和精准扶贫的有效对接；引导社会扶贫重心下移，自愿包村包户，做到贫困户都有党员干部或爱心人士结对帮扶；通过政府购买服务等方式，鼓励各类社会组织开展到村到户精准扶贫；完善扶贫龙头企业认定制度，增强企业辐射带动贫困户增收的能力；鼓励有条件的企业设立扶贫公益基金和开展扶贫公益信托；实施扶贫志愿者行动计划和社会工作专业人才服务贫困地区计划；构建社会扶贫信息服务网络，探索发展公益众筹扶贫等等；注重扶贫同扶志、扶智相结合。要淡化贫困意识，树立脱贫致富的志气，增强摆脱贫困的信心。要帮助贫困群众提高认识、更新观念、自立自强，让贫困群众树立起自我脱贫的自信心与责任感。要加强思想教育和文化教育，提高贫困人口的素质，阻断贫困的代际传递。要加强技能培训，让贫困群众在脱贫实践中增长见识、提高本领。

动员全党全国全社会力量。目前，宁夏扶贫脱贫已进入啃硬骨头、攻坚拔寨的冲刺期。中南部一些县（区）贫困人口规模依然较大，剩下的贫困人口贫困程度较深，减贫成本高，脱贫难度大。要实现到 2020 年摆脱贫困的既定目标，时间十分紧迫、任务相当繁重。只有把全社会力量动员起来，我们才能打好打赢这场脱贫攻坚战。要加大东西部扶贫协作力度，建立精准对接机制，使帮扶资金主要用于贫困村、贫困户，真正做到精准扶贫、精准脱贫。要强化以企业合作为载体的扶贫协作，鼓励东部有条件的省份按照宁夏当地主体功能定位共建产业园区、示范园区。进一步实施经济强县（市）与宁夏深度贫困重点县"携手奔小康"行动。

加大力度支持老少穷地区加快发展。宁夏贫困县（区）也是革命老区和民族地区，大多属于全国集中连片特困地区，是脱贫攻坚的主战场。要加快推进贫困革命老区开发建设，全面落实支持革命老区振兴发展的系列规划政策，积极推进革命老区开发建设与脱贫攻坚重点任务，以革命老区重点区域、重点人群、重点领域为突破口，加快实施一批带动贫困人口脱贫的重大基础设施、民生项目。加大对民族地区的政策扶持力度，认真组织实施好少数民族整体脱贫的政策措施，着力提升民族地区教育、医疗等公共服务水平，从根本上改变贫困少数民族群众贫困落后面貌。认真组织实施好贫困革命老区和民族地区脱贫攻坚工程，大力发展特色优势产业，强化基础设施建设，全力保障和改善民生。进一步完善贫困革命老区与民族地区联系协调机制，推动该地区加快建设一批交通、水利、能源等重大基础设施和教育、卫生等公共服务设施，破除制约该地区脱贫发展的突出瓶颈，着力解决区域性整体贫困。

激发贫困群众脱贫内生动力。习近平总书记多次强调，脱贫致富贵在立志，只要有志气、有信心，就没有迈不过去的坎。对脱贫攻坚来说，外力帮扶非常重要，是打赢脱贫攻坚战的"助推器"，但如果自身不努力，不作为，即使外力帮扶再大，也难以有效发挥作用。只有用好外力，激发内力，才能形成合力。一方面要动员全党全社会凝聚帮扶合力，进一步加大产业扶贫、易地扶贫搬迁、教育扶贫、健康扶贫等对贫困人口脱贫的扶持，给贫困人口"输血"。另一方面要将扶贫同扶志、扶智相结合，充分调动贫困群众的积极性、主动性和创造性，切实改变贫困群众"等、靠、要"等惰性思想倾向，变"要我脱贫"为"我要脱贫"。加强贫困人口发展生产和务工经商的基本技能培训，增强"造血"功能，切实提高其"弱鸟先飞"的能力。

坚持中央统筹、省负总责、市县抓落实的工作机制，强化党政一把手负总责的责任制。"坚决打赢脱贫攻坚战。让贫困人口和贫困地区同全国一道进入全面小康社会是我们党的庄严承诺。"作为党政一把手就必须有强烈的使命感和责任担当。当然，这种使命感和责任担当不是空洞的，而是要有具体要求的。这些具体要求就是要层层签订脱贫攻坚责任书，各级党委、政府要向下一级党政一把手提出要求，层层落实责任制。坚持实践中探索的扶贫、脱贫工作机制，党中央、国务院主要负责统筹制定脱贫攻坚大政方针，出台重大政策举措，完善体制机制，规划重大工程项目；省（自治区、直辖市）党委和政府对本地区脱贫攻坚工作负总责，抓好目标确定、项目下达、资金投放、组织动员、监督考核等工作；市县党委和政府把精力集中在抓落实上，重点做好进度安排、项目落地、资金使用、人力调配、推进实施等工作。这样既层次分明又上下联动，能够有效推动脱贫富民工程的深入开展。

　　总之，只要我们按照十九大报告提出的要求和战略部署，齐心协力，攻坚克难，就一定能确保到 2020 年我国现行标准下农村贫困人口实现脱贫，贫困县全部摘帽，解决区域性整体贫困，做到脱真贫、真脱贫，推动全区城乡居民收入提高，人民生活富裕。

上　　编

坚决打赢脱贫攻坚战

第 *1* 章
坚决打赢脱贫攻坚战

党的十八大以来，以习近平同志为核心的党中央把脱贫攻坚摆到治国理政的突出位置，带领全党全国各族人民打响了力度前所未有的脱贫攻坚战，取得了举世瞩目的成就。党的十九大报告强调，坚决打赢脱贫攻坚战。我们要进一步增强打赢脱贫攻坚战的责任感、使命感和紧迫感，坚定愚公移山志，再接再厉，扎实工作，着力攻克深度贫困堡垒，更加注重产业扶贫，更加注重解决贫困群众迫切期盼的问题，更加注重基层基础，举全区之力、汇全区之智，确保全面完成脱贫攻坚任务，全面小康路上不落一人。

一、增强坚决打赢脱贫攻坚战的紧迫感和责任感

打赢脱贫攻坚战，实现农村贫困人口全部脱贫，是全面建成小康社会的标志性指标。当前，尽管剩下来的贫困人口（现有标准下）数量不大，但贫困程度更深，减贫成本更高，脱贫难度更大。我们一定要把思想和行动统一到中央与自

治区党委、政府的决策部署上来，切实扛起脱贫攻坚政治责任，如期实现脱贫攻坚目标。

（一）打赢脱贫攻坚战，事关全面建成小康社会，事关巩固党的执政基础

要以对党对人民对历史负责的态度，切实增强做好扶贫开发工作的紧迫感和责任感，真正把这一重大政治任务深深记在心里、牢牢抓在手上。习近平总书记指出，消除贫困，改善民生，实现共同富裕，是社会主义的本质要求。全面建成小康社会，最艰巨最繁重的任务在农村，特别是在贫困地区。全面建成小康社会，实现第一个百年奋斗目标，实现农村人口全部脱贫是一个标志性指标。打赢脱贫攻坚战，是保障全体人民共享改革发展成果、实现共同富裕的重大举措，是体现中国特色社会主义制度优越性的重要标志。党的十九大对坚决打赢脱贫攻坚战提出了明确要求，必须以习近平新时代中国特色社会主义思想为指导，充分发挥政治优势和制度优势，动员全党全国全社会力量，坚持精准扶贫、精准脱贫，确保如期完成脱贫攻坚任务。

（二）打赢脱贫攻坚战，是治国理政的重要组成部分

党的十八大以来，以习近平同志为核心的党中央把脱贫攻坚作为实现第一个百年奋斗目标的重点工作，摆到治国理政的重要位置，以前所未有的力度推进脱贫攻坚工作。习近平总书记亲自挂帅出征，把脱贫攻坚挂在心上、抓在手上，体现着对人民群众的真挚情感和共产党人的历史担当。各级党委、政府要认真贯彻中央决策部署，切实把脱贫攻坚作为重大政治任务，全面落实脱贫攻坚责任，全面推进各项重点工作，推进脱贫攻坚战取得决定性进展。一是围绕解决"扶持谁"的问题，持续完善建档立卡。要把建档立卡看作是一个动态的工作，在以往识别的贫困人口基础上，持续组织开展建档立卡"回头看"，提高贫困人口识别精准度，打牢打实精准帮扶的工作基础。二是围绕解决"谁来扶"的问题。要按照"中央统筹、省负总

责、市县抓落实"的要求，建立各负其责、合力攻坚的责任体系，逐级签订责任书，立下军令状，形成"五级书记抓脱贫，全党动员促攻坚"的局面。要强化驻村帮扶，选派好驻村干部和第一书记，实现对贫困村驻村帮扶全覆盖。要加大东西部扶贫协作力度，通过强化政治意识和创新意识，进一步动员社会各方力量参与，进一步提升帮扶实效，有力推进贫困地区打好打赢脱贫攻坚战。要加大扶贫工作监督力度，强化脱贫攻坚的责任意识和实效导向。三是围绕解决"怎么扶"的问题，强化脱贫攻坚的投入保障和政策支撑体系。要扎实做好发展特色产业脱贫、组织劳务输出脱贫、资产收益脱贫、易地搬迁脱贫、生态保护脱贫、发展教育脱贫、医疗保险和医疗救助脱贫、低保兜底脱贫、社会公益脱贫等，提高扶贫措施有效性。要用好用足中央财政专项扶贫资金和省级财政扶贫资金，真正把扶贫专项资金用于改善贫困地区生产生活条件上来。

（三）打赢脱贫攻坚战，确保贫困人口和贫困地区同全国一道进入全面小康社会

党的十八大以来，贫困地区群众收入增长较快，生产生活条件明显改善，贫困地区面貌明显改善。党的十八大以来的脱贫成效，创造了我国扶贫史上的最好成绩。我国提前 10 年实现联合国 2030 年可持续发展议程确定的减贫目标，继续在全球减贫事业中保持领先地位。当然。我们也要清醒地看到，我国脱贫攻坚面临的任务仍然十分艰巨。按照党中央的战略部署，到2020 年我国现行标准下农村贫困人口实现脱贫，贫困县全部摘帽，解决区域性整体贫困。"入之愈深，其进愈难。"从总量上看，2019 年底，按现行国家农村贫困标准测算，全国农村贫困人口还有 551 万人。从结构上看，现有的贫困大都是自然条件差、经济基础弱、贫困程度深的地区和群众，是越来越难啃的硬骨头。从群体分布上看，主要是残疾人、孤寡老人、长期患病者等"无业可扶、无力脱贫"的贫困人口以及部分教育文化水平低、缺乏技能的贫困群众，解决这些人的贫困问题，成本更高，难度更大。从扶贫工作

成效上看，当前脱贫攻坚工作中一些地方还存在着贫困识别不够准、帮扶不够准、工作不够实、监管不够严等问题，摆架子、做样子等各种形式主义不同程度存在。对脱贫攻坚取得的成绩不能高估，对存在的困难不能低估。我们必须强化支撑体系，加大政策支持力度，聚焦精准发力，着力提高脱贫攻坚成效，着力增强贫困地区和贫困群众自我发展能力，确保贫困人口和贫困地区同全国一道进入全面小康社会。

二、推进落实坚决打赢脱贫攻坚战的重大部署

习近平总书记指出，扶贫开发贵在精准，重在精准，成败之举在于精准。当前，脱贫攻坚进入系统发力、重点突破、集中攻坚的关键阶段。要认真总结党的十八大以来脱贫攻坚实践，始终坚持"两不愁三保障"脱贫标准，既不吊高胃口，也不降低标准，坚持以问题为导向，狠下绣花功夫，拿出过硬办法，扎实推进精准扶贫、精准脱贫各项工作，确保到 2020 年我国现行标准下农村贫困人口实现脱贫，贫困县全部摘帽，解决区域性整体贫困，做到脱真贫，真脱贫。

（一）进一步推进精准扶贫、精准脱贫各项政策措施落地生根

要找准"穷根"、明确靶向、量身定做、对症下药，真正扶到点上、扶到根上。要因地制宜探索多渠道、多样化的精准扶贫、精准脱贫路径。就发展特色产业脱贫而言，要支持贫困群众立足各地资源条件，发展适宜特色产业，宜农则农、宜林则林、宜商则商、宜游则游。就引导劳务输出脱贫而言，要加强技能培训，提高培训的针对性和有效性，提高贫困群众就业能力。拓展贫困地区劳动力外出就业空间，建立和完善输出地与输入地劳务对接机制。就实施易地搬迁脱贫而言，要因地制宜选择搬迁安置方式，合理确定住房建设标准，完善搬迁后续扶持政策，确保搬迁对象有业可就、稳定脱贫，做到搬得出、稳得住、能致富。就生态保护脱贫而言，要创新生态资金

使用方式，利用生态补偿和生态保护工程资金使当地有劳动能力的部分贫困人口转为护林员等生态保护人员。完善森林、草原、湿地、水土保持等生态补偿制度，提高补偿标准，让贫困群众从生态保护修复中多得实惠。就开展医疗保险和医疗救助脱贫而言，要实施好健康扶贫工程，保障贫困人口享有基本医疗卫生服务，切实减轻建档立卡贫困人口个人医疗费用负担，努力防止因病致贫、因病返贫。就实行农村最低生活保障制度兜底脱贫而言，要完善政策设计，做好农村低保对象的核实排查，尽快实现农村低保制度和扶贫开发政策的有效衔接。就资产收益扶贫而言，要强化监督管理，建立健全收益分配机制，确保资产收益及时回馈持股贫困户。对脱贫户不能撒手不管，要"扶上马，送一程"，避免出现"一帮扶就脱贫，不帮扶就返贫"的现象。

（二）注重扶贫同扶志、扶智相结合

"志"和"智"是贫困人口脱贫的内力、内因。没有内在动力，仅靠外部帮扶，帮扶再多，也不能从根本上解决问题。"只要有信心，黄土变成金。"脱贫致富终究要靠贫困群众用自己的辛勤劳动来实现。在脱贫攻坚中，要注重调动贫困群众的积极性、主动性、创造性，注重激发贫困地区和贫困群众脱贫致富的内在动力，注重培育贫困群众发展生产和务工经商的基本技能，注重提高贫困地区和贫困群众自我发展能力，重视从思想上拔穷根，引导他们形成艰苦奋斗、自强自立、苦干实干的精神状态，消除精神贫困。要改进工作方式方法，不大包大揽，不包办代替。教育是阻断贫困代际传递的治本之策。要采取更加有力的措施，加快实施教育扶贫工程，让贫困家庭子女都能享有公平而有质量的教育。国家教育经费要继续向贫困地区倾斜、向基础教育倾斜、向职业教育倾斜。继续改善贫困地区办学条件，加大支持乡村教师队伍建设力度。对农村贫困家庭幼儿特别是留守儿童给予特殊关爱。

（三）坚持专项扶贫、行业扶贫、社会扶贫互为补充的"三位一体"大扶贫格局

脱贫攻坚是全社会的共同义务，要构建政府、市场、社会协同推进的大扶贫格局，唱好脱贫攻坚的大合唱。进一步做好东西部扶贫协作和对口支援工作。东部地区根据财力增长情况，逐步增加对口帮扶财政投入。要把帮扶资金和项目重点向贫困村、贫困群众倾斜。完善省际结对关系，实施好"携手奔小康"行动，着力推动县与县精准对接。推进东部产业向西部梯度转移，加大产业带动扶贫工作力度。进一步加强和改进定点扶贫工作，建立考核评价机制，确保各单位落实扶贫责任。扶贫济困是中华民族的传统美德。要健全社会力量参与机制，鼓励支持民营企业、社会组织、个人参与扶贫开发，着力打造扶贫公益品牌，表彰对扶贫开发作出杰出贡献的组织和个人，激励社会各界更加关注、支持和参与脱贫攻坚。

（四）进一步强化脱贫攻坚责任制

坚持中央统筹、省负总责、市县抓落实的工作机制，强化党政一把手负总责的责任制。脱贫攻坚县（市）要真正承担起主体责任，贫困县县级党政正职攻坚期内保持稳定。选好配强并充分发挥第一书记作用，强化驻村帮扶工作，帮扶工作队要真正"下得去、待得住、真扶贫"。加强村两委建设，充分发挥党支部的战斗堡垒作用。实施最严格的评估考核，发挥考核评估的指挥棒作用，提高考核评估的针对性和指导性，倒逼各地落实脱贫攻坚工作责任。进一步加强脱贫攻坚督察巡查，推动政策举措落地。充分发挥人大代表、政协委员、民主党派、纪检监察、审计、检察、媒体、社会等各类监督渠道的作用，以监督促进扶贫工作进步。进一步强化扶贫资金项目监管，推进财政涉农资金在扶贫领域统筹整合使用，提高资金整合效率和使用效益。严肃查处扶贫工作中的形式主义、官僚主义和腐败问题。

三、打赢脱贫攻坚战面临的困难和挑战

中国特色扶贫开发道路是中国特色社会主义道路的重要组成部分。打赢脱贫攻坚战，是全面建成小康社会的标志性指标，是解决发展不平衡不充分的关键之举。我们要清醒认识打赢脱贫攻坚战面临的困难和挑战，切实增强责任感和紧迫感，集中力量攻克贫困的难中之难、坚中之坚。

（一）扶贫政策落实不力

有的县（区）相关负责人对脱贫攻坚工作的安排部署、指导推进、督促检查不够有力；部分县（区）对脱贫攻坚任务的责任落实、工作落实层层递减，县直部门重视程度不够、合力不足；有的县（区）存在着扶贫部门扶贫政策、行业扶贫政策、社会扶贫政策的对接不紧密、落实不彻底等问题；一些乡村干部对脱贫攻坚工作政策把握的不透，扶贫工作中存在着消极应付、敷衍的问题，以及急躁症、拖延症现象。

（二）扶贫工作不精准

有的地方对贫困人口的识别标准把握的不准，对贫困人口的贫困状况掌握的不透彻，建档立卡户不精准；有的扶贫项目、扶贫产业不精准，有些扶贫项目的选择缺乏调查研究，存在"一刀切"，一个标准、一个模式等现象；有的地方扶贫资金的管理和使用不规范，一些贫困户将小额信贷资金用来盖房子、娶媳妇和还欠债；有的地方对贫困群众的教育培训不精准，贫困群众的技能培训实用性不强；有的地方对贫困人口的退出标准把握不到位，脱贫退出不精准，甚至存在指标脱贫、算账脱贫的现象。

（三）扶贫产业发展滞后

有的地方发展扶贫产业注重短期项目，可持续的"造血式"的扶贫产业

不多；有的地方发展扶贫产业联系当地实际不够，既缺乏对当地资源禀赋的考量，也缺乏对群众技能的考虑；扶贫产业"一刀切"现象较为突出，扶贫产业"一户一策"的精准实施不够；有的地方农民合作社和农业龙头企业的示范带动作用不明显，科学技术、能人带头的作用不突出；有的地方在扶贫产业有效实施上缺乏监督，尤其在发展养殖业上，验收时见牛见羊就补贴，补贴以后缺乏有效的跟踪监督和服务。

（四）贫困村基础设施建设滞后

有些农村水利基础设施差，甚至存在缺水或饮水安全问题；有些深度贫困村交通不便，道路硬化存在问题；有些深度贫困村存在危房危窑改造等问题；深度贫困地区农村教育、医疗等公共服务滞后。

（五）贫困群众内生动力不足

有些贫困群众"造血"功能不足，脱贫能力弱，特别是因病、因灾等突发事故极易使贫困群众心智丧失；有些贫困群众把扶贫看作是政府和干部的事情，"等着别人送小康"、躺在"扶贫政策"上混日子，心安理得地拥有政府扶持的项目、资金和物资；有些贫困群众"争当贫困户"，当不上贫困户心里不平衡，产生了当贫困户"光荣"的倾向；有些贫困群众经过扶持已经达到脱贫标准，但不愿退出，担心摘帽后会失去优惠政策和项目支持。

（六）村两委班子作用发挥不够

有些农村党支部引领作用不强，农村党组织凝聚力战斗力不强，对脱贫攻坚工作谋划、推进、落实不力；党员带头示范作用发挥不够，有些农村党员对脱贫攻坚工作不关心、不参与、不带头；有些地方存在着宗族势力、家族势力干预村两委班子建设的现象；有些地方乡村治理有待于加强，农村矛盾纠纷突出，赌博、酗酒现象较为明显；乡村文明建设有待加强，一些地方贫困农村陈规陋习盛行，封建迷信、高价彩礼现象突出。

（七）有些农村干部作风不实

有些地方扶贫干部和村干部对扶贫政策学的不深不透，政策落实不到位，扶贫工作干劲不足；有些地方扶贫干部和村干部存在着工作漂浮、不严不实、弄虚作假以及不作为、乱作为等；有些地方扶贫干部帮扶方式仍然停留在简单给钱给物的慰问层面，甚至有些帮扶责任人做工作只是填表记账；有些地方村干部落实政策偏亲厚友、扶持项目不公开透明；扶贫资金管理不规范、不严格，一些农村干部挪用、截留、贪污扶贫资金。

四、重点攻克深度贫困地区脱贫任务

我国贫困问题具有区域性特征，深度贫困地区是经过几轮扶贫剩下的硬骨头，是贫中之贫，难中之难。攻克深度贫困堡垒，是脱贫攻坚这场硬仗中的硬仗。要贯彻落实好习近平总书记在深度贫困地区脱贫攻坚座谈会上的重要讲话精神，找准导致深度贫困的主要原因，制定特殊政策，拿出超常举措，以解决突出制约问题为重点，以重大扶贫工程和到村到户帮扶措施为抓手，以补短板为突破口，坚决攻下"坚中之坚"。

（一）促进和保障扶贫政策落实到位

通过学习考察，提高思想认识。要定期举办由自治区扶贫办、人力资源与社会保障厅、财政厅，自治区党校（院）联合举办的县（区）相关负责人以及乡村干部参加的"脱贫攻坚专题班"，提高培训对象对习近平总书记关于脱贫攻坚工作的新思想新观点新理念的认识，以及对中央和自治区党委、政府关于脱贫攻坚政策与战略部署的把握；通过明察暗访等形式督促贫困县（区）脱贫攻坚任务的责任落实、工作落实，对落实不力者依照相关规定进行处理，对领导干部启动问责机制；定期在自治区扶贫办公室网站公开各领域相关扶贫政策和脱贫政策，并明确县（区）扶贫部门扶贫政策、行业扶贫政策、社会扶贫政策的对接路径、贯通方法；县级相关部门依照制度对乡村干部定期展开考核、检查，并让群众以适当的方式展开监督，促进乡村干部扎实推进脱贫攻坚工作，对症下药解决一些干部的急躁症、拖延症。

（二）下大气力推动扶贫工作再精准化

委托第三方机构到现场调查、核实建档立卡户的实际状况，针对变化的情况、不符合实际的情况，及时联合相关部门进行动态调整；驻村扶贫干部、第一书记和村干部要切实对建档立卡户进行摸底，与贫困户谈心、交流，帮助找到贫困户脱贫和发展的路径，做到脱贫项目及扶贫产业"一户一策"；制定扶贫资金的使用办法，明确扶贫资金的使用范围，公开扶贫资金的用途，对于故意错用、乱用扶贫资金者，要启动追责问责机制；强化教育培训的针对性和操作性。在针对性上，培训机构教育培训前，必须提出符合要求的教育培训方案。在教育培训方案里，明确培训要达到的目的、培训对象达到的水平、培训对象的就业部门或单位（订单式培训）。在操作性上，培训机构更要注重在生产一线进行实地模拟培训，切实提高培训对象的技能；摸清贫困户年人均可支配收入，严格对照贫困人口的退出标准，实事求是厘清每年摘帽的贫困人口，并公开贫困人口摘帽依据，接受群众监督。

（三）加大产业扶贫力度

突出当地特色优势资源，发展特色产业，切忌扶贫产业"一刀切"；根据当地条件和群众能力等实际情况，形成为贫困户着想的农民合作社，开拓产品销路，帮助贫困群众稳定可持续增收；发挥好扶贫企业的带动作用，并调动贫困群众的积极性、主动性，让他们参与到扶贫产业的生产、管理过程中，提高贫困群众自我发展能力；引导、鼓励和支持转业军人、大学生等在贫困农村创业，带动贫困群众走上致富之路；发挥第一书记和驻村扶贫干部的作用，帮助贫困群众寻找脱贫致富路径，保障贫困群众具有稳定的收益；

通过第三方机构随机抽查和监督各方扶持的扶贫产业的资金运行情况，对弄虚作假、套用国家扶贫资金者予以惩处。

（四）加强贫困村基础设施建设

根据城镇化和"空心"村的变化规律以及乡村振兴的要求，请相关专家制定贫困村发展规划；依据贫困村发展规划，合并一些自然村并重新选址建村，结合全区实施的整村推进工程，强化贫困村基础设施建设；扶贫部门与交通厅、水利厅等部门联合起来，切实解决贫困农村缺水或饮水安全、村内道路未硬化等问题；充分用好农村危房危窑改造的补助政策，调动贫困群众的主动性积极性，引导农村群众解决住房等不安全问题；结合教育扶贫、健康扶贫措施，把深度贫困地区农村的教育、医疗等公共设施与服务纳入精准扶贫的项目，提高深度贫困地区农村的教育、医疗水平。

（五）提高贫困群众的内生动力

在贫困群众中树立致富典型，通过典型示范带动，激发贫困群众的内生动力；组织贫困群众观摩脱贫村村民脱贫致富的方式方法，激发贫困群众自我发展的欲望；依托健康扶贫、教育扶贫、科技扶贫等根除贫困群众致贫之源，提高贫困群众脱贫信心；因地制宜、量身定制贫困群众培训计划，提高贫困群众生产生活技能；教育培训中增设思想道德课程，针对贫困群众思想观念落后问题，加大对贫困群众的教育引导；大力宣传并切实落实国家对贫困群众脱贫后的政策，消除脱贫群众的担忧。

（六）充分发挥村两委班子的凝聚力、战斗力和党员的模范带头作用

严格按照农村基层党组织建设要求，从大学生村官、转业军人、致富带头人中培育基层党组织后备人选，选优配强农村基层党组织；农村基层党组织牵头，抓住精准扶贫、精准脱贫的机遇，寻找发展村集体经济的路子，依法依规壮大村集体经济，提高村集体收入，提升农村基层党组织的凝聚力、

战斗力；教育引导农村党员关心和支持精准扶贫、精准脱贫工作，发挥党员的先锋模范和致富带头作用；农村基层党组织积极配合有关部门，引导和团结广大群众，依法依规、有理有据地打击个别农村群众的违法犯罪行为，解决宗族势力、家族势力干预村行政事务问题；加强乡村文明建设，创造性地开展乡村文化建设。深入调查研究，制定适应时代发展要求、符合农村实际的乡规民约，党员干部带头示范。

（七）切实解决农村干部作风不实问题

通过举办研讨班、培训班，让农村干部吃透、学通、弄懂国家和自治区的扶贫政策；规范和明确乡村干部、驻村干部、第一书记的考核、选拔和任用工作，切实落实兑现相关规定；加大对农村干部的监督以及农村财务的审计工作，对于形式主义严重、工作漂浮、偏亲厚友、弄虚作假者，根据不同情形，进行说服教育、诫勉谈话、工作调整和处罚等；制定扶贫资金管理使用制度，使扶贫资金使用有据可循。同时，加大对扶贫资金、扶贫项目等的监督，使扶贫资金、扶贫项目规范运行、恰当实施，把"钢"真正用在刀刃上。

第 *2* 章
大力实施产业扶贫

产业扶贫是精准扶贫的重要内容之一，是促进贫困地区发展、增加贫困农户收入的有效途径，是扶贫开发的战略重点和主要任务。产业扶贫有助于促进贫困个体（家庭）与贫困区域协同发展，是阻断贫困发生的重要基础。自治区党委、政府以习近平新时代中国特色社会主义思想、党的十九大精神和习近平视察宁夏时的重要讲话精神为指导，按照自治区第十二次党代会的战略部署，坚持精准扶贫、精准脱贫，先后出台《自治区人民政府办公厅关于加快推进产业扶贫的指导意见》（宁政办发〔2017〕112 号）、《关于推进脱贫富民战略的实施意见》（宁党发〔2017〕33 号）、《宁夏回族自治区深度贫困地区脱贫攻坚实施方案》（宁党办〔2017〕97 号）等重大政策，大力实施脱贫富民战略，努力实现宁夏贫困人口高质量脱贫。

一、提高产业组织化程度，增强产业带动脱贫能力

产业与组织分属不同的领域，概念与内涵各不相同，将

产业与组织组合到一起，形成产业组织化。产业组织化是广大农民转变传统生产生活方式，以市场为导向，以经济效益为中心，不断融入市场发展的需要，是增强农业竞争力和实现农村现代化的必然要求。只有将广大农民重新组织起来，不断创新产业扶贫工作机制，积极发展特色优势产业，大力发展新型农业经营主体，才能激发贫困群众内生动力，实现贫困人口持续稳定脱贫。

（一）以发展特色产业为抓手，强化示范引领，提高产业脱贫带动能力

根据宁夏各地资源禀赋、产业基础、市场状况，大力实施"1+4"特色产业，即优质粮食、草畜、瓜菜、枸杞、葡萄的"1+4"特色优势产业发展模式，注重打造"一村一品"特色，结合整村推进和贫困村提升工程，建设若干个产业扶贫示范村。加快土地流转，提高集约化种植规模，综合使用高产优新品种、覆膜保墒旱作节水农业技术、冷链储运体系等生产技术，在冬小麦种植、马铃薯三级繁育体系建设、肉牛托管与规模育肥、供港冷凉蔬菜储运、枸杞规模化基地建设、葡萄酒庄与贫困户合作经营等方面，形成因地制宜、因户施策的发展模式。

（二）以企业带动为抓手，强化增产增效，提高产业脱贫带动能力

大力实施聚焦工程，培育若干家扶贫龙头企业，带动贫困户发展特色产业。大力扶持企业在农产品初加工、贮藏、保鲜、烘干等方面的投资建设，在农产品精深加工等方面向南部山区（清水河）产业带集聚。大力支持现有农产品加工园区与贫困村结对帮扶，深入开展优质粮食、牛羊肉、瓜菜、枸杞、葡萄酒等特色农产品的全产业链开发，延长产业链条。鼓励龙头企业在贫困村设立加工车间，建设一批贫困人口参与度高的特色农产品生产基地。改进扶贫资金使用方式，对扶贫龙头企业、专业合作社、致富带头人用于扶贫产业发展的新增贷款给予同期同档次基准利率的60%贷款贴息。支持推广"龙头企业+合作社+贫困户"经营发展模式，鼓励龙头企业在贫困村开展订

单农业、牲畜托管、土地流转、股份合作、产销对接，建立紧密企农利益联结机制，并在用地、用电、配套设施建设等方面给予倾斜。

（三）以激发内生动力为抓手，强化自身组织化程度，提高产业脱贫带动能力

围绕特色农业种植、养殖、营销、加工等路径，培育和提升若干家扶贫产业合作社。大力推广"合作社+贫困户"发展经营模式，鼓励吸纳贫困户入社，实行统一品种、统一技术、统一收购、统一品牌、统一销售，通过合作社将广大农民重新组织起来，提高贫困户在产业发展中的组织化程度，让贫困户在合作中见到效益，在收获中感受合作共赢的益处，激发贫困户内生发展动力。各级政府要在订单农业、土地流转、产销对接等方面积极引导合作社，并带动贫困户发展特色产业，形成利益共享、风险共担的利益共同体。支持合作社围绕特色优势产业，建设储藏保鲜和冷链物流体系。积极引导有条件的贫困村组建土地股份合作社，鼓励贫困户以土地入股合作社，发展适度规模经营。在资金方面，凡是吸纳贫困户入社的合作社，贷款按照同期同档次基准利率的70%给予贴息；对集中土地超过500亩、入股贫困户超过100户的，每个合作社以奖代补10万元，补助资金用于折股量化给贫困户，提高合作社经营性资金。

（四）以培育致富带头人为抓手，强化比、学、帮、带效应，提高产业脱贫带动能力

以基层党组织建设为契机，注重培育、发展贫困村致富带头人。采取分类指导、重点培养、典型示范，培育一批发展产业、率先致富、带动群众增收的农村致富带头人。建立奖励机制，对于每名致富带头人带动5~10户建档立卡贫困户发展特色产业的，政府为其提供5万~10万元启动资金，发生银行贷款的，可以按照同期同档次基准利率给予贴息。

二、加快推进贫困地区产业发展新业态

农业农村中的新产业新业态，是指采用现代科学技术，以市场经济为依托，在农村一二三产业融合基础上，不断延伸产业链，不断拓展农业新功能，推动农业各个要素相互聚合、相互叠加衍生，形成新的经济形态，创造出新产品，提供新服务供给和增量效益。从产业融合来看，农业与信息产业、文化产业、旅游业、工业可以形成订单式、预订式的新产品，形成农业生产的新产业、新业态。从产业链延伸来看，通过延长产业链条，形成产供销一体化的全产业链结构，实现农业产业链整合和价值不断提升。从功能拓展来看，能够不断留存对自然生态、田园风光的美好向往，形成生态、文化、旅游的功能和价值。从产业内容来看，随着现代信息技术的应用，大数据、云计算、物联网等与农业农村经济活动深度"联姻"，催生了农业农村电子商务，以及电子商务背景下连锁经营、物流配送等新的经营模式，成为引领农村生产生活、服务消费的新动力。宁夏中南部连片贫困地区要不断发挥自身优势，将生态环境、民俗文化和特色产品转换为产业发展优势，形成新产业、新业态，为加快精准扶贫、精准脱贫注入持久活力。

（一）不断拓展乡村生产生活功能，大力发展乡村休闲旅游业

乡村休闲旅游是以农业生产、农民生活、农村生态、乡村文化等为基础，依托农村自然生态景观、传统民居、文化遗产、民俗文化、农业生产、传统手工艺等特色资源，以休闲游和体验游为基本形式，拓展延伸为集旅游观光、休闲度假、养生养老、康体娱乐、文化教育于一体的新兴旅游方式。与其他旅游方式相比，乡村休闲旅游更加突出田园、乡土、休闲的主题，强调亲近自然、体验农业、感受民俗、品味文化，让身处现代都市的人感受"乡愁"的幸福和惬意。随着农业生态、旅游价值的不断凸显，以及消费需求多元化、个性化趋势的增强，"特"字号的"农家乐""休闲农业""文化

农庄"等乡村休闲旅游正在成为文化旅游业发展的新亮点。宁夏中南部地区经过多年的封山禁牧，自然环境有大幅度改变，绿色植被大幅度增加，加上当地特色农产品、特色农家菜肴、特色文化形态，已经涌现出西吉县龙王坝村等众多特色乡村休闲旅游的典范，是宁夏将扶贫与旅游有机融合发展的方向。

（二）大力实施"互联网＋"行动计划，加快推进农村电商发展

随着互联网信息技术的发展，电商经济开始在广大农村遍地开花，农村的各类消费品、生产资料、农产品电商蓬勃发展，已经成为乡村振兴、脱贫致富的重要手段。所谓农村电商，就是依托互联网、物联网等现代信息技术，将实体经济与电子商务有机结合，通过集约化管理和市场化经营，在网上实现产品销售、服务、电子支付等交易活动。农村电商已经广泛应用到农业生产、农产品加工、市场订单、商贸流通、金融服务等领域，使市场在互联网中产生倍增效应和聚合效应，打通了"工业品下乡和农产品进城"的双向流通渠道，实现了"线上销售与线下实体"互动，减少了中间环节、降低了流通成本，极大地刺激了农村供销市场，形成"互联网+农业""互联网+商贸流通""互联网+金融""互联网+旅游"等新业态。目前，宁夏涉及农村电商的个人卖家已经达到871家，天猫企业卖家79家，京东品牌25个，本地电商自营平台60家。通过开展"农商协作"，网销农产品标准化、品牌化战略，已培育出百瑞源、宁安堡、厚生记等知名网销农特产品品牌。2017年11月5日，西吉县参加央视《厉害了我的国·中国电商扶贫行动》网络直播，马铃薯、小杂粮等农产品实现销售12.2万元。目前，西吉县微信商城关注度持续提高，商品浏览量提升32倍，平均转化率达3.4%。中宁县针对建档立卡贫困户开展网售"定向众筹"活动，以高于市场价每公斤1元的价格收购贫困户的糜子，第一期收购3350公斤，兑付20100元，初步构建起电商与贫困户的利益联结机制。从目前来看，只要不断结合宁夏贫困地区发展实际，大力扶持龙头企业、合作社等各类经营主体建设蔬菜等鲜活农产品冷链设施、田头市场，不断提高信息技术水平，完善物流体系和配套服务等薄

弱环节，扶持发展一批贫困乡村电子商务综合服务站点，因地制宜建设具有仓储、分拨、配送等功能的农村综合运输服务站，提高物流配送的通达率，逐步完善人才、技术、政策、资金等配套服务，推进传统产业向"微笑曲线"两端延伸，实现电子商务服务功能覆盖所有贫困村，农村电商将会成为宁夏贫困人口脱贫致富的重要途径。

（三）打造产供销一体化格局，推动特色食品、餐饮产业发展

特色食品、特色餐饮产业是伴随着无公害绿色食品、乡村休闲旅游等应运而生的新型消费方式，覆盖了农业生产、食品加工与制造、食品流通、餐饮服务等相关产业和环节。整体来看，宁夏广大乡村中的食品加工业处在低端状态，特别是中南部贫困地区，拥有大量特色农产品，需要加强产学研、政产研的战略部署，开发成为大众普遍能够接受的特色食品，与乡村休闲旅游相伴相生，成为城里人的喜好食品、特色餐饮、乡村休闲旅游产品。建议针对贫困地区特色农产品现状，制订特色食品、特色餐饮产业振兴计划，详步骤，分阶段，明思路，有对策，将中南部贫困地区的资源优势转化为产业优势，不断研究市场走向，根据消费需求量身定制特色食品、特色餐饮，实现贫困人口增收致富的目标。

（四）生产生活与绿色生态和谐共生，打造宜居宜业特色村镇

党的十九大提出了关于乡村振兴、产业兴旺、生态宜居、乡风文明、治理有效、生活富裕的总要求，按照 2018 年中央"一号文件"提出的"充分发挥农民闲置住房成为发展乡村旅游、养老、文化、教育等产业的有效载体"，打造"田园综合体"的新要求，宁夏应加强特色村镇保护与发展，建设一批有代表性的特色村镇示范廊带。将贫困地区特色村镇建设纳入自治区整体规划，以地方文化、民俗文化、乡村文化为主题，以产业发展为抓手，打造一批特色村镇带，通过特色村镇示范带建设，进一步提升贫困地区扶贫开发效益，促进该区域经济社会人文各项事业协调发展。围绕夯实基础、强

化特色、增强潜力的产业，建设一批农业文化旅游"三位一体"，生产生活生态同步改善，一、二、三产业深度融合的特色村镇。大力支持贫困地区特色村镇支撑产业、基础设施、公共服务、环境风貌等建设。打造"一村一品"升级版，发展各具特色的专业村。不断改善各特色村镇人居环境，发展特色产业，加快城乡建设，打造功能齐全、布局合理、环境优美、宜居宜业的村镇。把新农村建设成乡村旅游景点，把特色农业产品开发成旅游商品，以农促旅、以旅强农，助推农民脱贫致富。

三、发挥科技示范带动作用，推动科技要素向产业聚集

科技示范是以技术密集为主要特点，以科技开发、示范、辐射和推广为主要内容，以促进区域经济协调发展和产业升级为目标，有效打破单一的大棚栽种模式、简单加工的农业生产方式，使农业科技在各个要素间，通过特色产业、农产品深加工、订单式农业等充分表现出来，是农业快速发展、农民快速致富的有效途径。

（一）明确产业发展目标，提高科技支撑意识

要树立"产业扶贫是提高贫困地区可持续发展能力，增强贫困地区造血机能和内生动力的重要载体"的意识，统一思想认识，加大对贫困地区特色产业发展的引导和扶持力度。根据各地的基础条件和资源禀赋，明晰各地产业布局和发展目标，重点选择一批技术含量高、带动能力强、经济效益好的项目进行重点支持，确保能够拉动和促进当地经济发展，增强贫困群众脱贫致富的后劲。按照党的十九大和十九届三中、四中全会精神以及自治区第十二次党代会精神和自治区党委十二届八次、九次全会精神要求，大力实施创新驱动战略，找准突破发展瓶颈，解决深层次矛盾和问题，大力推进科技创新与产业发展深度融合。努力创造条件，搭建平台，强化服务，深化科技管理体制改革，加大科技创新投入力度，让科技成为支撑贫困地区产业发展

的加速器。建立自治区科技厅、财政厅、农业农村厅、扶贫办及中南部贫困地区各级政府共同参与的科技扶贫会商机制,实现信息互通、资源统筹,形成共同推进贫困地区科技工作发展的合力;同时要按照"立足实际,适当超前"和"聚集资源,重点突破"的原则,坚持各项科技工作要与贫困地区经济发展水平、产业发展需求相协调、相匹配,明确贫困地区科技扶贫重点,凝练重点支持项目,形成地方政府、自治区各部门共同聚力科技创新的工作局面。

(二)建立和完善农业科技创新体系,加大科技资源集聚

强化各类农业科技创新主体的分工协作,建立产学研用、农科教企紧密结合的协同创新机制,在发挥政府所属农业科研机构主体作用的同时,提升企业在农业科技创新中的地位。改善农业科技创新条件,提升已建成的种苗生物工程、林木快繁、枸杞、葡萄与葡萄酒、马铃薯、设施园艺、退化生态恢复等国家、自治区重点实验室和工程技术研究中心创新能力,充分发挥银川、吴忠、石嘴山、固原四大国家农业科技园区的科技创新、辐射带动作用。支持宁夏大学和宁夏农科院联合建设六盘山地区生态监测网(站)、种质资源库(圃),建立科技资源共享体系,采取共建共享机制,提高企业、高校、科研院所间先进设备利用效率,解决宁夏科研基础设施建设不完善的问题。建立以农业科技推广机构为主导,农村专业合作组织、农业科研教育单位和社会各界广泛参与的多元化新型农业科技推广服务体系,支持高等院校、科研院所承担农技推广项目,鼓励高等院校、科研院所、农技人员建立农业试验示范基地,通过成果和技术入股、带资入股、利润提成等形式,推行专家大院、院县共建等服务模式,集成、熟化、推广农业技术成果。整合各级各类科技创新资金,建立贫困地区科技投入稳定增长机制,持续加大R&D经费投入。充分利用国家政策性银行贷款、国际金融组织和外国政府贷款,各级各类扶贫开发资金等,投资特色农业和生态保护重点领域项目。充分利用财政、税收、金融等优惠政策和手段,鼓励、引导社会资金进入农

业科技研发和推广领域，利用财政资金的杠杆原理，牵引社会金融资本，发挥"四两拨千斤"的作用。通过政策优惠引导农业龙头企业、农业合作社等企业和组织建立特色农业科技创新基金，建立企业、组织和技术研发单位间的利益分成机制。加强农业科技与金融的结合，拓宽融资渠道。鼓励银行、证券公司、风险投资公司和保险公司等金融部门采取设立农业科技信贷基金、提供信贷担保、发行农业高新技术债券等金融服务措施，为农业科技研发募集资金。鼓励科技人员在贫困地区兼职、咨询、讲学、进行科研和技术合作、技术入股、投资兴办企业或从事其他专业服务。对一些社会效益大于经济效益的研究进行财政补贴，准确评估农业科研成果的市场与社会效益，保证科研人员研究活动的可持续性和积极性。

（三）选好项目、明确定位，加快科技成果转化，走创新发展的路子

加快组建科技特派员创新创业协会特色产业分会和产业联盟，放宽对协会（联盟）准入限制和发展的制约，通过政府指导、法人科技特派员主体、农民广泛参与机制，引导贫困地区针对特色产业项目开展技术培训、科技交流、产业链协作。进一步优化科技特派员创新创业服务环境，加快科技特派员创业模式从自然人创业向法人科技特派员转变，由分散型创业向产业链集群创业转变，从政府推动为主向健全完善市场机制转变。设立特派员创新创业融资担保基金，对特派员创业、产学研合作等提供担保服务。探索特派员创新项目后补助机制，强化市场引导。采用政府购买服务培训模式，引导和调动高校、企业等社会力量参与农村信息化人才培养，建立和完善农村信息化人才培养体系。着力提升现有信息化网络平台的运行效率，充分发挥"三农"呼叫中心、农业星火科技"12396"信息服务平台和农村信息化服务站在特色产业生产、经营、管理和市场流通等方面的作用。创新信息服务手段，应用农业物联网技术，开展集电子商务、质量追溯、科技信息智能推送服务等综合信息服务，提升服务特色产业发展能力。发挥贫困地区各特色产业发展的品牌优势，创新农产品产供销一体化模式，对产业联盟企业、联盟

企业核心基地、合作社、农民分散资源的整合、集成，确保产品质量，提高产品附加值，做大产业规模，促进品牌推广，打通直通国内外市场的通道，形成特色产业的大市场和大流通，构建六盘山特色产业发展的"高速路"，从而为产业集群和规模化发展奠定坚实基础。

（四）瞄准新兴产业发展趋势，提供优质服务，优化发展环境

创新各级各类科技人才培养模式，鼓励涉农院校和科研院所积极探索产学研结合、教学与研究结合的新办学之路，及时把握农业经济发展动向，设置与市场需求相适应的专业，培养一批热爱农业、献身农业、技术能力可靠的人才。创新涉农专业教育形式，鼓励宁夏大学设立农业特色产业学院或专业，加大专业型、实用型人才培养，努力提高农业从业人员素质。如在固原设立宁夏大学中药材学院，增设马铃薯种植与加工专业等。针对贫困地区人才资源严重匮乏，人才引进环境吸引力不足的问题，在加快落实《关于进一步发挥现有人才作用和引进急需紧缺人才的若干规定》《宁夏回族自治区人才资源开发条例》《宁夏中长期人才发展规划纲要》《宁夏回族自治区支持企业引进和培养人才暂行办法》等政策法规的同时，加大人才队伍建设投入，建立以政府投入为主、用人单位、个人和社会投入为辅的农业科技人才队伍建设投入体系。鼓励相关科研院所、企业设立贫困地区农业科技人才资源开发专项资金，并列入年度预算，为人才创新创业提供稳定的经费支持。

四、精准创设产业扶贫政策，因户因人施策

产业扶贫政策是实现精准扶贫、精准脱贫的重要支撑，在产业扶贫政策设计上，针对贫困户实际状况，以激发内生发展动力为目标，精准制定产业扶贫政策，实施"输血"和"造血"并举，分类确定帮扶措施，把新增财政扶贫资金重点用于产业发展，用于扶贫龙头企业、产业合作社、致富带头人发展扶贫产业上来。围绕就业、产业两个关键内容，大力探索扶贫新路子，

根据贫困户的不同情况，因户施策、一户一策，增强内生发展动力，提高贫困户自我"造血"能力。积极开展对贫困户的入户普查和研判，根据自身条件和意愿，与城镇保洁、环卫、保安等部门联系，以公益性援助岗位方式，安置贫困户劳动力就业。通过举办"门前培训，助推脱贫"就业创业培训班，全面提高贫困群众致富技能。积极引导产业扶贫基地建设，通过"基地+合作社+农户"的模式，实现基地同贫困户有效连接，采取基地补助资金保底分红+贫困户在基地免费认领发展项目+就业务工等多种方式，稳定增加贫困户收入。设立贫困户种养殖一体化发展基金，对发展种植、养殖、农产品加工的贫困户通过基金给予相应补贴。鼓励贫困户以入股方式流转土地，对于从事种植、养殖经营的大户或企业，凡是在用工上优先录取贫困户、在薪酬上高于当地最低生活标准的，政府一次性给予最多500万元的奖励。积极探索"电商+示范企业""电商+合作社""电商+农户"的扶贫模式，建立农产品市场销售多元化渠道，鼓励行政事业单位在职职工每年购买贫困户农产品200元以上，以帮助贫困户增收增效，为脱贫致富提供持久支撑。对家中有大病患者的贫困户，在落实低保政策的基础上，通过将贫困户享受的扶贫资金、信贷资金和社会帮扶等资金以股份形式注入龙头企业、合作社等经营主体，参与股份分红；对土地已流转的贫困户，积极落实好就业帮扶措施，组织贫困群众就近在工业园区或产业基地入职就业。

第*3*章
全力做好金融扶贫

习近平总书记在中央扶贫开发工作会议上指出："要做好金融扶贫这篇文章，加快农村金融改革创新步伐。"自治区第十二次党代会报告将脱贫富民战略列入"三大战略"之一，为全区精准扶贫工作指明了方向。为了实现脱贫富民战略目标，自治区第十二次党代会报告进一步提出了一系列有针对性的举措，金融扶贫是重要措施之一。要切实做好金融扶贫，需要深化金融体制改革，不断创新金融扶贫模式与产品，完善相关配套措施。

一、创新金融扶贫机制和模式

宁夏贫困人口多，贫困发生率高，扶贫任务艰巨。贫困现实与扶贫实践推动宁夏在扶贫过程中不断进行金融扶贫制度创新，探索出一系列成功模式，得到国家认可并在全国推广。随着精准扶贫、精准脱贫工作进一步深入推进，宁夏仍需因地制宜创新金融扶贫机制与模式，以实现良好减贫效果。

（一）宁夏金融扶贫制度创新的成功模式

1. 盐池模式

盐池县地处宁夏东部，是宁夏9个贫困县之一。在长期的扶贫工作中，盐池县逐步探索出行之有效的金融扶贫模式，切实推动了当地贫困人口脱贫致富。

金融扶贫"盐池模式"主要包括八种类型。一是贫困村"互助资金"。盐池县将国家支持资金、财政扶贫资金与金融产品、富民主导产业紧密衔接，将财政资金与信贷模式、扶贫资金与产业项目融为一体，打造贫困村"互助资金"扶贫模式。自2006年盐池互助资金开展试点以来，实行"2242"管理运行模式，即将互助资金以贷款方式贷给农民使用，互助资金运营利息收入的20%滚入本金，20%作为公益金，40%作为运行成本，20%作为风险准备金，在资金使用监督、借款投放和回收、资金的滚动和积累等方面形成完整的制度体系。互助资金拓宽了贫困户融资渠道，实现了资金的循环与周转，培养了贫困户"互助互济，有借有还"的金融意识与信用意识。二是"千村信贷"。因互助资金贷款额度有限，为进一步满足贫困人口扩大发展对资金的更多需求，盐池县通过"千村信贷"增加贫困户贷款额度。即农村信用社与政府扶贫部门建立协作机制，由资金互助社向农村信用社推荐信用良好、经营能力强的贫困户，农村信用社优先为这些农户办理贷款，贷款额度可放大至互助社借款金额的1~10倍，最高每户贷款额可达10万元，同时给予利率优惠、财政贴息。三是"资金捆绑"。"双到"资金（规划到户，责任到人）是宁夏到户扶贫资金，资金额度较小，盐池县为充分发挥"双到"资金的杠杆作用，将"双到"资金作为股金注入互助社，在此基础上，互助社可为贫困户给予1万元的优惠利率贷款。贫困户在资金不足时还可以通过互助社向农信社申请"千村信贷"。由此，将财政小额扶贫资金放大为贫困户大额发展资金，变外部"输血"为自我"造血"。四是"企业参与"。盐池县依托滩羊养殖与甘草种植特色产业，采取"公司+基地+

互助社+农户"等模式，引导银行、龙头企业、专业合作社与贫困户建立紧密的利益联结体，实现资金注入、产业发展、公司盈利、农户致富的多方共赢。五是"评级授信"。与实物资产抵押、担保增信方式不同，盐池县根据贫困户的实际情况，为贫困户建立了"631"评级授信体系，即信贷评级授信中的诚信度占比 60%，资产状况占比 30%，贫困户基本情况占比 10%。按"631"评级授信体系将农户信用等级分为 A、B、C 三档，由 A 档到 C 档对应的贷款额度逐级减少。信用评级实行动态管理，每 2 到 3 年评定一次。这一评级方式充分适应了当前我国农村贫困人口的实际情况。六是"惠民小贷"。盐池县与宁夏东方惠民小额信贷公司合作，以贫困村互助资金作为贷款担保基金，东方惠民小额贷款公司按照互助社担保资金标准放大 10 倍将贷款批准给互助社，再由互助社向有资金需求的贫困户发放贷款。七是"融资担保"。盐池县财政拿出 1 亿元资金，引导社会融资入股 5 亿元资金，组建"盐池融盐扶贫信用担保公司"，以此缓解农户担保难问题。担保公司可撬动银行 60 亿元的信贷资金，扶持贫困户发展特色产业。八是"保险保障"。为破解贫困户在发展过程中因病、因灾、因市场价格波动致贫返贫难题，盐池县政府与保险机构合作，开发出特色农业保险、羊肉价格保险、大病医疗补充保险等险种，分担贫困户生产生活中出现的风险。

总体而言，"盐池模式"将信用、产业与金融连结为一体，体现出信用建设是前提、培育产业是基础、金融支撑是保障的合作关系，实现了政府、银行、企业、社团、农户五位一体发展，取得农户脱贫、金融发展、地区经济增长的共赢结果。

2. 蔡川模式

蔡川村位于固原市原州区寨科乡，是重点贫困村。在精准扶贫过程中，寨科乡党委、政府对蔡川村贫困人口对症下药，因人而异制订扶贫方案，金融机构依托当地种养殖产业设计信贷产品、提供信贷资金支持，实施金融扶贫。一是采取"银行+合作社（或致富能人）+农户"的模式，加大对涉农产业资金扶持力度，通过金融扶贫实现产业扶贫。邮储银行宁夏分行围绕当地政府产业扶贫布局，支持当地农户在致富能人带领下成立原州区金羚牲畜养殖农民专业合作社，合作社为社员提供品种选育、养殖技术和市场销售等服务，并为养殖户提供贷款担保，负责农户借款用途审查和监督管理，邮储银行宁夏分行为合作社成员提供贷款。经过多年的努力，合作社成员由成立初期的 3 户发展到近 400 户，单笔最低贷款额度由最初的 5000 元增加到 8 万元。二是采取"大户保小户、富裕户保贫困户、村干部保少生快富户"的形式，构建较为可靠的小团队信用保障机制。蔡川村把村干部、党员、养殖大户作为致富带动能手，引导农户与致富带动能手组建功能型党小组，鼓励引导创办合作组织等，为贫困户提供担保。通过这一方式，不仅拓宽了农户融资渠道，而且提高了群众的组织化程度。

蔡川村发挥政府推动、金融撬动、能人带动、贫困户联动的综合作用，建立资金跟着穷人走、穷人跟着能人走、能人跟着产业走、产业跟着市场走的效益联结机制，不断增强贫困户的自我发展能力。通过金融扶贫杠杆，推动种植、养殖等优势特色产业的发展，最终达到"一石三鸟"，即农民脱贫、产业发展、银行获利的多赢效果，形成"产业引领+能人带动+金融帮扶"的新型金融扶贫模式。

（二）因地制宜创新金融扶贫制度

"盐池模式"与"蔡川模式"体现了宁夏金融扶贫制度的创新，其在农户缺乏抵押品与担保人的情形下，充分利用农村熟人社会所具有的血缘、亲缘、地缘、人缘，采取小团体担保方式实现资金供求衔接，将金融血液注入资金严重短缺的农村地区，达到金融精准扶贫的目的。"盐池模式"与"蔡川模式"的成功探索与实践在一定程度上缓解了贫困户资金困境，但要实现精准扶贫、精准脱贫，仍需因地制宜精准施策，进一步推动金融扶贫制度创新，以构建金融扶贫的长效机制，实现普惠金融目标。

1.创新金融扶贫产品

通过政策引导鼓励金融机构增加在农村地区的物理网点，将金融机构网点延伸至村一级，减少金融机构空白区域。金融机构在逐步提高农村金融服务水平的基础上因地制宜创新金融扶贫产品。如针对宁夏南部山区贫困户较多、旅游资源较丰富的特点，当地金融机构可以选出有条件发展旅游业、生态养殖业、中药材种植业的贫困户，发放"金融扶贫富民农户贷"，鼓励贫困户发展旅游业、生态养殖业、中药材种植业，通过金融产品创新，实现脱贫富民。伴随国家一系列农村经营制度改革，宁夏金融机构应该逐步探索以土地承包权、农用机械设备、林权、宅基地、农房等为抵押的金融产品，提高金融扶贫能力。如围绕农村集体产权制度改革以及现代农业发展，金融机构可充分运用人缘、地缘优势，创新推出"融资宝""社区通""农场宝"等贷款业务，尝试开办农民住房财产权抵押贷款等，拓宽农村融资渠道。

2. 创新金融扶贫方式

针对当前贫困地区金融服务可获得性、便捷性较差的实际，大力实施"互联网+金融"工程，积极推进基础金融服务"村村通"，实现贫困地区金融服务全覆盖。通过"互联网+金融"的现代融资方式，创新金融扶贫方式。同时，金融机构可寻找金融扶贫与产业扶贫、移民扶贫、生态扶贫、就业扶贫、教育扶贫、健康扶贫、科技扶贫等多种扶贫方式的契合点，汇聚多种方式的扶贫资金，实现资金的规模效应，分散信贷资金风险，优化金融扶贫效益，提高贫困农户的生产能力与生活水平。

3. 巩固产业带动式扶贫

宁夏各地所探索的"龙头企业+基地+农户""公司+基地+互助社+农户""致富带头人（致富能手）+农户"等扶贫方式，依托各地特色产业，将产业扶贫与金融扶贫融合为一体。这种方式在当前我国渐进式农村产权改革过程中，仍然是缓解农户抵押担保难的最有效方式。这种方式将龙头企业、基地与贫困户打造为利益共同体，将产、供、销联结为一体，培养了贫困户自我发展能力，实现了小农户与大市场的对接，提升贫困户的经营效益。这种方式在今后的金融扶贫中需要进一步巩固，并在实践中不断完善，可在此基础上因地制宜、因时制宜，充分利用农村不同群体关系探索出更多元化的金融扶贫举措。

二、健全完善扶贫信贷风险补偿和分担机制

在我国城乡二元结构中，农村是落后地区，农业是弱势产业，农民是低收入群体，上述因素导致涉农信贷额度小、成本高、收益小、风险大等问题。在金融机构商业化经营过程中，出于逐利的本能，金融机构渐渐远离农村地区，导致农村地区资金严重匮乏，形成了经济与金融双重滞后的恶性循环。因此，在金融扶贫过程中，一方面应大力引导金融机构增加扶贫信贷，一方面应加快健全信贷风险补偿与分担机制。

（一）健全农业保险风险补偿与分担机制

农业是高风险产业，既面临着自然风险，又面临着市场风险，如果没有适宜的风险补偿与分担机制，金融机构对农户的贷款或望而却步，或知难而退，难以形成有效、长效的资金扶持。农业保险具有分散风险、补偿损失的功能，是财政支农的重要途径，其对于稳定农业生产具有积极促进作用。因此，大力完善农业保险，逐步提高农业保险的损失补偿水平，是实现金融扶贫的重要举措。

1. 明确农业保险发展险种

依据宁夏区情确定农业保险发展主要险种。宁夏正着力打造现代农业示范区、粮食生产功能区、重要农产品生产保护区、特色农产品区和农业可持续发展试验示范区，结合宁夏农业发展实际，农业保险应以优质粮食、现代畜牧、酿酒葡萄、枸杞、瓜菜等特色农业为重点扶持领域，培育一批如"枸杞之乡""滩羊之乡""硒砂瓜之乡""马铃薯之乡""贺兰山东麓葡萄酒"等"老字号""原字号""新字号""宁字号"特色农产品名片。通过农业保险对特色农业的支持，实现农业发展、农户致富的目标。

2. 组建农业保险协调机构

因农业的基础性地位及风险属性，农业保险绝大部分是政策性农业保险。政策性农业保险涉及政府财政、税收等一系列优惠政策及补贴资金，为此，各级政府应组建政策性农业保险的协调机构，设计必要的制度，制定便于操作的运行方式，协调财政、税务、保险公司、参保农户之间的关系，保证参保农户在投保农业保险时，政府的补贴资金及时到位，优惠政策及时落实。在农业风险发生后，保险公司赔偿资金及时足额到位，减少农户种养殖风险损失。农业保险协调机构积极协调各级政府部门间的工作，以此提高政策性农业保险的运行效率。

3. 制定农业保险政策支持措施

宁夏各级政府可从财政、税收、市场组织、协同推进四个方面制定政策性农业保险的地方支持政策。其中，财政政策应确定财政对农业保险的保费补贴、办理农业保险的保险机构管理费补贴，大灾巨灾风险分散制度的地方财政支持；税收政策应确定从事政策性农业保险应给予的税收优惠、税收减免；市场组织政策应确定市场准入制度，明确区域内政策性农业保险的经营主体，明确经营方式，同时确定市场退出制度，以实现优胜劣汰；协同推进政策，包括政府涉及农业的相关部门之间的横向协调配合政策及各级政策间纵向的协调配合政策。

4. 做好风险划分，合理确定保险费率

宁夏山川气候、土壤、水资源等自然禀赋差异巨大，农业生产风险各不相同。各地政府应与农业保险经营机构统一对各地风险进行划分，依据风险大小、科学、合理、公平地制定不同地区的保险费率，以此避免保险机构不合理的风险定价及农户在投保时可能出现的逆向选择与道德风险，保证农业保险可持续发展。

5. 做好农业保险发展规划

各级政府应有战略思维、前瞻意识，在不断实践、不断总结经验基础上作出未来本地区农业保险的发展规划。随着本地农业产业发展规划确定农业保险发展规划，根据本地财力确定不同险种的发展顺序，随着财力的增长不断拓展新的险种，使得农业保险与本地农业发展相适宜、相匹配。

（二）健全新型农村合作医疗风险分担与补偿机制

我国已在广大地区推广新型农村合作医疗制度，解决农村因病致贫、因病返贫问题。新型农村合作医疗制度对减少贫困发生率、提高农户生活水平的确发挥了积极作用，但农村因病致贫、因病返贫问题仍未得到根本性解决。近年来，由于医疗费用快速上涨及农村老龄化进程加快，导致农民看病需求不断增加，农民因病致贫、因病返贫仍比较突出，新型农村合作医疗制度需进一步完善，通过健康扶贫实现精准扶贫。

1. 提高新型农村合作医疗保障水平

宁夏是欠发达省区，自身财力有限，但各级政府应在财政支出中体现以人为本理念，逐步提高新型农村合作医疗筹集资金数额，不断提高医疗费用报销比例。在财力规模一定情况下，应实行差别化政策，针对农民不同群体设定不同保障水平。针对农村中的弱势群体，如老年人、贫困者提高医疗补偿水平，提供更为全面的医疗服务，以此解决相应人群的医疗负担，减少因病致贫、因病返贫概率。

2. 增加农村医疗服务资源

宁夏贫困地区落后的表现之一即是医疗服务匮乏，在综合扶贫理念下，应加大财政支持力度，增加贫困地区基层医疗服务资源，通过合理的激励机制，提高基层卫生服务站的医疗服务水平，尽量满足农民医疗需求，让参加合作医疗的农户实现就近诊疗，减少农户异地就医成本。通过增加农村基层医疗服务资源，提高农民健康水平，降低因病致贫、因病返贫概率。

3. 注重预防性医疗服务

政府在贫困地区应大力宣传预防性体检的重要性，增强农民的健康保健意识，引导农民积极参加健康体检，对疾病做到"早预防、早发现、早治疗"，以此降低不必要的医疗费用与疾病痛苦。为鼓励农民参与健康体检，政府可将健康体检纳入新农合的医疗保障范围，降低农户体检成本支出，增加参合者特别是贫困农民对预防性医疗服务的可及性与积极性，通过事先预防的方式减少因病致贫、因病返贫。

三、加大贫困地区妇女创业担保贷款力度

贫困地区不仅经济落后，而且思想观念也较为落后。在宁夏贫困地区，受传统观念影响，女性的经济地位与社会地位远远低于男性，融资机会严重匮乏，成为贫困人口中的贫困人口。由于女性是家庭中的重要支柱，其经济贫困与精神贫困往往会代际传递。因此，加大对贫困地区妇女的扶助力度，既是精准扶贫，又是长效扶贫。

（一）创新妇女创业担保贷款模式

金融机构传统的贷款模式主要以抵押和担保作为风险防范手段，这种以资产抵押或以有资产的人做担保的融资方式，在贫困人口的自身资产状况与社会关系有限的条件下，制约了贫困人口的融资能力，使贫困地区、贫困人口成为金融排斥区域与人群。20世纪70年代，孟加拉国尤努斯教授探索的格莱珉银行模式，选择贫困妇女作为贷款对象，采取5人小组的团体贷款进行融资，这种无实物抵押、无担保模式代替金融机构传统的抵押与担保模式，使得广大农村妇女获得了贷款，促进妇女就业，提高了妇女的经济水平。这种贷款模式的创新体现了普惠金融理念。我国在早期实施妇女创业贷款时，主要采取了这种贷款模式，极大地激发了农村贫困妇女的贷款需求与金融意识，促进了农村贫困妇女的脱贫致富。但是随着现代农业不断推进，市场结构不断变化，以融资为主的妇女创业贷款方式难以解决创业中的技术瓶颈，妇女对创业贷款的扶助需求呈现多样化。

为了将融资与融智相结合，实现授人以鱼到授人以渔的扶贫方式与理念的转变，宁夏要在农村贫困妇女贷款模式上不断创新。如自治区妇联联合自

治区党委组织部、科技厅、农牧厅在全区 27 个市、县（区）的下基层机关干部中全面启动"2+1"结对帮扶工作，即 1 名机关干部+1 名科技人员（如农业技术员、科技特派员等）+1 名贷款妇女、专业合作社或家庭农（林、牧）场"2+1"组成结对帮扶活动，帮助广大有意愿、有能力创业的妇女能够贷到款、用好款，增加收入。自治区妇联开展的"全国巾帼现代农业科技示范基地"工作，在生态移民区开展"生态移民区妇女创业基地"建设，实行"基地+公司+妇女"的方式，提升妇女创业就业能力。如被命名为"全国巾帼现代农业科技示范基地"的吴忠市龙海牧业有限公司等 4 家公司以全国"三八绿色工程"示范基地项目作为带动，扶持更多的妇女创业带头人发展实体经济。自治区妇联还将小额担保贷款的触角延伸到"贫困单亲母亲"这一困难群体，在全区 58 个和谐家庭建设试点社区中，开展关爱单亲母亲的"康乃馨"行动，并依托自治区妇女儿童发展基金会设立了"关爱单亲母亲项目"，为单亲贫困母亲提供生活和创业方面的帮助。妇联在妇女创业贷款方式与产品上的创新充分说明了社会多方力量的介入，可以将各自优势与金融工具融合，形成多种有效的妇女创业担保贷款模式。

妇女创业贷款要以需求为导向，不断创新模式，实现资金供求结合。金融机构可在抵押、担保方式上不断创新，充分利用社会组织、生产基地、公司等主体，将社会组织与贷款妇女通过经济行为、社会行为等方式融为一体，突破传统实物抵押、担保方式的局限性，实现融资畅通。同时，应以融资+融智、扶贫+扶智、他助+自助为妇女创业理念，实现全方位、多角度的社会服务，既解决妇女的资金需求问题，同时也不断提高妇女自身能力，以适应市场化经营，实现可持续发展。

（二）创新妇女创业担保贷款产品

金融机构要以妇女资金需求为中心，设计妇女小额信贷产品，通过产品创新满足更多贫困妇女对小额贷款的需求。信贷机构可确定不同贷款期限、贷款额度、利率水平、还款方式的金融产品，满足妇女创业融资多样化需求。宁夏已进行了一些切合实际、行之有效的妇女贷款产品创新，如将妇女创业担保贷款最高额度由8万元提高至10万元，同时将创业担保贷款期限从2年延长至3年，而且贷款在经办金融机构认可后，可展期一次，展期不超过1年，展期内贷款不贴息。随着生产经营方式更为多样化，妇女创业资金需求也日渐多样化，今后，金融机构还需适度增加妇女创业贷款的额度和期限，并融入更多因素创新贷款产品。通过技术创新，使农村妇女更快速便捷的获得创业贷款。如金融机构可实施妇女创业贷款一卡通，给予贷款者一定的授信额度，在授信额度内采取"一次授信、分次使用、循环放贷"的管理办法，方便妇女创业贷款资金使用。

四、创建全国金融扶贫示范区

2017年2月16日，中国人民银行正式复函宁夏创建全国首个以省为单位的"金融扶贫示范区"，先行探索金融精准扶贫的有效途径。宁夏要在金融机构、金融产品、金融监管、社会化服务平台建设等方面不断改革完善，以探索出更适宜精准扶贫、精准脱贫的金融扶贫方式。

（一）不断加强政府引导

因历史、现实等多重因素，贫困地区与贫困人口融资艰难，融资权利的缺失加剧了贫困发生率，经济贫困与金融服务滞后形成了恶性循环。单纯以市场优胜劣汰的运行模式难以打破这种恶性循环，需要政府通过财政补贴、税收等一系列政策引导以实现金融服务的均等化。宁夏作为国家首个省级金融扶贫示范区，应加大政府对于贫困地区经济发展的扶持力度，以金融机构、金融产品为工具，加大扶贫贷款的财政贴息额度，给予金融机构扶贫贷款税收减免，加大农业保险的政府出资额度，运用经济杠杆通过多种举措减少贫困地区金融扶贫的运行成本，实现经济效益与社会效益的双赢。

（二）不断完善农村金融体系

当前，在农村从事金融服务的机构主要有商业银行（以农业银行、邮政储蓄银行为主）、政策性银行、农村信用合作社、村镇银行、小额贷款公司及非政府组织的小额信贷机构等。虽然从事农村金融的机构较多，但融资的规模比较有限。究其原因，主要源于传统金融机构的信贷模式需要的财产抵押担保及足够的资金规模效应农村难以满足。因此，需要创新金融机构与金融产品，突破财产抵押担保的约束，以团体贷款的方式降低金融机构运行成本，化解规模不经济，通过创新完善农村金融体系，激励更多金融机构为贫困人口提供扶贫贷款，实现脱贫富民，这既是普惠金融发展理念，也体现了以人民为中心的发展理念。

（三）不断创新金融产品

针对贫困地区与贫困人口经济现状，创新"动产抵押+不动产抵押"的抵押贷款产品。在现行条件下，可将贫困地区农户的粮食、农机具、机械、预期收入、农业订单等纳入动产抵押品范围，为贫困农户提供小额贷款。随着农村产权确权、分置、活化改革不断深入，农村产权流转交易中心功能不断完善，可将贫困村农户土地承包经营权、农户宅基地使用权、房屋使用权纳入不动产抵押品范围，有效盘活农村资产资源，增加农业中长期和规模化经营的资金投入。金融机构通过探索"动产抵押+不动产抵押"两权抵押贷款产品，拓展贫困地区农户贷款渠道，增加贫困农户经营收入。

（四）不断完善信用体系

信用体系建设与完善既可以规避金融机构信贷资金的风险，也可以约束农户诚实守信以获得可持续融资。完善贫困地区信用体系是促进扶贫的重要举措。当前，宁夏在大力推进"信用村""信用户"的评级授信工作，随后应将农户信用评级纳入中国人民银行征信系统。金融机构开展针对贫困地区、贫困人口的信贷，应跟踪收集相应信用记录，记入贷款者个人信用档案。贷款者的信用记录可在金融机构之间共享，金融机构可以此确定贷款与否及贷款利率的高低，实现对不同信用状况人群进行奖优罚劣的激励。

（五）不断加强金融监管

由于贫困地区长期缺少正规金融机构，贫困人口在生产资金、生活资金短缺情况下往往通过民间借贷方式解决资金需求，这一土壤滋生了民间高利贷、非法集资等违法违规融资行为。金融监管部门应在大力鼓励正规金融机构进入贫困地区注入资金血液外，还应该清理整顿贫困地区非法融资组织，避免高利贷、非法集资等给贫困人口带来生产、生活困境，为贫困地区营造更为稳定良好的金融秩序与经济发展环境。

第4章
深入推进健康扶贫

深入推进健康扶贫，切实提升农村贫困人口医疗保障和健康水平，是有效防止贫困人口因病致贫、因病返贫的根本途径，是实现农村贫困人口脱贫的重大举措。

一、健全保障机制，确保健康扶贫有序推进

按照党中央、国务院和国家卫生健康委员会关于健康扶贫的决策部署，宁夏出台系列健康扶贫政策，并在实践中取得良好效果，一定程度上解决了农村建档立卡贫困人口"看病难，看病贵"的问题，使贫困患者有力救治、有钱救治、有效救治，推动了全区健康扶贫工作扎实有效开展。实践证明，建立健全保障机制正是健康扶贫工作扎实有效开展的前提、有序推进的重要保证。

（一）加强组织领导

要按照中央统筹、自治区负总责、县抓落实的工作机

制，在自治区、市、县（区）三级均成立由政府分管领导任组长、相关部门为成员的健康扶贫组织领导机构，将健康扶贫工作纳入重要议事日程，纳入政府目标考核管理，形成"政府主导，部门联动，社会参与，全面落实"的工作格局。各地各部门结合贫困地区实际制订具体健康扶贫实施方案，明确时间表、路线图，形成责任链条。除此之外，强化各地脱贫攻坚领导小组对健康扶贫工作的统筹协调，做好资金安排、政策衔接、项目落地、人力调配，加强推进实施等工作的力度，确保政策在宁夏落实到位，切实做到人员到位、责任到位、工作到位、效果到位。

（二）加强顶层设计

要积极落实党中央、国务院和国家卫生健康委员会下发的有关健康扶贫的一系列政策、意见、实施方案，认真落实《自治区人民政府关于推进健康扶贫若干政策的意见》《健康扶贫行动计划（2017—2020)》《宁夏开展"因病致贫因病返贫"农村人口精准医疗实施方案》等一系列政策文件，进一步完善宁夏健康扶贫的政策框架，对宁夏健康扶贫作出顶层设计。

（三）加强督导考核

要将市、县（区）的健康扶贫工作纳入脱贫攻坚工作领导责任制和贫困地区政府目标进行管理考核，并对实施的具体情况进行定期检查督促。建立和完善扶贫工作月报与通报制度，加大对各市、县（区）实施健康扶贫工程情况的督察考核，保证全区范围内健康扶贫工作的有序开展，同时不断总结和推广督察健康扶贫经验，进一步推进健康扶贫工作。

（四）加强宣传引导

要始终坚持正确的舆论导向，积极开展有关健康扶贫的系列宣传活动。要通过纪录片、公益广告、宣传片、微信公众号、微博等形式或渠道，宣传健康扶贫工程及各项政策措施，营造广大群众了解健康扶贫、支持健康扶贫、参与健康扶贫的良好氛围。

二、强化政策落实，织牢织密综合保障网

在全面建成小康社会征途中，因病致贫、因病返贫成了"绊脚石""拦路虎"。习近平总书记指出，健康扶贫属于精准扶贫的一个方面。因病返贫、因病致贫是扶贫硬骨头的主攻方向。健康扶贫是一项长期的工作，只有构建长效机制，才能有效防止农村贫困人口因病致贫、因病返贫。要加强对农村贫困患者就医的政策倾斜力度，进一步织牢织密医疗综合保障网，作为构建健康扶贫长效机制的关键。

（一）筑牢"一免一降四提高一兜底"的综合保障体系

认真贯彻落实习近平总书记在深度贫困地区脱贫攻坚座谈会上的重要讲话精神，落实国家卫生健康委员会等部委《关于实施健康扶贫工程的指导意见》以及《自治区人民政府办公厅关于推进健康扶贫若干政策的意见》要求，结合宁夏制定的《宁夏回族自治区健康扶贫行动计划（2017—2020 年)》，推进农村贫困人口享有基本医疗卫生服务，防止因病致贫、因病返贫。要强化政策倾斜，实施综合保障，建立"一免一降四提高一兜底"的综合医疗保障体系。"一免"具体指对因病致贫、因病返贫农村建档立卡贫困患者（以下简称贫困患者）实行县域内先诊疗后付费并免缴住院预付金的服务新模式。贫困患者在所在县域内所有公立医院和乡镇卫生院、城市社区卫生服务中心均可享受这项政策，有效缓解贫困患者的垫资压力和费用负担。"一降"是指贫困患者在定点医疗机构就医，大病保险起付线由原来的 8100~9500 元降至 3000 元。"四提高"分别是指：（1）提高大病保险人均筹资标准，2017 年城乡居民大病保险筹资标准由 2016 年的每人每年 32 元提高到每人每年 37 元；（2）贫困患者大病保险报销比例在普惠性政策的基础上再提高 5 个百分点；（3）对罹患重特大疾病的，年度最高救助金额由 8 万元提高到

16 万元，并在现行报销政策的基础上提高 10 个百分点；（4）2017 年将大病保险金额提高到 10 万元/人，取消赔付线，建档立卡贫困户在基本医保、大病保险报销后，仍需个人负担的费用，目录内报销 70%，目录外报销 50%，年度限额 2 万元/人。"一兜底"是指贫困患者住院医疗费用实际报销比例超过 10% 或当年住院自付费用累计超过 5000 元时，超过部分由县级政府予以兜底保障。

（二）建立健全覆盖全区的健康扶贫医疗保障"一站式"结算信息平台

健康扶贫医疗保障"一站式"结算信息平台，能够实现建档立卡贫困人口基本信息与定点医疗机构、有关部门间的互联互通、无缝衔接，贫困患者费用结算 "不见面马上办，最多跑一趟"的效果。目前，宁夏"一站式"结算已覆盖所有医保联网医院。2017 年，健康扶贫医疗保障"一站式"结算平台已有 5779 人（8702 人次）享受政策，共计 1.3 亿元。其中，个人自付 524 万元，占比 4%；基本医疗 6941 万元，占比 53%；大病保险 1065 万元，占比 8%；大病保险财政补助 1065 万元，占比 8%；民政救助 974 万元，占比 7%；扶贫保险 543 万元，占比 4%；政府兜底 2137 万元，占比 16%。在此基础上，依托宁夏公共云平台现有的网络及配套设备资源，有效整合卫生云电子档案信息、扶贫云贫困信息、社保云医保信息、民政救助对象信息等数据资源，加快立项与项目实施工作，制定统一的数据标准与接口规范，建设"健康宁夏扶贫信息管理系统"，完善医保信息系统与医疗机构接口数据指标、与全区基层服务系统接口数据指标，补充完善优化综合医保核心算法，最终实现健康扶贫医疗保障"一站式"信息对接和即时结算，贫困患者只需在出院时支付自付医疗费用，其余医疗费用由人社、民政、卫健委和扶贫部门与协议医疗机构进行定期结算，解决群众反复跑路、多头报销问题。

（三）坚持精准施策，深入推进分类精准救治

习近平总书记强调要对因病致贫采取"靶向治疗"，为解决精准扶贫的主要矛盾开出了一剂良方。"靶"的核心在于精准，精准施策、精准救治是切实有效推进健康扶贫，阻断因病治贫、因病返贫的关键所在。我们要立足宁夏自身实际，积极落实国务院、国家卫生健康委员会关于健康扶贫精准救治工作的要求，将"识别、分类、精准"作为健康扶贫实践的关键词，深入开展分类精准救治。

1. 精准识别，摸清底数

真正推动健康扶贫工作见效，前提在于精准识别。宁夏卫生健康系统通过对 21 个县区 82.21 万建档立卡贫困人口进行逐户、逐人、逐病核查，截至 2018 年 8 月 20 日，经各地核实核准患病 42358 人，核准完成率 95.87%。数据显示，截至 2018 年 5 月，全区核准患病的救治对象共 5.04 万人，已分类救治了 35295 人，截至 2017 年底全国已分类救治 420 多万贫困患者，仅 2017 年全国就有 185 万户因病致贫家庭实现了脱贫。我们要"立好靶"精准识"病"，从源头上杜绝脱贫数据掺水，清除"假贫""伪贫"者。扶贫部门必须真正进村入户开展调查，获取第一手资料，摸清贫困人口患病情况，精准识别贫困对象、致贫原因，真正用脚去丈量、用眼去观察、用心去开展工作。

2. 精准救治，分类治疗

为深入贯彻落实习近平总书记健康扶贫重要指示精神，贯彻党中央、国务院脱贫攻坚部署和健康扶贫工作总体要求，落实中央扶贫开发工作会议精神，积极响应国家卫生健康委员会（原国家卫计委）等部门于 2017 年 4 月联合制定下发的《健康扶贫工程"三个一批"行动计划》，推动健康扶贫落实到人、精准到病。要在调查核实农村贫困人口患病情况的基础上，按照"大病集中救治一批，慢病签约服务管理一批，重病兜底保障一批"的要求，对患有大病和长期慢性病的贫困人口实行分类分批救治，进一步推动健康扶

贫落实到人、精准到病，实行挂图作战，做到应治尽治，应保尽保。

抓好大病集中救治。实施健康扶贫工程，就是要瞄准因病致贫的家庭、因病致贫的原因，而大病是因病致贫的一个重要原因，救治罹患大病的农村贫困人口是实现脱贫攻坚、补齐健康扶贫短板的重要内容。截至 2018 年 5 月，宁夏健康扶贫救治患大病患者 6335 人，救治进展 94%。积极落实大病的集中救治工作，对建档立卡贫困人口和经民政部门核准的农村特困人员与低保对象，对患儿童急性淋巴细胞白血病、儿童急性早幼粒细胞白血病、儿童先天性心脏室间隔缺损、食管癌、胃癌、结肠癌、直肠癌、终末期肾病等 9 种疾病的患者，要在前期筛查患上述 9 种大病尚未治疗或者尚未治愈患者，再增加儿童先天性动脉导管未闭、儿童先天性肺动脉瓣狭窄共 11 种疾病的患者，实施集中救治。要建立救助台账，按照台账对相关病种的救治对象进行动态追踪管理；确定各个病种的医疗救助定点医院，定点医院原则上设置在具备诊疗条件的县级综合医院，不具备医疗条件的转诊至三级乙等、三级甲等医院；为保证救治技术力量，要发挥好自治区卫健委组建的"宁夏农村贫困人口大病救治医疗专家组"的作用，每家定点医院根据定点救治病种，分病种成立救助专家组；各地充分发挥乡村医生、乡镇卫生院等基层医疗卫生队伍的作用，采用分片包干到户的办法，以县为单位做好救助对象的组织工作。

抓好慢病签约服务管理。抓好慢病签约服务管理工作，帮助慢性病患者防控病情，让他们少得病、晚得病，保持良好的身体状态，减少大额医疗费用支出，有效减少潜在因病致贫、返贫人群，贯彻落实党中央、国务院对脱贫攻坚总体部署，对健康扶贫工作的总体要求以及宁夏《健康扶贫工程"三个一批"行动计划》，抓住慢病管理的"牛鼻子"，谋划健康扶贫的长远策略。截至 2018 年 5 月，高血压患者规范管理率达到了 81.51%，糖尿病患者规范化管理率达到了 82.12%，严重精神障碍患者规范化管理率达到了 85.7%，结核病患者管理率达到了 99.18%，农村建档立卡因病致贫人口家庭医生服务签约率达到 100%，慢病救治 25455 人，救治进展 96.3%。继续做好慢病签约服务管理工作，要以乡镇卫生院、村卫生室、城市社区卫生服务机构为主体组建家庭医生服务团队，服务团队主要由家庭医生、公共卫生医生、健康管理师等组成，每个家庭医生团队签约户数控制在 500 户，人数一般在 2000 人左右。具体来说，要通过签约医生和团队收集签约居民的基本信息、既往病史和就诊信息等动态健康信息，完善健康档案；要根据签约居民个体情况，制订健康管理计划；要提供健康咨询、普及健康知识；尤其是为明确诊断为高血压、糖尿病、结核病等慢性病患者由签约的家庭医生团队实行"一对一"服务，提供规范治疗、定期检查、日常随访、健康教育及全程健康管理，预防和控制慢性病的发生和发展；要对签约居民进行分类管理，按照健康人群、高危人群、患病人群和疾病恢复期人群进行分类，并纳入居民电子健康档案管理系统；要动态掌握签约对象健康情况，并根据病情及时转诊，引导其合理就医，积极推进农村贫困人口慢病签约服务管理。

抓好重病兜底保障。重病兜底保障是减轻农村贫困重病患者的医疗负担，有效防止因病致贫、因病返贫的一项重要工作。具体来说，一是要加大力度实行倾斜性精准政策的支持。贫困患者在定点医疗机构就医，大病保险起付线降至 3000 元，对罹患重特大疾病的贫困患者，年度最高救助金额由现行的 8 万元提高到 16 万元，并在现行报销政策的基础上提高 10 个百分点，将农村因病致贫人员全部纳入重特大疾病救助范围。二是要筑牢保障机制，统筹基本医保、大病保险、医疗救助、商业保险等保障措施，实行联动报销，加强综合保障，切实提高农村贫困人口受益水平。具体来说，要对农村因病致贫人员定额资助参加基本医疗保险，要加强对纳入定额资助范围人员的政策宣传和参保动员工作，确保足额缴纳，及时参保；要制定大病保险倾斜性支付方法，城乡居民大病保险筹资标准提高到每人每年 37 元，普惠性提高大病保险报销水平 5 个百分点，扩大基本医疗保险和大病保险的用药范围；要充分发挥商业保险在助力脱贫攻坚方面的良好作用，为建档立卡贫困户量身打造精准扶贫"扶贫保"产品，2017 年"扶贫保"对大病补充医疗保险责任进行拓展，保险金额提高到 10 万元/人，建档立卡贫困户在基本医保、大病保险报销后，仍需个人负担的费用，目录内报销 70%，目录外报销 50%，年度限额 2 万元/人。三是要建立综合医疗保障"一站式"信息平台。截至 2018 年 5 月，宁夏重病救治 3505 人，救治进展 95.0%。贫困人口在县域内要实行先诊疗后付费，只需在出院时支付自付医疗费用。要切实加快推进基本医疗保险、大病保险、"扶贫保"大病补充医疗保险以及医疗救助"一站式"费用结算信息平台的建设，实现资源协调、信息共享、结算同步，实现相关医保、救助政策在定点医院通过同一窗口就可完成结算，为群众提供方便快捷的服务。

三、加强疾病防控，提升健康水平

疾病防控工作是将健康扶贫关口前移，是减少贫困地区人口因病致贫、因病返贫问题的重要解决办法。要坚持我国疾病防控一贯的方针，即"坚持预防为主，防治结合"，并且"防"比"治"更为重要，要找到病根，提供基本公共卫生服务，加大重点传染病、地方病综合防控力度，遏制住疾病的苗头，减少或杜绝这些疾病的产生。

（一）加大对传染病、地方病、慢病的防控力度

要突出重点传染病的防治，根据免疫针对传染病、人畜共患传染病采取不同的防控措施。具体来说，要规范结核病控制；切实有效落实艾滋病防治政策，大力实施"四免一关怀"政策，防范开展防治艾滋病健康教育宣传活动；针对人畜共患传染病、流感、手足口病等高发传染病，加强监测，实施综合干预，减少和控制疫情发生。宁夏近年来加大对包虫病、布病两大类地方病的防控力度，实施了人群筛查病、病人救助、家犬驱虫、健康教育为主要的包虫病防治工作；要做好以高危人群筛查、病历管理、健康教育为主的布病检测工作。截至 2018 年 5 月，宁夏已经对造成因病致贫、因病返贫前

十位的疾病及地方病等进行了流行病学调查,共筛查出13.3万人(筛查地方病10万人,脑卒中、癌症、心血管病等高危人群3.3万人)。要实施贫困地区慢性病综合防控,加强慢性病筛查和早期发现,依托家庭医生签约服务,规范高血压、糖尿病贫困患者从医疗、预防、保健、健康管理等方面全程管理,降低各类并发症的发生,提高生活质量。

(二)优化妇幼健康服务

按照健康扶贫工作的要求,以降低产妇和儿童死亡率,提高母婴保健服务质量为目标,不断增强贫困地区妇幼健康服务水平,为贫困地区妇幼儿童提供安全、有效、便捷、优质的医疗保健服务,促进健康扶贫工作的全面发展。要切实加强贫困地区妇幼健康服务基础设施建设和服务能力建设。宁夏积极推进同心、红寺堡、彭阳、隆德、西吉等县(区)妇幼保健计划生育服务中心建设,已经为9个贫困县(区)妇幼保健计划生育中心配备了保障母婴安全、预防出生缺陷的价值1800万元保健设备。要改善贫困地区婴幼儿营养和健康状况,提高儿童家长科学喂养知识普及程度,继续实施贫困地区儿童营养改善项目。近年来,宁夏为9个贫困县(区)6~24月龄儿童发放营养包,使贫困地区6~24月龄婴幼儿贫血患病率和生长迟缓率得到有效下降。要结合落实重大父女儿童公共卫生项目、妇幼卫生"七免一救助"惠民政策,实施妇幼健康行动,为贫困地区新生儿开展多种遗传代谢病免费筛查。要实施新生儿安全项目,借鉴国际先进理念,推广新生儿救治保健先进技术,降低新生儿死亡率。

(三)深化爱国卫生运动

爱国卫生运动是党和政府把群众路线运用于卫生防病工作的伟大创举和成功实践,要紧紧围绕建设"健康宁夏"的要求,把"以治病为中心"转变为"以人民健康为中心",要积极落实国家关于开展爱国卫生运动的相关部署,着力整治城乡环境卫生,实施农村改水和"厕所革命"行动,推进卫生城镇创建。宁夏相继开展"两管五改""五讲四美"等活动，出台《宁夏回族自治区爱国卫生工作条例》和《进一步加强新时期爱国卫生工作的实施意见》等法规政策，积极探索健康城市、健康村镇建设路径，达到有效控制疾病的传播，保障人民群众健康的目的。

1. 进一步推进爱国卫生运动

要持续开展关于环境卫生整治、大气污染防治、城乡环境卫生整治等活动，不断完善城乡基础卫生设施，改善人居环境。要持续坚持以"爱国卫生日"活动、"蓝天碧水·绿色城乡"等行动为工作抓手，持续推进城乡环境卫生综合整治，树立品牌亮点活动。一是坚持"环境治理为主，药物消除为辅"的原则，加大防治技术培训，强化病媒生物密度监测，开展效果评估；二是创建工作纵深发展的良好局面，各村（居）、镇属机关事业单位要制订宣传工作计划，采取会议、板报、流动字幕、设置健康教育宣传专栏等多种形式进行宣传，同时在各中小学开展内容丰富的健康教育活动；三是加强环境整治，打造富有特色的小城镇和自然村的形象。完成公共场所、小区及住户旱厕改造任务，加快镇、村亮化建设，打造点面结合、动静相宜的亮化夜景，加大对市场的监管力度。

2. 深入推进"厕所革命"

在精准扶贫过程中，要结合扶贫移民安置、美丽乡村建设等项目，整合资源，积极开展农村改厕。一是以农户旱厕改造为重点，以无害化厕所形式为主，开展农村无害化卫生户厕建设，提升农村粪便无害化处理和资源化利用水平。二是开展农村公共旱厕改造，以农村集镇、集贸市场、中小学校（教学点）、乡镇卫生院（村卫生室）、乡村旅游景点、企事业单位为重点，全面消除农村各类公共旱厕。三是结合文明村镇、卫生村镇和美丽乡村等创建工作，推动文明如厕进农村、进景区、进校园，提升农村公共厕所管护水平，为"方便"带来星级体验。

3. 保障农村饮水安全

农村饮水安全是惠及贫困群众的大事，要抓好抓细，落到实处。目前，宁夏已累计解决 316 万农村群众的饮水安全问题，实现农村人口饮水基本安全覆盖，巩固提升了 76.21 万人饮水安全水平，其中贫困人口 17.39 万人，同时，中南部城乡饮水安全工程入选全国民生示范工程。以习近平总书记在解决"两不愁三保障"突出问题座谈会上的讲话精神为指导，解决贫困群众的饮水安全问题。一是落实管护责任。通过落实责任，确保农村饮水工程有机构和人员管理，有制度和政策支持，有经费和资金保障。二是推行量化赋权。全面推广贫困地区饮水安全以"确权、量权、赋权、活权"为核心的"量化赋权"管理改革创新实践，建立归属清晰、责权明确、流转顺畅的农村供水工程产权制度。三是深化水价改革。建立合理完善的水价收费机制，通过收取水费、各级地方财政和村集体补贴等方式，落实工程管护人员和经费。

（四）加大力度普及健康知识和健康理念

要采取"传统+网络+阵地"的方式，全方位、多层次开展健康教育活动，如"健康宁夏行动""健康素养促进""全民健康生活方式"等，普及健康知识和健康理念。依托电视、广播、新媒体、微信公众号平台，多角度、全方位宣传健康促进成效，传播健康知识。要组建健康教育巡讲团，开展健康大课堂进农村、社区、学校、企业、机关、工地等"八进"活动；要加强对贫困群众的健康宣传教育，通过活动宣传讲解慢性病、传染病的基本防治知识以及健康生活的理念，积极引导贫困群众全面正确把握各项健康优惠倾斜政策，科学就医，理性就医。

四、优化医疗服务，全面提升基层诊疗能力

自治区第十二次党代会提出："促进优质医疗资源下沉，加强基层医疗服务能力建设，努力为人民群众提供全方位、全周期的卫生和健康服务"，对基层医疗服务和基层诊疗能力提出了新的要求和期许。全面优化医疗卫生服务，提升基层诊疗能力，是着力提升全区基层医疗卫生机构综合服务能力

和管理水平的基本要求，是全面实施健康精准扶贫工程的根本举措，是基层医疗真正"强"起来的关键环节。

（一）强化基层人才队伍建设

大力实施"千名医师下基层"活动。"千名医师下基层"对口支援活动，是补齐基层医疗软件短板、全面实施健康精准扶贫和实现小康社会的重大举措。2018年，宁夏从全区公立医院（中医院、专科医院）、公共卫生机构和省外支援医院中选派1000名卫生专业技术人员对口支援全区5市22个县（区）的13家县级公立综合医院、6家中医院，205家乡镇卫生院和210家城市社区卫生服务机构，保证平均每个基层卫生机构至少拥有2名及以上对口支援人员。要继续做好"千名医师下基层"活动，加快建立城市医疗卫生机构与基层卫生服务机构上下联动、分工协作机制，使各大综合医院的优质技术和医疗服务在全区各城市社区卫生服务机构、乡镇卫生院延伸落地，以引导和支持城市广大医务人员深入基层，服务百姓，为基层群众健康保驾护航。要提高贫困地区艰边津贴和乡镇卫生医务人员补贴标准，提高贫困地区医务人员补贴标准，使医务人员"下得去、留得住、用得好"；要建立完善贫困地区基层医疗机构专项招聘制度，按需培养农村订单定向医学生，充分发挥其服务基层的主力军作用；要加强贫困地区乡村医生队伍建设。

（二）加强医疗服务体系建设

不断加强贫困县县级医疗机构和基层医疗卫生机构标准化建设，每个贫困县建成1所二级甲等公立医院，有条件的县级医院力争达到三级医疗机构综合服务能力；每个乡镇建成1所标准化乡镇卫生院，每个村有1个标准化卫生室。支持固原市建设固原地区区域医疗中心，各贫困县县级医疗机构均建设1~3个特色专科、临床重点专科和中医重点专科。与此同时，不断推进农村贫困人口健康信息化和远程医疗协作网络建设。加大人口健康信息惠民工程在贫困县的推广力度，扩大远程医疗服务范围，推进贫困地区基层远程会诊系统建设，基本实现宁夏贫困县乡镇卫生院放射、心电、检验等远程会诊、远程医学培训、远程医疗咨询功能等全覆盖，充分利用信息化手段促进资源纵向流动，提升医疗服务体系整体效率，进一步优化医疗服务。

（三）全面深化对口帮扶工作

对口帮扶是国家推进健康扶贫工作精准化的重大举措，要重点开展全国三级医院与连片特困地区县、国家扶贫开发工作重点县县级医院一对一帮扶。要积极深化健全与京宁、闽宁健康扶贫 1+X 帮扶模式，极大促进优质医疗资源共享和下沉，为全面提升基层诊疗能力、推动健康扶贫工作发展作出巨大贡献。

第5章
打好深化教育扶贫"组合拳"

　　习近平总书记明确指出："扶贫必扶智。让贫困地区的孩子们接受良好教育，是扶贫开发的重要任务，也是阻断贫困代际传递的重要途径。"教育扶贫是精准脱贫的关键，是有效阻断贫困代际传递的根本。在脱贫攻坚中，教育是人力资本投资，目的是提高受助者的文化素质。与物力资本救济相比，教育扶贫具有不同特点：一是直接作用于受助者本人，并且需要受助者有较高的参与度。二是不对赈济、扶助对象的经济生活进行显性干预，而是增强其内在改变自己生活境遇的能力和动力。在实践中，教育已被证明是效益远大于成本的投入，其效益不仅在于提高个人长期收入，还包括提高国民素质和社会文明程度、增加就业等社会收益，最终有助于在更大范围消除贫困。教育也有助于打破贫困人口传统思维模式，通过接受教育，能够吸收丰富新鲜的社会信息和外界发展理念，让贫困人口摆脱传统束缚，依靠智慧勤劳致富。

一、完善教育扶贫机制

好的机制是经过实践检验有效的方式方法，完善的管理机制，能够有效地引导教育扶贫实践，科学高效的机制有助于深化教育扶贫工作的顺利实施。

（一）加强组织领导

组织领导是实现组织管理效率和效果的灵魂，是压实责任、落实教育扶贫的关键环节。宁夏成立了教育扶贫工作领导小组，统筹推进全区教育扶贫工作，各市、县（区）人民政府也建立了相应的教育扶贫工作领导小组，市级人民政府加强协调指导，督促县级人民政府和有关部门明确责任分工，细化政策措施。县级人民政府负责统筹整合各方面资源，按照"扶持到校、资助到生"的工作要求，绘制教育扶贫工作时间表、路线图，落实好各项具体政策和工作任务。打造出上下发力、共同给力的教育扶贫工作格局，形成了推进教育扶贫的强大合力。

（二）明确目标任务

目标管理是教育扶贫中压实领导责任、激励教育扶贫主体积极性的行为管理方式。自治区党委和政府认真贯彻落实习近平总书记2016年7月在银川举行的东西部扶贫协作座谈会上"扶贫先扶智，治贫先治愚"的讲话精神，教育扶贫目标明确，思路清晰，以自治区扶贫开发重点县和建档立卡的贫困人口为重点，以促进教育公平和提高劳动者技术技能为抓手，精确对准教育最薄弱领域和最贫困群体，落实多元扶持与资助政策，分阶段推进教育精准扶贫工作。目前，各县（市、区）已全面通过"全国义务教育发展基本均衡县"国家评估认定，建立起完善的建档立卡户贫困学生资助体系。同时，自治区教育厅于2016年4月制定出台了《宁夏教育精准扶贫行动方案

(2016—2020 年)》（简称《方案》），要按照《方案》要求，围绕"发展教育脱贫一批"中心任务，发挥教育在推进精准扶贫、精准脱贫中的能动作用，实施 10 项行动计划，打赢脱贫攻坚战。要全面贯彻落实国家和自治区脱贫攻坚总体部署和要求，把教育扶贫作为长远脱贫的根本之策，以全面提高贫困地区群众基本文化素质和劳动者职业技能为重点，瞄准短板、精准施策、差别支持，着力提升贫困地区学校发展水平，全力保障贫困地区学生接受公平有质量的教育，通过教育使贫困地区人口"走出去、有技能、能致富"，阻断贫困代际传递，为实现"经济繁荣、民族团结、环境优美、人民富裕，与全国同步建成全面小康社会"的目标奠定坚实的基础。

（三）建立教育扶贫资金保障机制

确保资金投入是完成教育扶贫总体目标的重要财力保障。各级党委和政府要从讲政治的高度，切实增强责任感和使命感，加大对教育扶贫的经费投入，在政策、项目、资金等方面优先支持贫困地区教育发展。同时，积极鼓励社会力量参与教育扶贫，引导各类公益组织、社会团体、企业等开展捐资助学活动，完善政府、企业、个人共同投入的多元教育扶贫机制。要明确建设任务及年度建设计划，确保深度贫困村小学能够达到"20 条底线要求"。要大力实施幼儿园建设工程，进一步推进学前教育资源向贫困村延伸，补齐学前教育短板；要实施改善贫困地区义务教育薄弱学校基本办学条件项目，推进义务教育学校标准化建设；要实施改善普通高中办学条件项目，安排一定的资金用于贫困地区普通高中改善基本办学条件；要加强贫困地区职业学校基础能力建设，改善贫困地区职业学校实训条件，支持同心县和红寺堡区职业技术学校建设。

（四）建立结对帮扶机制，有效提升贫困地区教育水平

在教育扶贫中，开展结对帮扶，既是加快农民脱贫致富的有效方法，也是践行共享发展理念、走共同富裕道路的重要举措，对于进一步提高贫困地

区薄弱学校办学水平、提升贫困地区教育质量、实现优质教育资源共享有重要的作用。要实施学前教育结对帮扶，县级教育行政部门统筹安排县域内公办幼儿园、优质民办幼儿园对口帮扶乡镇中心幼儿园，乡镇中心幼儿园对口帮扶村级幼儿园。地市级教育行政部门指导所属自治区示范性幼儿园积极开展对口帮扶9县（区）农村幼儿园；要实施义务教育结对帮扶，县级行政部门统筹安排城区优质义务教育学校对口帮扶农村义务教育薄弱学校，乡镇中心学校对口帮扶本乡镇薄弱村小、教学点。地市级教育行政部门统筹安排直管和所辖县（市、区）优质义务教育学校对口帮扶9县（区）贫困村义务教育学校。自治区信息化应用示范学校和自治区区属中小学由自治区统筹安排对口帮扶学校；要实施普通高中结对帮扶，宁夏回族自治区教育厅统筹安排自治区级示范性普通高中对口帮扶贫困地区普通高中；要实施职业教育结对帮扶，自治区为9县（区）中等职业学校各遴选1所高职学院和1所国家或自治区示范性中等职业学校开展"2+1"结对帮扶；要实施贫困学生结对帮扶，区内各高等学校发挥校团委、学生会作用，动员本校大学生与贫困学生建立"一对一"长期帮扶关系。建立教师"一对一"对口帮扶农村留守儿童工作机制。支持社会团体、非政府组织、企业开展关爱农村留守儿童结对帮扶活动。

（五）加强贫困地区教师队伍建设

加强贫困地区教师队伍建设，能够促进教育精准扶贫的开展和巩固教育精准扶贫的成果，有利于优化贫困地区教师队伍结构，解决贫困地区教育之困，进而实现依靠教育脱贫，提高贫困地区居民文化素质，可以有效防治贫困地区脱贫后返贫。要落实乡村教师生活补助、职称评聘、大病救助等倾斜政策，增加乡村教师职业吸引力。要继续实施中小学、幼儿园免费师范生培养政策，鼓励高校与地方政府签订乡村教师定向培养协议，为农村小学培养本土化全科小学教师、一专多能初中教师以及幼儿园教师。我们要继续实施重点县农村紧缺师资代偿学费计划和补充教师资助计划，吸引更多人才到乡村任教。深化"县管校聘"教师管理体制改革，推进校长教师校际交流，重点引导城区教师向乡村学校流动。完善措施，不断提高贫困地区教师待遇。要鼓励退休教师到贫困地区乡村学校支教。逐步提高了9县（区）乡村义务教育学校教师生活补助标准。要继续实施国家和地方农村义务教育阶段教师特设岗位计划，制定符合基层实际的招聘引进办法，加大音体美等师资紧缺学科教师招聘数量。要推进"国培计划"和"区培计划"向贫困地区倾斜，通过集中研修、影子培训、跟岗实践、挂职锻炼等形式，到2020年，对贫困地区近3万名中小学及幼儿园校（园）长、教师全部轮训一遍。

（六）严格考核督察机制

"为政之要，重在落实"，贯彻落实自治区党委、政府教育扶贫的决策部署，考核督察是确保教育扶贫工作落到实处的必要工作机制。要建立精准脱贫工作考核机制，将教育精准扶贫目标任务完成情况等纳入年度绩效考评范围。要加强教育扶贫工作督察，自治区教育厅联合扶贫开发、监察等相关部门，开展教育扶贫工作推进情况的检查，推动教育扶贫工作落到实处。要建立起"县级自查、市级督察、自治区评估"的督导检查机制，开展评估验收，推动自治区各项教育扶贫政策落地生根。县级教育督导室对辖区学校开展经常性检查，市级教育督导室每半年对所属县教育扶贫工作情况督察一次，自治区政府教育督导组每年组织评估检查组或聘请第三方机构对各县教育扶贫工作情况开展绩效评估，及时发布督导评估报告，接受社会和群众监督。县级、市级检查与自查情况及时向上一级教育扶贫工作领导小组办公室及教育督导室报告。自治区建立通报、约谈、督办、表彰机制，强化责任追究制度，对落实不力、弄虚作假、套取骗取或违规使用扶贫资金的，严肃依法依规处理。

二、全面扩大学生营养改善计划

以贫困地区和家庭经济困难学生为重点，启动实施农村义务教育学生营养改善计划，是自觉树立和践行习近平总书记坚持以人民为中心的价值取向的具体体现，是提高民族素质、建设人力资源强国的必然要求，具有重大的现实意义和深远影响。自治区党委、政府认真贯彻落实《国家中长期教育改革和发展规划纲要（2010—2020年）》，进一步改善农村学生营养状况，提高农村学生健康水平。

（一）明确政策内容

自治区以义务教育阶段低保家庭学生、孤残学生等家庭经济困难学生为主实施营养改善计划。要在确保应享尽享、人财物有长期保障的情况下，要求各市、县（区）结合实际适当扩大实施范围，同时将义务教育阶段残疾学生全部纳入营养改善计划实施范围，严格落实补助标准。要把专项资金全额用于为学生提供价值相当的优质营养膳食，补助学生用餐，提供奶、肉、蔬菜等加餐或课间餐。统筹好膳食补助、"一补"资金、地方投入、家庭分担、社会捐助等，切实提高学生营养健康水平。

（二）加快推进学校食堂供餐

学校食堂供餐是目前最受学生欢迎、较为安全有效的供餐模式。要从全面提高学生营养改善计划实施成效出发，加快推进学校食堂供餐。学校食堂（伙房）建设改造要按照"明厨亮灶"要求，经当地食品药品监管部门审核后方可实施，避免建成后不符合餐饮服务许可要求。学校食堂要坚持公益性和非营利性，原则上由学校自主管理，要求对已经承包、出让、租赁的学校食堂尽快收回。

（三）规范实施内容

在改善学生营养上下工夫，营养改善计划以提高学生营养水平、增强学生体质健康为目标。宁夏按照要求科学合理确定供餐内容和供餐模式。具备供餐条件的学校以提供完整的午餐或早餐为主要形式，学校食堂（配餐中心）要根据当地饮食习惯和农业物产制定每日学生带量食谱，每周提前向学生和家长进行公示。学生食谱充分体现改善营养，确保肉类、鸡蛋、牛奶、蔬菜、水果等营养搭配。要求暂不具备供餐条件的学校要结合当地实际进一步优化供餐内容，丰富食品种类，确保牛奶、鸡蛋、水果、豆制品、蔬菜制品等安全营养和价值相当的食品合理搭配。鼓励各市、县（区）因地制宜，通过学生营养餐配送中心或政府购买专业配餐企业服务为学生提供新鲜、保质期较短的完整营养早餐或正餐，切实改善学生营养。

（四）落实责任

明确责任担当，切实保障学校食堂正常运转。各市、县（区）要足额配齐食堂从业人员；食堂从业人员工资、社保全部纳入地方财政预算，不得挤占学校营养膳食补助资金；将因实施营养改善计划而新增的食品配送等经费纳入市县同级财政预算，确保每生每天 5.6 元的膳食补助资金全部用于为学生提供营养食品。严把食堂从业人员入口关，严格执行定期体检、培训和持证上岗制度，体检合格方能上岗。

（五）重视食品安全管理

食品安全事关生命健康，加强管理不容忽视。各级食药监、教育部门要严格执行自治区营养改善计划食品安全监督管理实施细则和办法，定期深入县（区）和试点学校开展管理指导工作，加强学生营养餐配送中心食品安全监管，确保食品原材料供应准入退出机制、食品采购索证索票、食品加工留样、校长陪餐、安全应急预案制订和演练等环节制度落实到位。进一步完善学校食堂供餐覆盖率、食堂安全管理、食堂建设进度月检查、月通报等制度，督促县（区）和学校完善制度措施，实现规范化管理。

（六）加强资金监督管理

严格学生营养改善计划资金监督管理，能够确保营养改善计划资金规范使用，使贫困地区学生真正受益该项计划。各级财政、教育部门要加强财务运行过程管理，结余资金，要按规定滚动用于改善学生营养膳食补助，不得擅自挪用。要坚持透明操作，营养改善计划实施全过程都要置于阳光下，纳入县（区）和学校政务公开范畴，便于群众知晓和社会监督。各级审计部门要落实营养改善计划资金审计制度，加强对资金使用、市县资金配套落实及补助标准执行情况监督工作，适时进行抽查审计，并将审计情况向社会公开。

（七）抓好监测与评估工作

各级卫生、教育部门要督促监测县（区）和点校安排专人负责，抓好常规和重点监测，用好"营养健康状况监测评估系统"，结合营养改善计划试点学校实际、学生体检、学生体质健康标准测试、学期考试等，全面评价营养改善计划实施成效，进一步加强学生营养健康教育和科学配餐指导，让学生全面掌握科学的膳食营养知识，引导学生养成科学的饮食习惯，使学生终身受益。

三、全面落实扶贫助学政策

扶贫助学政策对实现教育扶贫工作程序的规范化、岗位责任的法规化、管理方法的科学化，起着重大作用。精准施策能够有力推进教育扶贫工作，只有把各项扶贫措施精准落实到村、到户、到人，真正实现因人、因户、因村施策，才能从根本上帮助农民实现脱贫致富。为了落实多元扶贫资助政策，着力构建政府为主、社会为辅的教育精准扶贫体系，构建教育全程免学费体系、构建教育全程精准资助体系，教育部门要实施精准资助、精准减免、精准培训、精准保障、精准配置、精准服务"六个精准"，整合全社会资源与力量，对建档立卡而涉及的教育贫困户及贫困村的学校、幼儿园进行重点扶贫，实现贫困户定期脱贫。各市、县（区）教育局对接建档立卡的贫困村、贫困户和贫困生，摸清底数、精准识别，确保每一所薄弱学校、每一个贫困学生都有相应的信息资料，因地、因校、因生分类指导、精准施策、动态管理、扎实推进，确保 2020 年如期全面实现教育脱贫目标。

（一）实施精准资助

全面落实义务教育阶段"三免一补"、大学生生源地信用助学贷款、贫困大学生资助等扶贫政策，要提高贫困家庭贫困生资助标准，积极争取非政府组织、企事业单位、社会团体及个人等各种社会力量，扩大资助范围。要继续免除中等职业学校全日制在校生学费，建立了从学前教育到研究生教育全覆盖、无缝隙的学生资助政策链，实现"不让一个学生因家庭贫困而失学"的庄严承诺。

（二）实施精准减免

扩大义务教育阶段寄宿制学校学生营养餐覆盖面，扩大校车覆盖面，免收贫困家庭学生校车交通费、贫困家庭幼儿公办幼儿园保育费、贫困家庭中学生普通高中学费；高等教育阶段家庭经济困难学生可享受普通高等学校国家助学金政策，家庭经济特别困难学生可享受缓缴费用先入校的绿色政策通道，参加全国普通高考并被录取的家庭经济困难本地户籍学生可享受生源地信用助学贷款政策。

（三）实施精准培训

调查贫困户困难原因，建立培训信息档案，依托乡镇农技校、社区、县职教中心等载体，联合多部门开展免费技能培训和创业培训，提高就业创业能力，加强校企合作，为学生提供就业信息和就业渠道，落实师徒制，做好跟踪服务，为中职学生就业提供保障。

（四）实施精准保障

实行招生保障，自治区示范高中指标到校生计划，优先安排到贫困地区乡村学校，在同等条件下优先录取贫困家庭学生；实施经费保障，设定义务教育阶段公用经费最低标准，教学点不足 100 人，按 100 人核算，中心校和完小不足 200 人，按 200 人核算；接收残疾学生随班就读的学校，公用经费由自治区定每生每年 6000 元提升到 7000 元；实施师资保障，稳定农村教师队伍。

（五）实施精准配置

推进标准化建设，统筹各类资金，加强贫困村划片学校建设力度，改善办学条件，实施教育信息化，推动贫困地区村小和教学点信息化建设，推进优质资源全覆盖，落实结对帮扶、名师工作室送培送教、优质资源学校与薄弱学校教学互动等，提高薄弱学校教学水平。

（六）实施精准服务

"送温暖献爱心"、惠民政策宣讲、就业创业致富志愿服务活动，开展大家访活动，帮助学生提振信心，促进学生健康成长。积极推进学前教育资源向贫困地区行政村延伸；9 县（区）义务教育均衡全部通过国家验收；未升入普通高中的初中毕业生和未升学的高中毕业生都能接受中等职业教育；增加贫困地区学生接受优质高等教育的机会，实现家庭经济困难学生"应助尽助"，不让一名学生因贫失学。

全面实施学前教育普及提高行动、义务教育均衡发展攻坚行动、普通高中多样化发展行动、职业教育技能富民行动、高等教育培养质量提升行动、贫困学生资助惠民行动、特殊困难儿童关爱行动、乡村教师素质提升行动、教育信息化扶贫助推行动、教育扶贫结对帮扶行动等 10 项行动计划，按照

"扶持到校，资助到生"的工作要求，建立教育精准扶贫任务台账，绘制教育精准扶贫工作时间表、路线图。根据《宁夏教育精准扶贫行动方案（2016—2020）》要求，宁夏贫困地区学前三年毛入园率2020年达到72%，九年义务教育巩固率达到93%，视力、听力、智力三类残疾儿童义务教育入学率达到85%，高中阶段毛入学率达到90%。要把教育作为民生之首、发展之要，下大力气抓教育，促脱贫，使全区教育事业总体实现与全国同步发展，走在中西部地区前列，确保2020年打好打赢脱贫攻坚战。

第*6*章
配套完善基础设施

　　自治区第十二次党代会明确指出，未来五年，对宁夏发展至关重要。我们要全面打赢脱贫攻坚战，全面建成小康社会，实现中华民族伟大复兴中国梦的第一个百年目标。我们必须增强忧患意识，坚持问题导向，抢抓新机遇，应对新挑战，创新思路，创新举措，牢牢把握发展主动权，在新的历史起点上奋力前行。要深入贯彻落实习近平总书记系列重要讲话精神和治国理政新理念新思想新战略，特别是来宁视察重要讲话精神，按照自治区第十二次党代会的部署，以创新、协调、绿色、开放、共享发展理念为引领，以增加贫困群众收入为核心，大力实施脱贫富民战略，配套完善基础设施，坚持精准扶贫、精准脱贫，创新产业扶贫工作机制，加大财政、金融、保险等支持力度，激发贫困群众内生动力，实现贫困人口持续稳定脱贫，为确保2020年现行标准下农村贫困人口全部脱贫、坚决打赢脱贫攻坚战奠定坚实基础。

一、加快农村危窑危房改造

农村危窑危房改造是实现脱贫攻坚"两不愁三保障"目标的硬指标、硬任务。要通过规划先行、整村推进，严格监管、质量为先，多方筹资、提高标准，强化督导、狠抓落实等一系列举措，使改造后的农房达到国家农村建筑节能示范标准。

（一）完善危窑危房改造制度建设，确保工程保质保量完成

保证各项措施充分落实，自治区党委、政府和各有关部门要明晰责任，确定目标，建立农村危房、危窑改造联席会议制度，完善了部门联动、齐抓共管、统筹推进的协调衔接机制。一是定期督察观摩各地农村危房危窑改造进展情况，及时总结经验，推广好的做法，以会代查，以查促建。建立督察通报制度，实行一个阶段一督察、一个阶段一总结，及时研究新情况，解决新问题。二是检查项目进展、质量安全管理、资金管理使用等情况，对项目建设进度缓慢、管理不够规范等问题进行严肃处理。依据《农村危险房屋鉴定技术导则（试行）》，组织各市县深入开展农房普查鉴定工作，摸清底数，建立危房农户档案，实行市、县（区）、乡镇，村委会"三榜公示"，确保住房最危险、经济最困难农户能够列为补助对象。根据《关于进一步加强保障性安居工程建设的意见》等一系列政策文件，明确对分散供养五保户、低保户改造危房危窑每户补助 1.2 万元，一般贫困户每户补助 5000 元，改造建设薄壁轻钢结构、轻型墙体材料的抗震节能农宅每户补助 1.2 万元。对于部分特别困难的危房户，各级政府补助达 2.4 万元左右，基本保证自筹极少资金就能建起安全适用的住房。三是严格控制危房改造建筑面积。五保户、农村低保户建房面积控制在 40 平方米以内，一般贫困户 60 平方米。四是依照《全区村庄布局规划编制技术导则》等一系列标准规范，开展村庄建设规划竞赛和农宅设计方案评选活动，评审出 3 个标准、48 套优秀农宅设计方

案，并印制成册，赠送给各地农民无偿使用。自治区住房和城乡建设厅要定期组织专家和技术人员深入农村危房危窑改造一线进行指导，及时解决各地遇到的技术问题。各市县建设、规划部门也要派出专业技术人员深入现场，提供规划、建设、管理全程技术服务，为老百姓安全住房提供了有力的保障。

（二）明确危窑危房改造目标任务，切实让老百姓安居乐业

要严格按照农村危窑危房改造对象认定程序和标准确定改造对象，对四类重点对象中建档立卡贫困户必须经扶贫部门核实审定，贫困残疾人家庭必须经残联部门核实审定，低保户、农村分散供养特困人员（含极度贫困户）及其他贫困户必须经民政部门核实审定。同时，严格落实农户自愿申请、村民会议或村民代表会议民主评议并公示、乡镇审核、县审批的工作程序，审核改造对象。要结合实际分类改造，优先安排四类重点对象特别是建档立卡贫困户（含极度贫困户）和自治区确定的 170 个深度贫困村及 140 个贫困村进行危窑危房改造，力争 2019 年前完成四类重点对象存量危窑危房改造任务，2020 年前完成其他贫困户存量危窑危房改造任务。要进一步明确农村住宅抗震设防要求和建设管理责任，把国家投资或补助建设的农宅列入政府建设工程安全质量监管范围。根据自治区住房和城乡建设厅印发的《关于进一步加强农村危房改造建设管理的通知》，明确要求新建房必须设置上下圈梁构造柱，砌筑砂浆必须符合标号和质量标准。在实施农村危房改造过程中，要始终将建房质量摆在第一位，严把各个质量安全关。要组织技术人员研究开发符合宁夏实际的抗震新材料、新技术和新结构体系，并建设轻钢结构、轻型复合保温墙体材料的抗震示范农房。要把农村危房改造与旧村环境综合整治、生态移民工程建设和产业发展相结合，整合资源，取得较好的综合效益。在各级政府的支持扶助下，相关部门对现有规划保留的村庄，引导农民按要求进行原址加固、就地重建、就近翻建，以配套水、电、路等基础设施为重点，实施环境综合整治，改善村容村貌。要整合资源，统筹规划，集中

财力、物力和技术力量，加大危房改造力度，扩大危房改造的覆盖面。各地立足实际，依托村庄自身的区位优势、资源优势和产品优势，把农村危房改造与农业特色优势发展、农民创业增收结合起来，让农民安居致富。

二、完善农村路网布局

宁夏农村公路通车里程达 2.6 万公里，专用公路里程 1947 公里，但城乡区域交通运输发展不平衡，银川都市圈现代综合交通运输网络有待进一步完善，中南部地区对外通道不够畅通，普通省道技术等级偏低，交通扶贫脱贫攻坚任务依然艰巨，要加快通乡连村道路建设，实现贫困村村组道路全覆盖。

(一) 牢牢抓住交通强国建设的新机遇

习近平总书记指出，"十三五"是交通运输基础设施发展、服务水平提高和转型发展的黄金时期。十九大报告进一步提出建设交通强国的宏伟目标，这既是党和人民赋予交通运输行业的新使命，也是促进宁夏交通运输事业发展的新机遇。宁夏要充分利用交通运输部联系六盘山片区专项扶贫工作的难得机会，围绕交通强国"四梁八柱"战略性框架体系，结合《宁夏"十三五"综合交通运输体系发展规划》《宁夏综合交通运输体系战略规划 (2016—2030 年)》，全力以赴把交通运输部"进一步加大革命老区、民族地区、边疆地区、贫困地区交通扶贫脱贫攻坚力度，加强对外骨干道路建设和内部通道连接"，"对贫困地区国家高速公路、普通国道建设倾斜支持"，"加强通客车农村公路不达标路段建设改造"等一系列政策措施争取好、利用好。自治区确立了打造"西部地区转型发展先行区、全国脱贫攻坚示范区、西部地区生态文明建设先行区、内陆开放型经济试验区、全国民族团结进步示范区"的重点任务，是自治区党委结合全区实际，全面贯彻新发展理念的重大举措，为宁夏今后 5 年的发展指明了方向、确定了路径，提出了要求。要想富先修路，开放先要敞开门户。紧紧围绕脱贫富民、银川都市圈、乡村振兴等重大战略部署，促进山川、城乡交通运输平衡发展，不断提高交通运输基本公共服务均等化水平，切实增强人民群众的获得感、幸福感、安全感，为自治区构建多层次、宽领域、全方位开放发展新格局，实现更高质量、更有效率、更加公平、更可持续发展作出积极贡献。

（二）准确把握今后5年交通运输发展新目标

2020年，是"两个一百年"奋斗目标的交汇之年，对宁夏交通运输事业发展至关重要。要高质量完成交通扶贫攻坚任务，主动服务乡村振兴战略。认真落实部区合作协议，全面完成脱贫销号村和深度贫困村对外连接道路建设，打赢交通扶贫脱贫攻坚战。要坚持落实新发展理念，着力解决"好不好"的问题。推动宁夏交通运输在解决"有没有"问题的同时，更加注重解决"好不好"的问题。提升交通服务水平。坚持公交优先发展战略，促进城乡客运基本公共服务均等化，具备通车条件的建制村100%通客车。贯彻落实好习近平总书记对"四好农村路"建设的重要批示精神，落实市县政府主体责任，指导各地开展农村公路网规划编制，加强农村公路建设技术指导和督导考核，有效发挥"四好农村路"示范县带动作用，开展农村公路品质工程创建工作，强化对农村公路的管养，健全优化完善农村客运线路，有序完成建制村通客车目标，推动"四好农村路"建设迈入高质量发展的新阶段。重点支持脱贫销号村和深度贫困村对外连接道路建设，为打赢脱贫攻坚战提供交通运输保障。

三、实施西海固地区脱贫饮水工程

自治区第十二次党代会提出，实施西海固地区脱贫饮水工程、高效节水现代化灌区建设工程，积极推进黄河黑山峡河段开发，从根本上缓解全区水资源紧缺矛盾，努力解决发展用水问题。大力推进六盘山集中连片区特困地区水资源高效利用工程，加快实施盐环定、红寺堡、固扩扬水工程更新改造和中部干旱带脱贫攻坚水源工程以及人工影响天气工程，增加贫困地区水资源供给。

（一）落实高质量发展要求，以大中小微工程并举补齐水利基础设施短板，加快构建现代基础设施水网

2015—2017年，隆德县出现历史上最为严重的旱情，水源水库干枯，导致数万人饮水困难，隆德县缺水问题引起各级领导高度重视，决定投资3亿元启动县域"南水北调"的城乡供水工程。该工程将县城南部富水区的庄浪河、水洛河流域等10座水库全部连通，做到互补互用、统一调度，形成一个大的供水源，调引到县城所在的缺水区渝河流域，解决县城及工程沿线乡镇居民生活用水。2018年，自治区水利厅争取水利投资70亿元以上，加快构建高质量现代基础设施水网，加大水利资金和政策向贫困地区倾斜，启动城乡供水连通和管网更新改造工程，开展城乡供水备用水源工程建设，推动农业、工业、城乡用水同网同质同源，疏通末级供水"小血管"，重点解决人民关心的水问题，让百姓喝上达标水、放心水，助力贫困地区实现脱贫攻坚，建成全面小康社会。提档升级生命工程保障饮水安全，通过替换水源、提高定额、全面入户、优质服务，巩固提升49.5万人饮水安全水平，解决9.15万建档立卡贫困人口饮水安全问题，确保251个贫困村自来水普及率达85%以上，实现9个贫困县800个贫困村人饮安全工程全覆盖。

（二）落实创新驱动战略，切实增强现代水利发展内生动力

要以深化水利改革完善治水体系，以治水科技创新增强发展动力，以智慧水利建设带动现代水利，在"建"上完成布局，在"用"上深化融合，在"效"上破解难题，推进水利公共服务均等化、普惠化、便捷化。2018年1月底，盐环定扬黄工程更新改造项目新六泵站、新八泵站6台机组相继空载试运行成功；2月，红寺堡扬水一泵站更新改造工程项目4台机组成功进行

空载试验，标志着盐环定、红寺堡扬水泵站更新改造工程建设进入新阶段。陕甘宁盐环定扬黄工程更新改造项目是李克强总理来宁视察关怀支持的民生水利项目，红寺堡扬黄工程更新改造项目是自治区六十大庆献礼工程，均为自治区中部干旱带脱贫攻坚重大水利建设项目。两个项目总投资27.1亿元，受益人口44万人，灌溉供水面积近100万亩。项目建设将显著提升工程供水保障能力，明显改善宁夏盐池县、同心县、红寺堡、中宁县，甘肃省环县，陕西省定边县供水和宁夏太阳山工业园区等工业供水条件。盐环定项目于2016年9月开工建设，重建泵站7座，改造泵站5座，更换压力管道70.3公里，砌护干渠97.7公里。红寺堡项目于2017年8月开工建设，计划改造主级泵站5座，更换水泵、机电43台（套），更换压力管道6.9公里。两项工程于2018年4月建成通水。面对老区人民脱贫攻坚的历史重任，自治区党委、政府向中央承诺，5年工程3年完成，确保尽快发挥工程效益。为确保工程建设实现春灌通水目标，2017年入冬以来，水利厅组织近百家参建单位近3000名建设者日夜坚守在工程建设一线，顶风雪、战严寒，抢时间、促进度，全力保障项目按计划节点推进。该工程按照"统筹城乡、改革创新、节约高效、开放治水"的要求，盐环定扬黄工程更新改造项目借助钱学森智库，高位嫁接中国航天十二院的技术优势，开展军民融合，打造智能化工程运行控制体系。这是一个创新驱动发展的示范工程，开启了宁夏"互联网+智慧水利"的先河。

四、继续实施新一轮退耕还林工程

宁夏自2000年实施退耕还林工程以来，累计完成退耕还林建设任务1305.5万亩。工程建设覆盖了除青铜峡市以外的21个县（市、区）以及自治区农垦系统，涉及32.32万多退耕农户、153.02万退耕农民，人均退耕还林面积位居全国第一。工程建设取得了巨大的生态效益、经济效益和社会效益，不但有效改善了重点地区的生态环境，而且解决了退耕农民吃饭问题，拓展了农民增收渠道，促进了社会和谐稳定。退耕还林工程，被广大退耕农民誉为"德政工程""民心工程""扶贫工程"。目前，宁夏仍有320万亩的陡坡耕地和严重沙化耕地需要实施退耕还林。国家将启动新一轮退耕还林工程，为宁夏全力以赴做好新一轮退耕还林工程的各项工作提供了有利机遇。

（一）实施新一轮退耕还林的基础和条件

目前，宁夏重启退耕还林工程已具备"天时、地利、人和"的有利条件。首先，重启退耕还林工程是广大干部群众的强烈愿望，是广大坡耕地农户的共同心声。在全区经济工作会议上，退耕还林工程作为"五大工程"之一被提出来，表明了自治区党委、政府对退耕还林工程建设的高度关注。连续多年的自治区两会上，数位人大代表和政协委员提出重启退耕还林工程的建议。人大议案、政协提案代表了基层广大人民群众的心声，退耕还林工程已得到全社会的广泛认可，受到广大退耕农户的普遍欢迎，重启退耕还林是宁夏人民共同的呼声。其次，宁夏严峻的生态治理形势，亟须重启退耕还林工程。宁夏依然是全国水土流失和土地沙化严重、生态系统脆弱的省区，是大量流沙和泥沙侵入祖国腹地与京津地区的三大主要通道之一。重启退耕还林工程，是宁夏所处特殊生态地位的需要，是扼住风沙输入咽喉、建设生态文明、构筑祖国西部生态安全屏障的重要载体。再次，大面积的陡坡耕地、撂荒地、严重沙化耕地，为宁夏退耕还林重启奠定了充裕的物质基础。宁夏实施生态移民后，将留有350万亩的坡耕地需要进行生态修复治理。全区目前仍有320万亩的陡坡耕地和严重沙化耕地需要实施退耕还林。最后，宁夏退耕还林工程建设已积累了一定的管理和实践经验，逐步形成了符合宁夏实际的工程建设思路，建立了因地制宜的建设模式，探索出了一整套行之有效的管理措施，宁夏实施退耕还林工程再不会出现"摸着石头过河"的技术障碍。综上所述，宁夏重启退耕还林已"万事俱备"，只等国家政策的"东风"。

（二）实施新一轮退耕还林应把握的重点

根据宁夏在前期退耕还林工程建设中取得的经验和教训，在实施新一轮退耕还林工程建设时，应注重做好以下工作：首先，切实加强新一轮退耕还林工作的组织领导。启动实施新一轮退耕还林工作，任务重，难度大。因此，自治区各级政府要进一步加强组织领导，充分认识实施新一轮退耕还林工作的重要性和必要性，广泛宣传动员，全力组织干部群众打好新一轮退耕还林攻坚战。通过全方位、多渠道的宣传报道，使老百姓能够全面准确地了解新一轮退耕还林的相关政策和补助标准，切实落实农民退耕自愿的原则，确保退得下，稳得住，能致富，不反弹。同时，要加强退耕还林队伍建设，做到干部队伍不少，工作力度不减，夯实责任，转变作风，扎扎实实搞好退耕还林各项工作，为完成新一轮退耕还林工作任务奠定坚实的基础。其次，坚持退耕还林与大户承包相结合。过去退耕还林工程建设，主要以一家一户散户经营，分散管理，不利于资源整合、规模化生产和集约化经营，造成退耕林地后续产业发展能力不足，林地产值不高，对退耕农户的增收致富贡献不大。退耕还林实行大户承包或林业合作社发展形式，既克服了以往退耕林地后续产业发展不足的问题，又能实现成果的巩固。宁夏退耕还林工程建设已经具备大户承包和合作社发展的良好条件："十二五"期间，宁夏生态移民后，大量的闲置耕地和撂荒地为大户承包提供了丰富的物质基础；林权制度改革后，各地蓬勃发展的林业合作社也为今后退耕还林工程发展提供了可复制、可推广的样板。再次，坚持退耕还林与"两个"林业相结合。在今后安排新的退耕还林工程建设任务时，要把生态林业与民生林业有机结合起来。按照宁夏林业"两屏两带"和"五大生态工程"建设要求，围绕"建设生态文明、打造美丽宁夏"的总体目标，将退耕还林工程建设融入全区林业建设的总体布局，在不断完善宁夏生态防护林体系建设时，进一步壮大林业产业建设。一是积极培育发展后续产业。坚持适地适树，通过实行林草结合、林果结合、林药结合，在条件适宜的地区，大力发展经济林，积极培育后续产业，增强林业发展的后劲，着力解决"大地增绿，农民增收"，"国家要生态，农户要增收"的核心问题，为建设经济繁荣、民族团结、环境优美、人民富裕的宁夏奠定坚实的基础。二是调整林种结构。启动新一轮退耕还林，要完善退耕还林政策，对还生态林、经济林的比例不再作限制，使农民获得较好的收益，既改善生态又改善民生。所以，以后的工程建设要逐步以生态林为主向经济林建设为主转变，加大经济林建设比例，解决好退耕农户持续增收大计，落实民生林业的目标。油用牡丹、文冠果、山楂等树种是高效的经济树种，具有抗旱、耐瘠薄、易栽植、易成活、易管理的特点，特别是3个树种都具有很高的经济效益：油用牡丹种籽可制取食用油，牡丹籽出油率高、油品好，不饱和脂肪酸高达92.3%；文冠果是我国北方唯一适宜发展生物质能源的树种，利用文冠果提取柴油已获成功；山楂具有很高的医用价值，深受广大老百姓的喜爱。以上3个树种，如果在宁夏引种推广成功，将扭转宁夏退耕还林后续产业发展滞后、林地产值效益低下的局面，大幅提升广大退耕农户的经济收入。

五、开展农业气象服务体系和农村气象灾害防御体系建设

2018年的中央一号文件提出，要健全农业气象服务体系和农村气象灾害防御体系，充分发挥气象为"三农"服务的重要作用。这是新时代党中央、国务院把握我国农业农村基本特征、着眼于推动农业农村又好又快发展对气象工作提出的新要求。面对农业农村发展的新形势和新要求，气象为"三农"服务的任务越来越重，难度越来越大，要求越来越高。农村气象灾害防御仍然是整个防灾减灾工作的短板，滞后于农村经济社会的全面发展。气象如何为稳定农业生产、保障国家粮食安全和主要农产品的有效供给提供服务，是新形势下气象为"三农"服务需要重点思考的问题；如何为农业农村应对气候变化、建设生态文明和发展生态农业提供服务，需要我们认真探索。

（一）健全农业气象服务体系

健全农业气象服务体系要符合现代农业发展方向，适应稳定农业生产、保障国家粮食安全、农业防灾减灾和应对气候变化的需求。农业是受气象灾害影响最为敏感的行业。我国地域辽阔，气象条件差异性大，农业生产的区域性、特色性较强，发展优质、高产、高效、生态安全的现代农业需要符合地域特点的、更加精细化的气象条件做保障。我国又是典型的季风性气候国家，气象灾害种类多、分布广、影响大，由此造成的粮食减产幅度为10%~20%。因此，保障国家粮食安全需要不断增强农业抗御各种气象灾害的能力。在全球气候变暖的背景下，气象条件对农业生产的影响也呈现出新的特点，只有加快健全农业气象服务体系，合理开发利用气候资源，优化农业生产布局，才能逐步适应气候变化。提高专业化的农业气象监测预报技术水平。要建立适应农业生产区域性布局的气象观测网络系统；依靠科技创新，针对不同区域农业生产的特点，发展多时效、定量化的监测分析、影响评估和预测预报技术系统。要真正面向农民，开展针对不同农事季节的农用天气预报，指导农业生产活动由"靠天吃饭"向"看天管理"转变；结合各地的农业生产布局，发展适合"一乡一品，一县一业"的特色农业、设施农业的专项气象服务；适应农业生产方式的转变，建立面向农村种植大户、农业生产企业的新型气象服务模式。发展保障国家粮食安全的防灾减灾气象服务。立足于提高农业抗御气象灾害的能力，开展重大农业气象灾害的监测预警、影响评估，建立气象灾害早期预警与防范应对的联动机制，促进农业减灾增收。在全球气候变暖背景下，要高度重视气象灾害多发、频发对农业生产的影响，实现人工影响天气由应急型向主动防御型转变；加强农业气象实用技术的研究，推进适应气候变化的品种改良和耕作方式变革，提高农业趋利避害的能力，为农业适应气候变化提供决策服务。要不断深化对气候变化规律的认识，认真研究气候变化对我国农业生产的利弊影响；开展精细化的农业气候区划，准确把握不同地区农业气候资源条件和农业生产的适应性，为科学规划农业生产布局、合理调整种植结构提供决策支撑；开展农业气象灾害的风险区划，为提高农业气象灾害的风险防范和风险管理提供支撑。

（二）健全农村气象灾害防御体系

相对于城市而言，农村是气象灾害防御的脆弱区。气象灾害的预报预警信息难以及时有效地传递到农村，存在着预警信息传递"最后 1 公里"的瓶颈制约；农村的防灾抗灾能力相对脆弱，公共设施、基础设施相对薄弱，承灾能力低；农民的防灾避灾知识缺乏，是受灾影响最大的群体，每年因气象灾害而造成的死亡人员 90% 以上发生在农村，农村气象灾害应急防范的组织保障体系亟待健全。首先，提高精细化的气象灾害监测预警能力。农村气象灾害的监测预警要向更加精细化的方向发展，自动气象监测网建设和精细化气象预报要发展到乡镇，实现"乡乡有监测站"，使农村突发性气象灾害的预警预报准确率和精细化水平接近城市。其次，建立广泛覆盖的预警信息发布网络。加强农村气象服务基础设施建设，共建、共享和共同维护农村公共服务基础设施，将气象信息服务搭载到农村公共服务平台上，力争实现至少有一种手段能将气象预警信息送达农村每一个地区、每一个村镇，传递到每一位农民，实现气象信息"进村入户"。建立有效联动的应急减灾组织体系。按照"政府主导、部门联动、社会参与"的气象防灾减灾机制，健全农村基层气象灾害防御和应急组织体系，力争实现乡乡有分管领导、有气象信息服务站、有气象协理员、有气象灾害应急预案，村村有气象信息员、有预警信息接收能力，使气象灾害预警与防灾减灾应急组织有效联动。建立以预防为主的气象灾害风险管理机制，提高风险防范意识。积极推进县级政府编制和实施气象灾害防御规划，并将其纳入地方的发展规划。深入开展农村气象灾害风险调查、区划和评估；开展对农村中小学校舍和民房设施建设的气象灾害风险评估，以及雷电灾害防御等工程性建设；推进面向农村的重大气象灾害风险评估及气象保障服务，提高农村防范气象灾害风险能力；通过多种形式普及农村气象防灾减灾知识，增强农民的防灾减灾意识和自救互救能力。建立现代农业和农村气象服务体系，力争经过 3~5 年的努力，完善专业化的农业气象监测预报技术，发展具有地方特色、保障国家粮食安全、适应气候变化的现代农业和农村气象服务体系。逐步建立精细化的气象灾害监测预警能力、覆盖广泛的预警信息发布网络、有效联动的应急处置组织保障体系和预防为主的气象灾害风险管理防范机制，健全农村气象灾害防御体系，充分发挥好气象为"三农"服务的重要作用。

第7章
充分挖掘农民增收新潜力

习近平总书记在十九大报告中指出："农业农村农民问题是关系国计民生的根本性问题，必须始终把解决好'三农'问题作为全党工作重中之重。"从国际经验分析，农业强大是国家现代化的重要标志。目前世界上现代化水平较高的国家，无论是美国、加拿大、澳大利亚等农业资源丰富的国家，还是丹麦、荷兰、瑞典等农业资源并不丰富的国家，工农业都处于同步发展状态，农业具有较强的竞争力。从国内实践看，农业强大是我国发展的必然要求。我国是一个有着14亿人口的发展中大国，也是制造业进出口第一大国，多个产业具备全球竞争力。我国有近6亿人口在农村，农业生产还存在产业化程度较低、质量效益不高、资源环境约束趋紧等一系列挑战。这主要表现在：高端性、特色化、差异化的农产品短缺，优质安全农产品供给不足，部分低端农产品供过于求；农产品价格走低，农民人均可支配收入增长缓慢；农业人力资本弱化，农业尚未与工业制造业同步发展等不利状况。这些均在一定程度上影响了广大农民，特别是贫困人口增产增收的发展机遇。因此，需要采取积极政策，破解农业不强、特色不特、产品不优的问题，充分挖掘农民增产增收的潜力，实现精准脱贫、共同富裕、共同发展的目标。

一、做优做强特色产业

农业中的特色产业是指某一地区经过多年的发展和积淀，形成了与其他地区相比较的独特性和比较优势的农产品，具有较强的市场竞争力。"特色"就是"独有"，就是"区别于其他"，形成人无我有的"魅力"。特色产业发展目标是"产业集群"。特色产业聚集主要有纵向型和横向型两种模式，纵向型特色产业是指围绕成长起来的特色产业，众多上游、中间、下游企业聚集起来，形成一个个完整的产业链，具有较强的聚合发展能量；横向型特色产业是指将同类或相似企业、产品聚集，形成专业生产、销售中心。无论何种产业类型，都能有效降低企业生产成本，减少市场信息不对称，形成经济增长极，提升经济竞争力；不仅带动相关产业的发展，而且增强市场机制，激发人们的创业意识，最终促进产业经济全面发展。做优做强特色产业可以在以下方面考虑。

（一）做优做强特色产业，必须深化农业供给侧结构性改革

推进农业供给侧结构性改革，就要加快培育农业农村发展新动能，大力实施农业现代化建设，在确保粮食安全基础上，紧紧围绕市场需求变化，以增加农民收入、保障有效供给为主要目标，不断提高农业供给质量，按照市场需求和消费方向，有目标、有针对性，采取订单式等经营手段，生产当地特色农产品，以提高质量和增强效益为目标，不断追求绿色、高端特色农产品。近年来，宁夏特色优势产业发展迅速，特色优势产业产值占农业总产值的比重已达到 80%，有效促进了农民增收。已经出现了枸杞、奶产业、马铃薯、园艺、优质粮食、适水产业、葡萄产业、种业、红枣、牧草、苹果、道

地中药材等 13 个农业特色优势产业。通过"1+4"特色优势产业扶持政策，有效推进"一特三高"现代农业发展。积极落实和完善农业各类补贴政策，加大耕地地力保护和粮食适度规模经营，促进秸秆还田机械深松深翻、有机肥替代示范工程；通过大力推广马铃薯脱毒种薯、基础母牛扩繁、滩羊繁育保护和利用、优质牧草种植加工转化、设施农业新型日光温室建设等措施，推动农业供给侧改革，特色项目、特色产业已经成为宁夏现代农业发展、农民增产增收的有效途径。

（二）做强做大特色产业化龙头企业，增强组织带动力

坚持"稳定品质，做亮品牌，节本增效，强化仓储，产业融合"的原则，大力实施优品优价、优质高效的发展思路，不贪多贪大，在精细化、高品质上下工夫，实现以质取胜、以质赢信的生产、加工、销售一体化发展体系。大力实施"打造国际知名品牌"战略，在枸杞、滩羊、马铃薯、葡萄等已经形成一定影响力的基础上，通过原产地保护工程、质量认证体系建设，形成高端产品、国际知名品牌。大力推行"龙头企业+合作社+农户""龙头企业+服务组织+农户"及订单农业等方式，支持龙头企业技术改造，提高品质，推行全过程"一站式"等社会化服务，鼓励实行"统一品种，统一农资，统一管理，统一收购"，通过提高内在品质，提升发展效益。鼓励企业通过土地流转、股份合作、返租倒包等多种形式扩大经营规模，积极开展社会化服务，发展订单农业。加强冷链储藏保鲜服务体系建设，支持龙头企业、合作社牵头，在枸杞、马铃薯、葡萄、苹果等果蔬主产区建设一批成本低廉、方便灵活的中小型果蔬保鲜库，延长储藏周期，调节市场供需，实现错峰销售。对集中建设 100 吨以上冷库的企业，在资金、项目上给予优先扶持。大力推广绿色防控、有机肥增施、示范园建设等绿色生产方式，推行枸杞、马铃薯、滩羊、葡萄、硒砂瓜等农产品的国家标准和地方标准，以枸杞深加工为示范，带动其他特色农产品不断提升生产标准化水平。鼓励枸杞、葡萄等中小酒庄不断提高产品开发水平，形成"稳定品质，面向大众"的生

产、消费格局。完善水、电、路、网、接待等酒庄配套设施，加快发展以休闲、观光、体验、接待为主的酒庄综合体。对年接待游客 10 万以上人、示范带动作用显著的休闲旅游型酒庄，在配套设施、建设用地上给予优先扶持。加快建设"宁夏滩羊"产业联盟，积极做好大型企业集团招商引资工作。支持发展集"原种扩繁、饲料生产、订单养殖、屠宰加工销售、信用担保"于一体的全产业链滩羊产业联盟等先进模式，通过抓典型、树样板、推模式，实现滩羊产业规模扩张、提质增效。积极开展对外招商引资，引进一批实力强、影响大、科技含量高的大型龙头企业投资原种扩繁、畜禽屠宰、产品深加工等领域，补齐产业发展短板。

（三）提高特色产业科技水平，增强可持续发展能力

充分发挥农技推广、科技特派员作用，积极争取国家基层农技推广服务体系建设项目，按照定项目、定人员、定产量、定效益、包贫困户的"四定一包"原则，有针对性地提高贫困户科技生产能力，改善贫困县、乡两级农技推广机构服务条件，提升农技推广服务水平。定期组织贫困人口接受职业教育、就业技能、农村实用技术培训；支持在贫困村建设农民田间学校，实现特色产业技术服务组贫困村全覆盖，农技人员驻村入园入户推广旱作节水、草畜节本增效、蔬菜标准化生产、病虫害防控等先进适用技术。加快贫困地区农村信息化进程，构建区、市、县、乡、村农业信息网络服务体系，为贫困户提供政策、市场、科技、价格、保险、气象等生产加工流通信息服务。推进农机农艺深度融合，支持贫困户购买农业机械，发展规模化、集约化、标准化生产，提升玉米、马铃薯、优质牧草等机械化生产水平。实现"阳光沐浴工程"脱贫销号村全覆盖，改善贫困户生活条件。

二、突出抓好农产品品牌建设

品牌建设是优化农业产业结构、转变农业发展方式、提升农产品市场竞

争力的必然选择，是实现农业与一、二、三产业融合发展的重要抓手。宁夏从国土面积来说是一个小省（区），但从农产品的生产和品质来说，在全国还具有一定影响力。如何提高农业发展质量和效益，推动农业向高产、高质、高效转型发展，深入推进农业供给侧结构性改革，做大做强农业品牌，着力提升农产品知名度、影响力和竞争力，是今后一个时期全社会需要高度重视的问题。

（一）抓好顶层设计，强化保护与监管

充分发挥本区域产业优势和农业特色，对农业品牌建设进行科学规划，形成特色鲜明、比较优势明显的品牌发展格局。不断强化政策扶持，建立健全扶持保护机制，加强对龙头企业、合作组织、行业协会等品牌创建主体的培育，在科技、贷款融资、品牌创建与宣传等方面提供全方位支持。健全保障制度，强化农业品牌保护和监管，探索推行农产品品牌目录制度，明确征集范围、对象和程序。

（二）选好品牌，加强品牌建设

习近平总书记指出，粮食也要打出品牌，这样价格好、效益好。过去的做法是为解决农产品总量不足的矛盾，比较重视生产的规模和产量，而对农产品质量和结构的重视相对不够。随着我国社会矛盾出现新变化，人们的需求已经转化为对美好生活的新期待，城乡居民对高品质、少化肥残留、生态环保的农产品消费旺盛，原有的依靠化肥催肥、农药残留而获得高产高效的农产品已经卖不上价钱，甚至出现积压滞销，也给农民带来沉重的经济负担。因此，在新时代、新形势、新需求下，只有不断完善农业激励机制和支持政策，顺应人们对农产品消费的新趋势，把品质高、市场竞争力强、绿色环保的农产品和农业生态服务供给放在更加突出的位置，大力推进农产品区域品牌建设，支持地方以优势企业和行业协会为依托，打造区域特色品牌，引入现代科技要素，不断改造提升传统名优品牌，才能使农业、农村、农民看得见山、望得见水、守得住乡愁。

（三）注重品牌建设，推进农业供给侧改革

经过多年不懈努力，宁夏的农业发展迈上新台阶、进入新阶段。从全国和宁夏来看，农产品生产一方面呈现总量充足、温饱型农产品已经实现供需平衡甚至供过于求的局面，另一方面又面临需求升级、绿色高端消费市场空间扩大但有效供给还跟不上的挑战。因此，推进农业供给侧结构性改革的一个重点，就是调整农产品结构，消除无效供给、增加有效供给、减少低端供给、增加高端供给。要统筹粮经饲种植结构，发展规模高效养殖业，做大做强优势特色产业。为此，要大力开发适合当地气候、土壤、水质条件的农产品，推动地方名优特农产品提档升级、做大做优；以市场为导向，紧跟消费需求变化，充分挖掘具有地方传承、地理和文化特色的品牌价值，并以其为引领推动农产品由规模化生产向优质、专用、特色生产经营转变，形成独特的市场优势和竞争力。

（四）发挥区位优势，抓好区域公用品牌建设

建设农产品区域公用品牌，是政府和行业组织的重要职责。应以县域或特色农产品优势区为重点，加强农产品品牌基地和示范区建设。紧紧抓住京津冀协同发展历史机遇，精准对接深港澳、拓展北上广深市场，突出产地的唯一性、产品的高质量、产量的有限性，形成区域品牌错落有序的发展格局。依托优势农产品资源，结合文化民俗资源，深入挖掘地方传统加工工艺，不断强化和延伸核心竞争优势，打造有竞争力的区域公用品牌。

（五）规范质量标准，实现标准化生产

加快构建优质农产品生产、加工、流通等质量标准体系，健全全程质量追溯机制，增强品牌主体的市场意识、质量意识和诚信意识，引导企业自觉维护品牌，不断提高农产品质量和经营管理水平。要以农产品生产大县和现代农业产业园为重点，以"三品一标"认证为抓手，高标准推进农业生产规

模化、标准化、信息化，精心培育一批地域特征显著、品质特色明显的农业品牌。

（六）依托"互联网+"，扩大品牌影响力

充分利用移动互联网等新技术，构建农业生产科技服务平台，助力品牌农业生产经营主体及时获取生产资料和新技术、新品种等信息；构建农产品供需信息平台，帮助品牌农业生产经营主体利用大数据处理市场供需问题，实现与市场的无缝隙对接；构建品牌农产品推广销售平台，扩大品牌农产品的销售范围和影响力。

（七）加强组织管理，提升产业化水平

农业品牌的创建过程，既是农业产业发展的过程，也是农业组织化程度提升的过程，同时还是产业、企业和农民建立紧密联系的过程。应以共有资源和共同利益为纽带，将区域内生产经营者有效整合；积极搭建平台，鼓励品牌创建主体与农户建立稳定的产销关系和利益联结机制，使产业链上各类主体成为风险共担、利益共享、命运与共的共同体。

三、加快推进产业融合发展

农村产业融合发展是指以农业农村为基础，通过要素集聚、技术渗透和制度创新，延伸农业产业链，拓展农业多种功能，培育农村新型业态，形成农业与二、三产业交叉融合的现代产业体系、惠农富农的利益联结机制、城乡一体化的农村发展新格局。推进农村产业融合发展是一项既利当前又利长远、一举多得的综合性举措，对于构建现代农业产业体系，加快转变农业发展方式，探索中国特色农业现代化道路具有十分重要的意义。在目前重要农产品价格下跌、经济下行压力加大的背景下，加快推进农村一二三产业融合发展，有利于拓宽农民增收渠道，推动农村创业创新，汇聚农业农村发展新

动能，对于稳增长、调结构、惠民生具有重要促进作用。党中央、国务院高度重视农村产业融合发展。习近平总书记在十九大报告中指出："构建现代农业产业体系、生产体系、经营体系，完善农业支持保护制度，发展多种形式适度规模经营，培育新型农业经营主体，健全农业社会化服务体系，实现小农户和现代农业发展有机衔接。促进农村一二三产业融合发展，支持和鼓励农民就业创业，拓宽增收渠道。"李克强总理在十三届全国人大一次会议上也指出："促进农林牧渔业和种业创新发展，加快建设现代农业产业园和特色农产品优势区，稳定和优化粮食生产"，"培育新型经营主体，加强面向小农户的社会化服务。发展'互联网+农业'，多渠道增加农民收入，促进农村一二三产业融合发展。"2016 年 1 月国务院办公厅印发的《关于推进农村一二三产业融合发展的指导意见》（国办发〔2015〕93 号）、2016 年 11 月国务院办公厅印发的《关于支持返乡下乡人员创业创新促进农村一二三产业融合发展的意见》（国办发〔2016〕84 号）、2016 年 10 月《国务院关于印发〈全国农业现代化规划（2016—2020 年）〉的通知》（国发〔2016〕58 号）、2016 年 11 月农业部《全国农产品加工业与农村一二三产业融合发展规划（2016—2020 年)》等多部有关加快农村一二三产业融合发展的政策，有力促进了农村产业融合发展，对于农民增产增收，高质量、高品质生产农产品起到积极引导作用。宁夏要紧密围绕党中央、国务院的各项要求，突出重点、理清思路、明确目标，加快一、二、三产业融合发展，可以在以下几方面考虑。

（一）做优农村第一产业，夯实产业融合发展基础

发展绿色循环农业，大力发展种养结合循环农业，加快构建粮经饲统筹，农牧结合，种养加一体，一、二、三产业融合的现代农业产业体系，推进农渔、农林复合经营。围绕适合精深加工、休闲采摘的特色农产品，发展优势特色产业，形成产加销结合的产业结构。推进优质农产品生产。积极组织科研单位开展农产品加工特性研究，筛选推广一批加工专用优良品种和技

术，促进农产品加工专用原料生产。引导鼓励农产品加工企业通过直接投资、参股经营、签订长期合同等方式，带动建设一批标准化、专业化、规模化原料生产基地。推进无公害农产品、绿色食品、有机农产品和农产品地理标志产品生产，加强农业标准体系建设，建立从农田到餐桌的农产品质量安全监管体系，提高标准化生产和监管水平。不断优化农业发展设施条件，加强农产品仓储物流设施建设，不断健全以县、乡、村三级物流节点为支撑的农村物流网络体系。支持农村公共设施和人居环境改善，将产业融合发展与新型城镇化建设有机结合，引导农村二三产业向县城、重点乡镇及产业园区等集中，培育农产品加工、商贸物流等专业特色小城镇，促进城乡基础设施互联互通、共建共享。

（二）做强农产品加工业，提升产业融合发展带动能力

大力支持发展农产品产地初加工，以粮食、果蔬、茶叶等主要及特色农产品的干燥、储藏保鲜等初加工设施建设为重点，鼓励各市县根据农业生产实际，加强初加工各环节设施的优化配套；积极推动初加工设施综合利用，建设粮食烘储加工中心、果蔬加工中心等。全面提升农产品精深加工整体水平，支持粮食主产区发展粮食特别是玉米深加工，去库存、促消费。培育主食加工产业集群，研制生产一批营养、安全、美味、健康、方便、实惠的传统米面、马铃薯及薯类、杂粮等多元化主食产品，与健康、养生、养老、旅游等产业融合对接，开发功能性及特殊人群膳食相关产品。加快新型绿色节能干燥和传统食品工业化关键技术升级与集成应用，开展信息化、智能化、成套化、大型化精深加工装备研制，逐步实现关键精深加工装备国产化。努力推动农产品及加工副产物综合利用，按照资源化、减量化、可循环发展要求，促进综合利用企业与农民合作社等新型经营主体有机结合，调整种养业主体生产方式，使农产品更加符合循环利用要求和加工标准；鼓励中小企业建立农产品收集、处理和运输的绿色通道，实现农产品加工有效供应。

（三）做活农村第三产业，拓宽产业融合发展途径

大力发展各类专业流通服务，健全农产品产地营销体系，推广农超、农社（区）、农企、农校、农军等形式的产销对接，鼓励新型农业经营主体在城市社区或郊区设立鲜活农产品直销网点。鼓励各类服务主体把服务网点延伸到农村社区，向全方位城乡社区服务拓展。大力实施农产品批发市场、农贸市场房产税、城镇土地使用税优惠政策。培育大型农产品加工、流通企业，支持开展托管服务、专项服务、连锁服务、个性化服务等多元服务。积极发展电子商务等新业态新模式，推进大数据、物联网、云计算、移动互联网等新一代信息技术向农业生产、经营、加工、流通、服务领域的渗透和应用，促进农业与互联网的深度融合。积极探索农业物联网应用主攻方向、重点领域、发展模式及推进路径，稳步开展成功经验模式在贫困地区推广应用。加快发展休闲农业和乡村旅游，拓展农业多种功能，推进农业与休闲旅游、教育文化、健康养生等深度融合，发展观光农业、体验农业、创意农业等新业态，促进休闲农业和乡村旅游多样化发展。加快休闲农业经营场所的公共基础设施建设，兴建垃圾污水无害化处理等设施，改善休闲农业基地种养条件，鼓励因地制宜兴建特色农产品加工、民俗手工艺品制作以及餐饮、住宿、购物、娱乐等配套服务设施。规范管理，加大休闲农业行业标准的制定和宣贯，加强品牌培育和宣传推介，提升社会影响力和知名度。

（四）创新融合机制，激发产业融合发展内生动力

大力培育多元化产业融合主体。强化家庭农场、农民合作社的基础作用，促进农民合作社规范发展，引导大中专毕业生、新型职业农民、务工经商返乡人员以及各类农业服务主体兴办家庭农场、农民合作社，发展农业生产、农产品加工、流通、销售，开展休闲农业和乡村旅游等经营活动。打造产业融合领军型企业，创新多种业态，增强核心竞争能力和辐射带动能力，培育壮大农业产业化龙头企业，带动农户和农民合作社发展适度规模经营。

发展多类型产业融合方式，延伸农业产业链，积极鼓励家庭农场、农民合作社等主体向生产性服务业、农产品加工流通和休闲农业延伸；大力发展农村电子商务，推广"互联网+"发展模式，支持各类产业融合主体借力互联网积极打造农产品、加工产品、农业休闲旅游商品及服务的网上营销平台。建立多形式利益联结机制，创新发展订单农业，引导支持企业在平等互利基础上，与农户、家庭农场、农民合作社签订购销合同，提供贷款担保，资助农户参加农业保险，鼓励农产品产销合作，建立技术开发、生产标准和质量追溯体系，打造联合品牌，实现利益共享。鼓励发展农民股份合作，加快推进将集体经营性资产折股量化到农户，探索不同区域的农用地基准地价评估，为农户土地入股或流转提供依据，探索形成以农民土地经营权入股的利润分配机制。建立土地流转、订单农业等风险保障金制度，鼓励制定适合农村特点的信用评级方法体系，制定和推行涉农合同示范文本，加强土地流转、订单等合同履约监督。

四、大力培育壮大经营主体

农业经营主体是指具有相对较大的经营规模、较好的物质装备条件和经营管理能力，劳动生产、资源利用和土地产出率较高，以商品化生产为主要目标的农业经营组织。农业经营主体既包括农业产中环节的生产经营组织，也包括为在产中环节提供各种服务的经营组织。目前我国各类农业经营主体呈现良好发展势头。新型农业经营主体发展壮大有效缓解了农业"小规模与大发展""小生产与大市场"难对接的矛盾，促进了新型农业经营体系的加速构建，有力推动农村一二三产业融合发展。但从不少地方反映情况看，新型农业经营主体面临着"四难一低"问题：一是争取土地难。新型农业经营主体要扩大规模进行再生产，都希望土地流转能够规范、稳定和集中连片。当前土地仍然承担着社会保障和就业缓冲功能，劳动力的大量转移只能为土地流转和集中创造必要条件，而非充分条件，相当多的农民不愿意把土地流转给他人耕种，造成"有田不想种，想种没有田"的现象。二是资金筹集难。由于农业获利周期长、利润低、抵御风险能力差，商业银行都不愿涉足，严重制约了扩大再生产的需求。2015 年，我国农牧渔业贷款约为 3.5 万亿元，仅占全口径贷款的 3.7%。三是设施建设难。按照现有政策，农业龙头企业和农民专业合作社的办公设施、产品加工和仓储、农机具的存放等生产辅助设施建设用地无法获得批准，导致储藏粮食的仓库和储备农业生产资料的库房紧缺。四是寻求社会服务难。如种粮大户在种植规模上少则上百亩，多则上千亩，仅靠他们自己的力量一般无法完成从播种到中期管理、再到后期收获一系列工作，但目前专门为种粮大户提供服务的社会化服务组织极为少见，所需的旋耕、播种、病虫害防治、收割等服务只能临时从社会上找，很难保证农事安排的及时性，容易导致错失良机或延误季节造成损失。五是自身发展水平低。有数据显示，我国当前新型农业经营主体的经营者，初中和小学学历占七成以上，50 岁以上的将近一半；农户的技术获取能力、消化能力与利用能力不强，多数大户经营者普遍还是依靠经验种植养殖；许多经营主体处于初级发展阶段，自身积累少，基地规模小，与农户联结不紧密，带动农民增收不强。新型农业经营主体面临的问题能否得到切实解决，关系到宁夏新型农业经营体系的构建，影响着农村一二三产业融合的成效。因此，大力发展新型农业经营主体就成为农民增收致富重要手段。

（一）加强对发展新型农业经营主体的引导

各级政府应严格落实国务院《关于推进农村一二三产业融合发展的指导意见》有关"培育多元化农村产业融合主体"的指示要求，切实把培育新型农业经营主体作为当前促进农村产业融合的重要抓手，制定发展规划，明确目标任务，出台扶持政策，形成强有力的工作推进机制，真正把农民专业合作社、专业大户、农业龙头企业、家庭农场作为推进传统农业转型升级，发展现代农业的新型经营主体来扶持。

（二）创新完善土地流转机制

按照"稳定国家所有权、维护家庭承包权、放活经营权"的总体思路，创新方式加快土地流转。尽快修订《农村土地承包法》，明确农村土地承包制度长久不变和土地承包期限的具体年限，稳定农户对承包地的预期和承包权，完成土地的确权颁证工作。积极探索建立土地储备机制，由政府出资组建土地信托投资公司，变过去农户和经营主体两个角色间的流转为农户、经营主体和政府3个角色间的流转，着力提高组织化、规模化程度。对新型农业经营主体和积极流转土地的农户进行适当财政补贴，引导和鼓励农户积极开展土地流转。如对每流转一亩土地，流转期限在 5 年以上的农户和租地规模在百亩以上的新型农业经营主体，每亩给予 50 元的财政补贴。

（三）创新农村金融服务

要创新信贷担保方式。简化手续提高新型农业经营主体小额信贷规模，开展"公司+农户""公司+合作社+农户"等多种形式的贷款担保，有条件的地方政府可以市场化运作出资建立为农服务的担保公司，帮助新型农业经营主体拓宽融资渠道。要创新信贷抵押方式。积极开展农村承包土地的经营权和农民住房财产权抵押贷款，允许将租地承包合同作为抵押物，增强新型农业经营主体贷款能力和规模，缓解融资困难。要完善农业保险。在商业保险不愿介入的领域，地方政府可牵头建立农业保险公司，设立新型农业经营主体专项保险，扩大农业保险类别、增强赔付能力、提高保险补助标准，以分担新型农业经营主体在经营中可能出现的风险，减轻或降低新型农业经营主体的融资成本和风险。要扶持主要为当地农民、农业和农村经济发展提供金融服务的村镇银行，服务农业，方便农民，尽可能减少和防止农村资金流出，增强农业资金的再造能力。

（四）创新财政支持方式

设立新型农业经营主体发展专项资金，通过贴息、补助、奖励等形式，支持新型农业经营主体兴建生产服务设施、建设原料生产基地、扩大生产规模、推进技术改造升级、建立科技研发机构等。整合农业综合开发、新农村建设、农业产业化发展等各类财政支农资金，优先扶持示范性新型农业经营主体建设；改革农业补贴发放方式，按照"谁种田，谁受益"的原则，变"普惠制"为"特惠制"，将新增农业补贴重点向新型农业经营主体倾斜；实行以奖代补，对达到一定经营规模的新型农业经营主体实行奖励。对直接服务于农业生产的临时性生产辅助设施，包括仓库用房、场地和必要的管理用房用地，可办理设施农用地手续，生产结束后由经营者负责复耕。对新型农业经营主体从事农业生产和农产品加工用电，执行价格部门批准的优惠用电价格。

（五）不断提高农业科技和公共服务水平

要大力加强公益性农业技术推广服务，建立鼓励县乡农技人员带农业科技成果进村入户、服务新型农业经营主体的有效制度。鼓励涉农科研机构、高等院校和高新技术企业与新型农业经营主体对接合作，共建试验示范、技术推广基地，促进农业科技供需对接和成果转化。对于农业专业技术人员和大学毕业生到农村依法注册从事农业生产经营活动，若种植规模在 500 亩以上、年养殖规模在万头以上的经营者，可由财政连续 3 年每年给予 3 万左右的补助。要加大新型农业经营主体创办人和生产经营管理骨干的培训力度，建立大中专院校、农业科研单位联合培养培训机制。培训既要传授先进的生产技术知识和科学理念，又要帮助解决生产和管理中的实际问题，不断提高新型农业经营主体的技术吸收、应用能力和管理水平。要加快农村信息化服务平台建设，指导新型农业经营主体通过 3S 技术、农业物联网技术等一系列农业信息化技术产品及时获取市场信息，适应市场需求，努力降低生产成本和供应链管理成本，提高经营效益。要采取政府订购、定向委托、奖励补助、招投标等方式，引导经营性组织参与公益性服务，大力开展农技推广、农机作业、抗旱排涝、统防统治、产品营销、农资配送、信息提供等各项生产性服务，满足经营主体对社会化服务的需求。借鉴组建"农事服务超市"的经验，大力培育新型社会化服务组织，为新型经营主体提供产前、产中、产后全程化服务。

五、持续推进农民转移就业

农民转移就业和市民化是工业化、城镇化发展的动力，也是以城带乡解决"三农"问题的根本要求。一方面，在人多地少、劳动力丰富、资金与技术稀缺的国情下，农业富余劳动力转移是农民实现就业、增进自身经济利益的选择，也是工业化发展的需要，发挥了劳动力资源优势，弥补资金稀缺、技术落后的弱点，增强了企业竞争力，并吸引外资，成为工业化、城镇化发展的巨大推动力。另一方面，农民转移就业，给流出地带来资金流入、农民收入增加、减贫、社会开放、返乡创业、减轻生态脆弱区人口压力等综合效应。由此初步形成工业化、城镇化与农业劳动力转移结合，带动不发达地区和"三农"问题解决的格局。从发展趋势看，改变农民收入增长缓慢的局面，根本解决"三农"问题，关键是实现农村富余劳力转移、充分就业，不仅通过参与工业化，获得非农收入，而且减少农民、增加市民，根本改善城乡资源配置，为现代农业发展提供基本条件，并发展县域和小城镇的非农产业，增加广大农民的非农收入，实现城乡均衡发展。

（一）要引导有序的进城务工就业，做好社会保障工作

农民进城务工就业，除了一身力气和简单技术水平之外，几乎一无所有，建议各级政府借鉴沿海地区有益经验，在建筑、企业、商贸物流等外来务工人员集中行业，通过政府扶持、企业筹措等方式，建设外来人员公寓，

以廉租形式供外来人员居住，实行统一管理、统一安置，解决农民工因居住不稳而发生意外事件。增强外来务工人员的城市归属感。在外来务工人员子女入学、就医、社会保险、文化活动、继续教育、技能培训等方面出台政策，保障其享受到与城区居民同等的社会待遇，以此增强其城市归属感。

（二）鼓励就近、就地就业

开辟城郊用工交通专用通道。对农业人口集中的乡镇，由政府和企业联合，建立农民工交通专线，让城郊农民切实实现"早出晚归"的城市居民就业模式；摸清用工需求。积极组织乡村干部、农村指导员、村级网络员等力量，摸清本地劳动力资源和企业用工需求；加强政策宣传。充分利用网络等开展各类就业政策宣传，及时发布企业招聘信息；鼓励各类工程建设项目吸纳本地农民就业。各类政府投资工程建设项目，要优先满足本地农民就业，特别是各级涉农资金的项目要优先吸纳本地农民就业。

（三）支持农民工返乡创业

大力支持各市县兴办农民工返乡创业园，采取更加优惠的政策，为农民工返乡提供创业政策支持；要统筹兼顾，加强顶层设计。在舆论上加强引导，帮助他们控制风险避免创业中过度拥挤，在行为指导上，要从实际出发，精准施策，差异化发展；要探索完善返乡农民工社会兜底保障制度，及时将返乡创业农民工纳入社保、住房、教育、医疗等公共服务范围。

六、全面深化农村改革

党的十九大明确提出乡村振兴战略，坚持农业农村优先发展，对加快推进农村现代化作出战略部署，对我国加快农村改革发展具有重要指导意义。全面深化农村改革，按照"转型强发展，赋权促增收，改革增活力"的要求，深入推进现代农业经营体系创新和农村土地制度、农村产权制度、农村金融制度等重点领域的改革创新，让更多的农民分享改革红利。

（一）健全农民合作经济组织体系

组建市、乡（镇）、村"三位一体"的农民合作经济组织联合会（简称农合联），充分整合各方资源，在更大范围、更宽领域、更高层次促进新型农业生产经营主体和各类为农服务组织的大联合、大合作，进一步提高组织化程度。积极探索组建资产经营公司和农民合作基金，研究资产经营公司和农民合作基金运行机制，更好地发挥资产保值增值和支持农业项目发展的作用。积极推进涉农部门职能转变，发挥农业科技人员作用，逐步将农业技术推广、种子种苗、农机服务、信息服务、信用担保等职能和人员划转到农业生产技术服务中心。调整农业补贴发放方式，积极实施财政支持农合联增强服务功能办法，探索将农业技术推广、动植物疫病防治、农产品质量安全检验检测等工作作为政府购买重点，逐步将适合农合联发放的农业补贴委托给农合联发放。

（二）不断创新现代农业经营体制机制，加快推进农业集聚发展

大力培育现代农业经营主体，探索建立"家庭承包农户+家庭农场+农民专业合作社+农业龙头企业"递进型组织体系，引导通过品牌嫁接、资本运作、产业延伸等途径进行联合兼并重组，探索农业龙头企业补助和为农服务效益挂钩机制，鼓励农业龙头企业采取设立风险基金、利润返还等形式，引导农民以生产要素入股等方式，与农民结成利益共同体。开展多元化、多层次、多形式的新型职业农民培训，加大补助范围和力度，吸引高校毕业生到农业领域创业就业，提高农业经营主体综合生产能力和市场应对能力。探索农业社会化服务模式，引导农民组建农机、粮食、植保等生产服务型专业合作组织，完善"龙头带基地，基地联农户"的利益联结机制，进一步深化农企合作，探索组建网上农产品拍卖市场，农产品通过拍卖实现销售，促进农

业小生产和大市场之间的有效对接。

（三）深化农村土地制度改革

做好承包地、宅基地、集体建设用地这三块地文章，赋予农民更加充分的土地用益物权，促进农村集体土地的市场化流转。按照党的十九大要求，不断深化农村集体产权制度改革，保障农民财产权利，壮大集体经济。要保持现有土地承包关系稳定并长久不变，依法保障农民对承包土地的占有、使用、收益等权利。总结推广土地内股外租、作价入股等土地股份合作模式，引导农民将承包经营权转化为长期股权，进一步推进整村整组整畈连片集中长期流转。整合现有小型规模经营，鼓励发展单体 50~300 亩的适度规模经营，适当培育千亩以上的大型规模经营。建立健全土地流转和服务机制，强化土地承包经营权置换社会保障力度，建立土地流转准入制度和监控制度，不断完善农村宅基地制度，严格宅基地管理，坚持农村集体土地所有权不变的前提下，通过农村集体土地产权的有效分割和清晰界定，赋予农民完整的宅基地使用权。探索构建与国有建设用地产权制度相一致的集体建设用地产权制度，赋予集体建设用地与国有建设用地同等的使用、拍卖、收益和处置权。加快建立城乡统一的土地交易市场，对符合城乡建设规划要求、依法取得的经营性集体建设用地，允许转让、出租、入股、抵押，实行与国有土地同等入市、同权同价，纳入现行的土地市场统一管理。

（四）深化农村产权制度改革

按照以确权确地为主、确权确股为辅办法，完善农村土地承包经营权登记制度，推进农村宅基地以及房屋、农村集体建设用地使用权确权登记颁证工作，全面推进农村经济合作社股份合作制改革，赋予农民对集体资产股份占有、收益、有偿退出及抵押、担保、继承权。创新股份经济合作社经营机制和管理体制，探索整体发包、分块发包、入股保底分红等经营方式，研究股份经济合作社经营管理绩效与经营者收入挂钩机制，试行经营班子年薪制、风险抵押金制、外聘职业经理人、独立董事等经营管理机制。研究制定《农村房屋交易规则》《农村土地承包经营权流转交易规则》等各类农村产权交易操作规则。鼓励农村产权进场交易，研究制定村级集体资产交易纪律约束机制，探索集体资产进场交易与村级公用经费补助挂钩机制。

（五）创新农村金融组织，拓宽增收致富渠道

在坚持服务"三农"的前提下，进一步深化农村合作银行股份制改革，稳妥组建农村商业银行，发挥支农主力军作用。强化农村合作金融的内部监管和外部监管，探索农村合作金融组织运行监管、财务管理、风险救助、考核评价和市场化退出机制，建立合作金融相关负责人资格核准制度、资金保险制度、风险补偿基金和损失补偿机制。探索农业市场经营主体综合贷款、拆迁协议贷款等实施办法，建立健全"信用工程"差别化利率优惠措施。积极推进农民专业合作社、家庭农场、个体经营户信用等级评定工作，拓宽信用工程覆盖范围。

第8章
激发培育贫困群众脱贫内生动力

习近平总书记指出："贫困地区发展要靠内生动力。"内生动力本质上是人的主观能动性，贫困群众脱贫的主体是群众，只有群众本身具有强烈的脱贫内生动力，有摆脱贫困、实现全面小康目标的内在自觉，才能迸发出强大的驱动力量，从而打赢脱贫攻坚战。当前，贫困户脱贫内生动力不足的问题在一些地方不同程度地存在，主要表现在：一是部分贫困户把贫穷当作一种习惯，主观上或不具备脱贫摘帽的心理准备，或缺少主动脱贫的意愿。二是受条件所限，部分贫困户发展信心不足，不敢突破自身局限脱贫致富。三是部分群众由于发展生产要素短缺，虽然有脱贫致富的想法，但心有余而力不足。四是部分贫困户找不到脱贫的切入点和突破点，不知如何脱贫。针对贫困群众内生动力不足问题，我们要"注重扶贫同扶志、扶智相结合"，激发贫困群众脱贫攻坚的内生动力，形成内在的自我脱贫与外在的多元扶贫互动机制，开展多层次多渠道多形式的扶贫开发、扶贫培训、贫困助学，改造贫困农户的依赖思想和守旧意识，

广泛激发和调动贫困群众参与精准扶贫、精准脱贫的积极性、主动性，逐步
提高贫困农户自我发展能力，实现可持续、有质量的脱贫，确保 2020 年贫困
县（区）摘帽、贫困人口彻底脱贫，最终走向共同富裕。

一、扶贫同扶志、扶智相结合

党的十九大报告指出，注重扶贫同扶志、扶智相结合。智和志是脱贫攻
坚的内力、内因。没有内在动力，仅靠外部帮扶，不能从根本上解决问题。
如果"干部干，群众看"，"干部着急，群众不急"，"靠着墙根晒太阳，等
着别人送小康"等，就难以从根本上解决贫困问题。因而要从根本上打赢脱
贫攻坚战，必须激发贫困群众的内生动力。

（一）扶贫与扶志相结合

哲学家王阳明说："志不立，天下无可成之事，虽百工技艺，未有不本
于志者。"穷并不可怕，可怕的是，穷不思变，安于现状，缺乏致富的决心
和动力。扶贫先扶志，一定要把扶贫与扶志有机地结合起来，既要送温暖，
更要送志气、送信心。习近平强调："弱鸟可望先飞，至贫可能先富，但能
否实现'先飞'、'先富'，首先要看我们头脑里有无这种意识，贫困地区完
全可能依靠自身努力、政策、长处、优势在特定领域'先飞'，以弥补贫困
带来的劣势。如果扶贫不扶志，扶贫的目的就难以达到，即使一度脱贫，也
可能会再度返贫。" 如果贫困群众缺乏主动脱贫之志气，扶贫工作就会事倍
功半。所以，"扶志"尤为重要，通过"扶志"把贫困群众自己主动脱贫之
志气"扶"起来，让贫困群众脱贫的腰杆硬起来，脱贫的点子多起来。一是
在脱贫攻坚过程中，提升贫困群众脱贫攻坚的信心。习近平在福建工作时就
指出，要淡化"贫困县意识"，"人穷不能志短"，不能因为定为贫困县、贫
困地区，就习惯于讲我们县如何贫困，久而久之，见人矮一截，提不起精
神，由自卑感而产生"贫困县意识"。事实上，越是存在贫困意识，自己就

越是没有信心。现实中有些贫困户担心未来的生产、生活中还会面临很多不确定性，而这些不确定性可能会使他们再次贫困，他们对于脱贫缺乏信心，并且越是这样，对依靠自身能力实现永久脱贫致富就越不自信、越没把握。因此，脱贫攻坚过程中，要把物质扶贫和精神扶贫结合起来，要在逐步摆脱贫困的现实中增强自信心，在了解其他方面的扶持政策中增强自信心，在学知识、学技能、强素质中增强自信心，以脱贫致富的正面典型为榜样，找到今后继续改善生活的努力方向和实现途径。二是要激发贫困群众的志气。贫困群众之所以贫困，一个重要原因是思想上存在一定的"等、靠、要"倾向，因此要让他们彻底告别贫困，必须做好扶志工作。要通过教育、引导，让农民有"我要脱贫"的迫切愿望，而不是国家"要我脱贫"的被动"单相思"，才会"人穷志不穷"地发奋脱贫。要用优秀的传统文化资源激发人的奋斗精神。我国传统文化的精髓之一就是"刚健有为"，强调人精神意识的主动进取，而不是被动等待，是积极向上而不是消极慵懒，是自强不息而不是碌碌无为。三是树立上进心。落后的观念和甘于贫困的思想是导致贫困的根源所在，正所谓"扶贫先扶志，致富先治心"，扶贫要从扶"心"开始，向贫困群众注入积极进取观念成为关键。要引导贫困群众树立"苦熬不如苦干"的观念和"勤劳致富光荣"的思想，在脱贫攻坚中不做旁观者，不做局外人，切实依靠自身努力增加收入，通过勇于拼搏、不畏艰难的上进心，改变贫困落后面貌。

（二）扶贫与扶智相结合

摆脱贫困需要智慧。培养智慧教育是根本。教育是拔穷根，阻止贫困代际传递的重要途径。再穷不能穷教育。习近平多次强调"扶贫必扶智、阻止贫困代际传递"，他指出："扶贫必扶智。让贫困地区的孩子们接受良好教育，是扶贫开发的重要任务，也是阻断贫困代际传递的重要途径。"2015年全国两会期间，习近平在参加代表团审议时指出："扶贫先扶智，绝不能让贫困家庭的孩子输在起跑线上，坚决阻止贫困代际传递。"贫困群众之所以深处贫困状态，与其受教育程度、文化水平和技能知识有关。一定意义上，贫困群众的智力水平很大程度上决定了富裕化程度。因此在"扶志"的同时还要"扶智"，要通过职业教育、农技推广、拓展信息流通渠道，培育贫困群众的科技素质、职业技能、经营意识，提高贫困人口的自我发展能力。一是提高科学文化水平。在扶智上，除了教育和培训，还要重视参与式的方法，让贫困人口参与各种类型的帮扶项目，边干边学，边干边提高能力。二是提高专业技术水平。紧盯贫困农村特色产业、着眼就业市场需求、突出带动效应，因地制宜地实施农村实用技术培训、劳动力转移培训和扶贫创业致富带头人培训，为贫困农村产业发展和贫困群众增收致富提供技术支撑。

二、发挥教育引导在激发内生动力中的作用

贫困群众是脱贫攻坚的主体力量，激发贫困群众的内生动力，充分释放其蕴藏的脱贫致富巨大能量，并把它们转化为脱贫致富的动力。精准打好脱贫攻坚战，要着眼于贫困地区、贫困人口长远、可持续发展，发挥教育引导在激发内生动力方面的作用，充分调动贫困群众的积极性和主动性。

（一）加强教育工作，转变贫困的思维方式

解决贫困群众的贫困问题，"授人以鱼不如授人以渔"。给贫困群众提供一个成果，不如给他们一个得到成果的方法。一个经过实践检验的经验或者说方法可以改变人们的思维方式，思维方式变得不同了才会得到不同以往的生活。摆脱贫困群众贫穷的方法，首先是改变贫困群众自己。一要加强对贫困群众的教育和引导，帮助他们在思想上树立起脱贫致富和自我发展的决心、苦干实干的恒心。在教育引导下，提升贫困群众的奋斗意识，增强贫困群众的参与度，以扶贫"参与感"带动脱贫"获得感"，避免贫困群众在脱贫攻坚过程中成为"甩手掌柜"。二要加强对贫困群众的宣传、引导、教育，

打破贫困群众固化的"无奈穷"思维倾向。要善于用周边人群中的致富经验和事迹教育引导贫困群众，提高贫困群众自我认知能力，挖掘贫困群众自我发展能力。三要通过教育，唤起贫困群众对美好生活的向往。在教育过程中，隔断导致贫困的负面因素，净化社会生态，增强贫困群众打赢脱贫攻坚战的坚强意志。

（二）加大教育扶贫，斩断代际传递的"穷根"

要坚持把教育扶贫作为实施精准扶贫的重点，建立健全学生助学体系，发展职业教育，强化技能培训，改善农村薄弱学校办学条件，让每一位贫困学子上得了学，成得了才，就得了业，真正帮助他们斩断"穷根"；要真正落实好国家和自治区党委、政府有关教育扶贫的政策，结合贫困县（区）实际，让贫困家庭的孩子都能享有公平接受有质量教育的机会，不让他们成为代际贫困的"接力"者；要逐渐建立并完善覆盖农村的幼儿园，不让贫困家庭的孩子输在人生的起跑线上。按照定点定向原则，努力构建到贫困村、贫困户、贫困人口的教育精准脱贫体系，落实多元扶持与资助政策。大力实施"雨露计划"，落实贫困家庭子女在中、高等职业院校就读的补助政策，完善各类教育资助方式，实现贫困学生资助全覆盖。

（三）增强道德文化教育，提高文化水平

要弘扬和培育社会主义核心价值观，抓实各类文明创建和评比活动。以"实现中华民族伟大复兴中国梦"、中华优秀传统文化、社会主义核心价值观等主题宣传活动和 "道德模范""清洁家庭""文明户"等荣誉称号的评比活动为载体，在农村贫困群众中大力营造弘扬和践行社会主义核心价值观的社会氛围。在集镇、各村村口要道、人员聚集地、村委会、村组活动室、公路沿线悬挂张贴社会主义核心价值观宣传横幅、标语、展板，张贴中华优秀传统文化、文明新风等。要发扬中华民族孝亲敬老的传统美德，引导人们自觉承担家庭责任、树立良好家风，强化家庭成员赡养老人的责任意

识，促进家庭老少和顺。要弘扬中华民族传统美德，勤劳致富，勤俭持家，树立新风正气。要通过移风易俗的教育引导，倡导文明新风，进一步形成尊老爱幼、文明健康、遵纪守法的社会风尚。通过开展"道德评议""家风润万家""星级文明户评选"等符合乡村实际的文明引领活动，设置光荣榜、曝光台，向不良风气"亮剑"，加强道德教育，传播道德能量，遏制不良风气，移风易俗，让人心向善、人心向美，让道德精神成为激励贫困群众自立、自强、自信，推进脱贫致富的强大动力。

（四）加强宣传教育，注重思想扶贫

充分利用村民小组会、院场会、入户会等会议形式，利用村广播、宣传专栏、标语板报等宣传形式，利用手机短信、微信、微博、QQ 等现代宣传手段，经常性地向广大群众特别是贫困群众精准宣传脱贫政策、法律法规、健康知识、文明礼仪等，在宣传时间、形式、方法等方面一定要符合群众的实际需求和口味，让群众易于接受。要把群众宣传教育融入日常工作中，经常抓，长期抓。要用文明习惯促"变"。要改变贫困群众的精神面貌，就要从改变其不良的生活习惯、卫生习惯等开始，从而提振精气神。要组织开展"清洁家园"卫生户的评选活动，定期评比公开，激发竞争意识。要从小事抓起，从细节抓起，让贫困群众从一点一滴的"小变化"最终积累成翻天覆地的"大变化"。通过全方位、多角度的思想扶贫，逐步改变贫困群众的思想观念、精神面貌，使其树立自强意识、感恩意识、进取意识和勤劳致富意识，充分激发其脱贫的内生动力。要积极开展文艺培训和文艺进村巡演活动。充分利用文艺节目、文化活动等一系列群众喜闻乐见和参与度高的文体活动，把党和国家的各项好政策、积极向上的思想观念和健康的生活习惯编排进文艺节目中，并不定期进村开展文艺巡演，同时加大对各村文艺骨干、文艺队的培训和文艺活动的支持力度，以潜移默化的方式引导群众树立正确的价值观和良好的生活习惯。

三、发挥脱贫致富典型的示范引领作用

贫困地区要根据项目需求、产业发展需求，有针对性地开展技术培训，引导龙头企业、致富能人发挥示范带头作用，通过培训示范，技术指导，让贫困群众掌握致富技术，提高他们的综合素质，提高他们增收致富能力，提升他们自我发展能力，激发他们的内生动力，努力形成乡乡有主导产业、村村有富民项目、户户有增收门路、人人有致富技能的产业增收新格局，确保贫困群众脱贫致富。

坚持以典型引路为重点，树立标杆，优选脱贫示范项目，培育脱贫引路能人，推动贫困群众脱贫致富。榜样的力量是无穷的，典型示范、能人带动是长期以来行之有效的好方法。一是发挥能人大户的带动作用。脱贫攻坚中，要有针对性地加大对贫困地区致富大户的扶持力度，通过资金、项目、政策的支持，为致富大户发展创造条件，鼓励致富大户发展因地制宜的脱贫项目，并通过这种示范和带动作用，让贫困群众能够学有目标、赶有方向。二是要发挥致富能人的带动示范作用，选好致富能人，采取先富带后富的方法，实现最终走向共同富裕的目标。要完善致富带头人与贫困户的利益联结机制，以便其充分及时地为贫困群众提供劳动力流动服务、农产品市场信息、农技培训和推广、农业生产风险防控和保险等农村生产性服务，为贫困户提供信息咨询、技术指导、经营培训、资金扶持等服务，让贫困群众跟着看，学着干，同致富。三是要因地制宜，发挥"能人+合作组织+龙头企业"的作用。在致富能人、合作组织、龙头企业的带领下，通过乡村旅游、"互联网+"、"农户+基地+企业（合作组织）"等可持续的脱贫产业，帮助一批贫困群众形成脱贫的"底气"和"志气"。三是发挥典型的宣传示范作用。在脱贫攻坚中发掘贫困群众自立自强、勤劳致富的各种典型事例和典型人物，通过群众身边的这些鲜活事例，让广大贫困群众切实打消能不能脱贫致富的疑虑，增添依靠自身努力同样也能致富的信心。四是深入挖掘典型的精

神内涵和脱贫经历，营造浓厚宣传氛围，进一步扩大典型的影响力，扩大示范引路效应。通过开展脱贫示范户创建活动，激发脱贫对象想脱贫、争脱贫、比脱贫的热情。开展"我脱贫，我光荣"等评选活动，用身边的事教育身边的人，进一步提高典型的影响力，扩大示范引路效应。

四、精准抓好培训就业

精准抓好贫困群众的就业培训，让贫困群众掌握致富技能和农业科技，增强个体发展能力，解决自我脱贫能力不足的问题，激发贫困群众的内生动力。事实证明，贫困群众的劳务收入占其年收入的比例较大。要紧紧围绕脱贫攻坚，按照"要富口袋先富脑袋"的思路，强化劳务培训，全面实施技能扶贫，确保贫困家庭劳动力至少掌握一门致富技能，解决贫困群众自我脱贫能力不高的问题，激发贫困群众的内生动力，实现"一户一人、一人一技、一技促脱贫"的要求，最终脱贫致富。

（一）整合资源，加大就业创业培训

要统筹使用各类培训资源，引导和支持用人企业在贫困乡镇建立劳务培训基地。要有效整合分散在扶贫、人社、妇联、残联、工会、农林科技等多个部门的技能培训项目资源，由人社部门统一制定技能培训项目规划、统一项目资金使用管理，加大对贫困群众参加技能培训的投入保障，不仅要免除培训学费，而且要尽可能地解决其交通、生活等费用开支。要因地制宜推广就业扶贫车间、社区工厂、卫星工厂等就业扶贫模式，吸纳更多建档立卡贫困人口就业。要促进创业带动就业，引导农民工、大学生、退伍军人等人员到贫困县、乡、村创业，支持符合条件的企事业单位人员回流贫困村领办创办项目，培育贫困村创业致富带头人，同时对符合条件的就业困难贫困劳动力予以托底安置。要鼓励东西部协作省份加强劳务对接，广泛搜集适合贫困劳动力的岗位信息，建立跨区域、常态化的岗位信息共

享和发布机制，组织开展形式多样的招聘活动，为贫困劳动力和用人单位搭建对接平台。要组织技工院校开展技能脱贫行动。通过技工院校的就业培训，力争使每个有就读技工院校意愿的贫困家庭的孩子都能免费接受技工教育，每名有参加职业培训意愿的贫困劳动力每年都能到技工院校接受至少1次免费职业培训，同时积极推荐接受技工教育和职业培训的贫困学生（学员）就业，实现"教育培训一人，就业创业一人，脱贫致富一户"的目标。

（二）开展订单定向技能培训

建立和完善输出地与输入地劳务对接机制，提高培训的针对性和有效性，确保贫困群众通过培训能就业。一要按照技能培训与产业结合、与就业结合的要求，以需定培，大力开展农村产业发展急需的电子商务技术等实用技术培训，大力开展家政服务、手足修复师等定向输出的订单培训，让培训项目精准，培训效果精准。二要注重培训与厂企联合，与就业创业结合，增强培训实效性。坚持"实地、实用、实效"原则，依托工业园区、当地企业、农业专业合作组织等，开展全方位、靶向型、菜单式职业技能培训，使每个有劳动能力的贫困人口至少掌握一门劳动技能，并实现就地培训贫困群众，培训后就近就业。三要利用农委部门农业生产技能和人社部门就业创业技能等培训平台，结合实际需求，灵活设置培训课程，努力将贫困户塑造成有本领、懂技术、肯实干的劳动者。要让贫困群众掌握生态特色养殖技术、种植技术，提高农业生产水平，实现增收致富。四要根据公益性岗位用工需求进行培训。让通过培训不能输出的贫困群众在本地实现就业，靠就业脱贫致富。

（三）加强监管，提升实效

要加强对职业培训机构的资质、能力和承担培训项目组织完成情况的监管，建立有效的培训项目考核评估制度，对师资力量差、培训效果差、行业

115

信誉差的职业培训机构实行"黑名单"管理，促使职业培训机构真正在提高自身能力和水平上下工夫，提升培训实效。要加强对教育培训机构的资质管理和审核，通过制定和完善有关政策制度使其健康有序发展。要对教育培训机构教师和工作人员进行系统的专业培训，做好校外培训机构的年度考核和年检工作。要建立科学合理的评价体系，规范管理，正确引导校外教育培训行业有序、健康发展。通过扎实有效的技能培训，使贫困群众掌握一到两门致富技能，切实增强其脱贫本领。

五、强化群众参与，发挥主体作用

贫困群众是脱贫攻坚的主体，充分发挥贫困群众的主体作用，让他们心热起来、手动起来，是脱贫攻坚工作成败的关键。要提升贫困群众自我管理和自我发展能力，减少政府大包大揽。强化群众的主体地位，发挥好群众的主体能动作用。

（一）贫困群众参与决策

在贫困对象的确认、脱贫项目的选择、脱贫计划的制订和具体搬迁安置点的确定等方面，都要尽可能地让贫困群众最大限度地参与，与贫困群众进行充分的沟通协商。在脱贫攻坚具体政策的制定过程中，也要注重多征求和听取贫困群众的意见建议，把群众的意见建议尽可能地吸纳到脱贫工作决策当中，使脱贫攻坚各项工作决策更接地气、更体现民意、更科学。积极探索"大家的事大家说了算，脱贫的事大家帮着干"的村、组民主决策机制，凡是涉及群众切身利益的重大事项、重要工作，都必须在村党组织领导下，村两委充分协商，村务监督委员会全面参与，听取群众"干不干"和"好不好"的意见，确保公开透明、合法合规，切实维护村集体、广大村民特别是贫困村民的利益，极大地调动群众发展产业、建设家园的积极性。

（二）贫困群众参与建设

积极探索建立贫困地区群众对扶贫工作的全程参与机制，在扶贫对象确认、扶贫需求评估、扶贫项目选择、实施和监测等各个环节，全面保障贫困群众的知情权、表达权和监督权。在水、电、路等具体项目建设实施中，要让群众参与占地协调、环境保障、质量监督、验收评估等工作，需要投工投劳的要组织好群众投工投劳。强化群众参与扶贫项目全过程。一是项目准备阶段，由县扶贫办、乡镇直接指导，按照项目操作的基本步骤和程序，现场培训群众学习参与方法，讨论本村存在的贫困问题，提出制约发展的主要问题清单，并采取灵活多样的方式排选形成项目清单，制定村级规划。二是项目实施阶段，由村民自愿选择筹资或投工投劳方式建设项目，并利用公示公告和监督投诉机制对项目进行监督。三是项目竣工验收阶段，由村民先行开展自我验收，制定项目后续管理制度和责任人等。这种方式有利于提高脱贫的精准度，有利于保障项目的质量和效益，有利于增强群众对本村扶贫项目的拥有感，有效避免可能出现的基层矛盾。

（三）贫困群众参与管理

在村务管理和村域治理中，要尽可能地让有一定能力的贫困群众最大程度地参与，注重听取和尊重他们的意见，及时做好村务公开，全面保障贫困群众的知情权、表达权、监督权。通过强化贫困群众的全面参与，使其主体作用得到有效发挥，并在这一过程中使其充分感受到尊重和价值，感受到主人翁的地位。通过引导贫困群众克服知识水平、操作技能、经验阅历和视角层次等方面的不足，真正参与实施扶贫项目的整个过程，让他们通过规划、实施、管理自己村的扶贫项目，实现培育和提升贫困群众自我建设、自我管理、自我发展的能力。政府与群众的这种互动，有利于改善和增进干群关系，从而加快贫困群众的脱贫步伐。

第*9*章
聚焦各方力量合力攻坚

各方力量参与扶贫攻坚是坚持大扶贫格局的需要，是激发扶贫动力、提升扶贫绩效的需要，是创新扶贫模式、增强贫困人群造血功能的需要。

一、深入推进东西部扶贫协作

在党中央的坚强领导下，在闽宁两省区干部群众的共同努力下，20多年来的闽宁对口扶贫协作结出了丰硕的思想成果、制度成果、作风成果、发展成果。东西部扶贫协作和对口支援，是推动区域协调发展、协同发展、共同发展的大战略，是加强区域合作、优化产业布局、扩展对内对外新空间的大布局，是实现先富帮后富、最终实现共同富裕的大举措，必须坚持下去，必须进一步提高水平，进一步加大协作力度、拓展协作领域、丰富协作内容、提升协作层次，不断巩固和扩大合作成果，在东西部扶贫协作中作出新的贡献，创造新的经验。

（一）进一步加大产业协作力度

加大在重大节会等方面的合作，相互向"一带一路"相关国家推介优势资源和特色产品，引导外资投入。支持产业双向转移，鼓励和支持闽籍企业到宁夏投资发展，帮助宁夏引进一批电子信息、特色农产品、纺织服装、食品加工等企业和项目，带动宁夏脱贫产业和经济社会发展，并给予相关支持政策；帮助引进一批劳动密集型企业到宁夏贫困县（区）建设扶贫车间，让建档立卡贫困劳动力就地就近就业。支持宁夏贫困地区特色农产品在闽销售。继续组织开展"八闽亲人宁夏游"和"塞上江南·神奇宁夏"宣传推介活动，进一步扩大两省区游客互游规模。

（二）进一步加强劳务协作

落实两省区人力资源社会保障事业互学互助对口帮扶合作协议，加强向福建省有组织劳动力输出工作力度，强化劳务对接工作，支持各结对县(区)开展多种形式的推介会和招聘会，进一步畅通劳动力资源供需信息渠道。落实支持在宁闽籍企业优先使用建档立卡贫困家庭劳动力政策措施，加强就业跟踪管理服务，完善劳动保障联合监察执法、医疗保险异地结算等协作机制。从福建援宁资金中安排专项培训经费，以输入福建省为主渠道，对宁夏建档立卡贫困人口开展就业培训，提高就业能力和技能水平。

（三）进一步深化人才交流合作

进一步理顺挂职干部人才管理体制，统筹管理福建来宁人才支援队伍。加强教育、科技、卫生、文化等方面的人才交流协作，落实两省区各部门达成的合作（协作）协议内容。

（四）进一步深入开展"携手奔小康"行动

稳定结对帮扶关系，保持现有县（区）结对帮扶关系不变。在实现有39

对乡镇、37对行政村结对帮扶的基础上，稳妥推进乡、村结对帮扶工作。继续推进闽宁示范村建设，支持已建成的示范村实施提升工程，新建闽宁示范村26个。鼓励两省区各级党政机关、企事业单位、社会团体之间开展结对帮扶和互学互助。

（五）进一步精准实施协作项目

围绕脱贫攻坚、精准帮扶，制订行动方案；编制协作项目清单，强化项目管理，细化落实责任，制定时间表和路线图，强化项目的前期、中期、后期跟进，确保协作项目早落地、早实施、早见效。

（六）进一步动员社会力量参与闽宁扶贫协作

继续鼓励闽宁两省区工商联和群团组织积极开展全方位、多层面的协作交流活动。动员引导福建民营企业、社会组织、慈善组织及社会各界人士，紧扣帮助建档立卡贫困户稳定脱贫目标，积极参与闽宁扶贫协作和宁夏精准扶贫精准脱贫，助力宁夏打好打赢脱贫攻坚战。

二、开展"三大三强"，促进脱贫攻坚行动

各级党政组织和党员干部带头苦干是脱贫攻坚的关键。自治区党委办公厅、政府办公厅印发《关于在全区村级党组织中开展"三大三强"促脱贫富民行动的实施意见》，提出实施以"加大投入力度，强化基本保障；加大培训力度，增强能力素质；加大选拔力度，选优配强基层党组织"为主要内容的"三大三强"行动。

（一）选优配强村党组织带头人

针对部分村干部文化程度偏低、能力偏低、群众公认度偏低的"三低"问题，组织开展村干部摸底调查工作，对年龄在55岁以上、党组织软弱涣

散、班子成员不适应精准扶贫和产业发展要求的现任村干部及时予以调整。注重从外出务工经商返乡人员、复员退伍军人和退休干部职工、大学生村官、选调生、村中致富能人中选拔配备，探索公开选聘或从机关事业单位干部中选派、实行跨村任职、强村带弱村等形式，选优配强村党组织书记，培育造就一支懂农业、爱农村、爱农民的"三农"工作队伍。以乡镇为单位，逐村建立优秀农村青年库和村级后备干部库。

（二）强化党务工作者及党员教育培训

集中轮训村党组织书记，将村党组织书记教育培训纳入干部教育培训整体规划，组织村党组织书记围绕产业发展、党务知识开展研讨，分享经验、分析问题、分解思路，推进村干部能力素质提升。探索择优选送村党组织书记到区内外发达地区挂职培训，鼓励和支持适龄村党组织书记参加学历教育。

抓好农村党员创业及教育培训，以县（区）为单位，建立农村致富带头人和党员创业名册，分层建设创业实训基地，将致富带头人、创业党员、创业意向纳入相关部门创业培训计划，有针对性地组织外出考察和实训，每年组织农村致富带头人、创业党员培训，各级党组织采取集中办班、现场教学和结对帮扶等方式，认真开展农村党员培训。

（三）提高农村基层组织建设保障水平

加强组织领导，严格落实责任，实施"三大三强"促脱贫富民行动，推进农村党组织和党员创业，建立农村基层党建工作研究机制，定期深入基层一线，对"三大三强"行动和"两个带头人"工程落实情况跟踪管理和指导，帮助解决工作遇到的困难和问题，对落实不到位的及时督促提醒，对好做法及时挖掘总结宣传推广。

三、组织帮扶队伍参与脱贫攻坚

打赢脱贫攻坚战，需要一支有思想、高素质、有眼界、懂经营的驻村干部队伍。

（一）加强宣传引导，进一步凝心聚力

组织各级帮扶单位认真学习贯彻落实习近平总书记的扶贫开发战略思想，按照国务院扶贫办的部署要求，深刻领会新一轮扶贫开发工作的新目标、新任务、新要求，进一步统一思想、提高认识，积极引导各帮扶单位严格标准、精准选派，切实将精兵强将派驻帮扶村开展工作。同时，进一步压实驻村工作队选派单位和县、乡两级的管理责任，杜绝"走读"等现象的发生，不断凝聚脱贫攻坚的强大合力，使驻村干部真正驻得下、帮得实、出成效。

（二）加大培训力度，不断增强干部驻村履职能力

以干部驻村帮扶能力提升为重点，不断加大全区各级精准培训力度，进一步提高驻村帮扶工作水平。结合自治区中长期人才发展规划，将扶贫开发驻村工作队成员纳入青年人才培养计划，并建立专门的培训机制。加强业务培训，提高干部素质。业务素质的高低直接决定驻村干部开展工作水平的高低，定期开展业务培训和交流，通过横向交流和纵向交流，让驻村干部拓展空间，寻找差距，取长补短，找准致富途径，提高其个人思想认识水平和业务理论水平，更好地为基层群众服务。

（三）严格管理，确保工作取得新实效

要管理好这支队伍，严格按照自治区《扶贫开发驻村工作队及农村基层党组织第一书记管理暂行办法》（宁组发〔2015〕33 号）规定，督促驻村干

部认真履行、严格落实各项工作制度，切实做好扶贫驻村干部的日常管理和监督，确保帮扶工作稳步推进、成效明显。通过压担子、提供平台、搭建舞台、明确职责、注重实效等方式方法，让一批优秀的驻村干部在广大农村舞台上发挥才干，实现自身价值，使贫困群众受益。因此，要把实绩突出的帮扶干部作为提拔和重用对象。对表现突出、成绩显著的驻村干部要树立典型，及时兑现承诺，进行表彰和奖励，营造氛围，以此致力于构建驻村干部有事干、能干事、干好事的长效机制。

（四）强化督察指导，不断完善激励保障机制

继续完善督促检查和考核考评制度，加强对驻村帮扶工作的督促检查和指导，及时解决工作中发现的困难和问题，总结推广经验，表彰先进典型，激励驻村帮扶工作干劲、营造合力攻坚良好氛围。优化考核体系，兑现奖惩措施。科学合理、目标明确、责任明晰的驻村干部工作绩效考核体系直接关系到驻村干部工作的开展。在实践中将驻村干部帮扶实效纳入部门年终考核，激励干部进村联系了解情况、献计出力、办好事，取得良好成效。干部驻村工作开展情况怎么样，群众最有发言权，因此，驻村干部的考核要以群众满不满意为出发点，完善以群众为主体的驻村干部考核体系，将驻村干部绩效考核延伸到基层，将村干部、村民代表特别是一些德高望重的老党员、老教师、老军人等作为参与干部驻村考核的对象之一，真正让有实效、肯干事、干成事的干部脱颖而出。对一些长期不去村、办事不出力的驻村干部要适时予以批评教育，加强组织工作纪律，完善考核约束机制，加强监督力度，提高其思想认识水平和重视程度，及时敦促其到点开展工作。

四、鼓励和引导社会力量参与脱贫攻坚

社会力量参与脱贫攻坚工作，要坚持党政引领、协同推进，将社会力量纳入当地党委、政府关于脱贫攻坚的总体安排中，同其他扶贫工作一同部

署、协同推进；坚持以人为本、精准服务，科学评估贫困群众服务需求，分类制订个性化扶贫方案，有效配置扶贫资源，灵活选择服务方式，开展有针对性的个案服务，助力精准扶贫、精准脱贫。坚持群众主体、助人自助，发挥社会工作专业人才组织协调、资源链接、宣传倡导的优势，激发贫困群众的内生动力，帮助贫困群众建立健全社会支持系统，支持贫困群众提升自我脱贫、自我发展能力。

（一）参与贫困群众救助帮扶

配合社会救助经办机构对贫困群众开展需求评估、分析致贫原因、制订救助方案，促进救助对象的精准识别和精准管理，推动贫困群众服务需求与扶贫资源精准对接。为社会救助对象提供心理疏导、社会融入、团体互助、宣传倡导等服务，推动健全物质资金帮扶与心理社会支持相结合、基本救助服务与专业化个性化服务相补充的新型社会救助模式。

（二）参与贫困群众脱贫能力建设

配合相关部门，会同相关社会力量帮助有劳动能力的贫困群众转变思想观念，增强脱贫信心和内生动力，促进其发挥潜能、提升技能、互帮互助、积极就业创业，通过增加稳定收入脱贫致富。

（三）促进易地搬迁贫困群众融合适应

帮助因自然条件恶劣需易地搬迁的贫困群众疏导不良情绪，加强关系调适，联系就业资源，发展自助互助组织，重构社会支持网络，促进其更好融入新的社区生活。

（四）参与贫困地区留守儿童关爱保护

联合相关部门，会同相关力量开展贫困村留守儿童及家庭的监护随访、调查评估、监护指导等工作，督促指导农村留守儿童家庭承担监护主体责任。以困境儿童为重点，开展成长辅导、法制宣教、临界预防、行为矫正、社交指导、情绪疏导等服务。配合学校和社区做好适龄儿童"控辍保学"工作与成长关爱服务。

（五）针对其他特殊困难人群开展关爱服务

为贫困地区特殊困难老年人提供精神慰藉、生活照顾、权益保障、临终关怀等服务。为贫困地区特殊困难妇女提供精神减压、心理支持、亲职辅导、权益维护等服务。对贫困地区有不良行为青少年、社区服刑人员、刑满释放人员等特殊人群强化心理社会支持，帮助其改善家庭和社区关系，恢复和发展社会功能。

第*10*章
健全脱贫长效机制
持续巩固脱贫成果

　　近年来，自治区党委、政府带领全区干部群众，以打赢脱贫攻坚战为目标，举全区之力，攻坚克难，持之以恒抓精准扶贫和精准脱贫，推动全区脱贫攻坚迈上了新台阶，贫困群众收入增加，生产生活条件明显改善。当然，我们也要清醒地看到，目前剩下的贫困人口多数都是脱贫工作的硬骨头，因此，脱贫攻坚工作依然面临着十分艰巨的任务。同时，我们也清醒地认识到，即使已经脱贫的贫困人群，因病、因学、因残、因缺乏技术、因缺乏资金等原因返贫，因"数字脱贫"、脱贫中的形式主义返贫，以及因产业扶贫等质量问题返贫的可能性非常大。因此，贫困县（区）必须一手抓脱贫攻坚工作，一手抓巩固脱贫成果和防止返贫工作，确保 2020 年贫困县（区）摘帽、贫困人口彻底脱贫。

一、构建重点人群返贫救助机制

打赢脱贫攻坚战，不让一个贫困群众在小康路上掉队。贫困地区农村要创新精准脱贫的机制，以"绣花"功夫大力推进精准扶贫，走出一条有效的脱贫攻坚之路。

（一）创新举措，完善制度保障

"精准扶贫是一个系统工程，其关键在于'授人以渔'。"要打好打赢脱贫攻坚战，唯有通过完善制度保障，才能确保目标如期实现。因此，贫困县（区）不仅要注重对扶贫对象的后续跟踪，还要对精准扶贫的效果进行合理审核、评估和监督，做到扶真贫、真扶贫。要引入第三方力量和构建参与式信息共享平台。要运用"互联网+大数据"，提高贫困县（区）扶贫精度。要开展产业扶贫，推动贫困县（区）扶贫方式转变。要创新理念，融入农业多功能和农民职业化理念。

（二）运用法治思维和法治方式，筑牢贫困县（区）精准扶贫的法治屏障

贫困县（区）要引入第三方力量和构建参与式信息共享平台，每年随机抽取一定的专家学者参加调研检查活动，对贫困人口精准识别、精准帮扶、精准退出，以及对扶贫政策措施执行情况进行民主监督，对各县（市、区）的脱贫攻坚工作起到很好的助推作用。贫困县（区）检察机关要开展集中整治和预防扶贫领域职务犯罪专项活动。立案侦查粮食专项补贴、农业温室大棚补贴、县（区）重点工程项目等涉农惠农领域贪贿现象，依法严惩因玩忽职守、怠于履职导致扶贫资金被挤占挪用、层层截留、虚假冒领、挥霍浪费的渎职侵权行为。

（三）打造线上线下的"互联网 + 扶贫"模式

将"互联网+农业""互联网+精准扶贫"建设列入"互联网+"行动计

划，构建农村电商公共平台，进一步完善电商扶贫机制，形成线上线下的"互联网+扶贫"模式。贫困县（区）要按照"一村一品""一乡一业"思路，依托各地区资源禀赋，探索"区域特色产业+""农业经营主体+""电商+"等3种产业模式，增加贫困人口收入，助推村集体经济发展，有效实现"造血"式扶贫。此外，贫困县（区）各级人社部门依托市、县两级公共就业中心和各级职业培训机构，每年安排贫困对象的职业技能培训任务，力争每户贫困家庭都有1个以上的劳动力，通过参加职业技能培训掌握1~2项使用技术，增强就业技能。

二、建立扶贫产业后续帮扶机制

在脱贫攻坚过程中，如何预防和有效解决贫困群众的返贫问题，是打赢脱贫攻坚战的重要组成部分。要从理念和实践上清醒认识与把握贫困群众的问题，在脱贫攻坚过程中就会减少遗留问题，扎实做好精准扶贫和脱贫工作，真扶贫，扶真贫，提高扶贫和脱贫质量，避免大面积脱贫群众的扶贫。

（一）坚持"两线作战"

实践中，防止返贫和继续攻坚同样重要，必须一手抓脱贫攻坚，一手抓巩固脱贫成果。要把两者放在同等重要的位置，同步谋划、同步安排、同步推进、同步考核。在脱贫过程中，一是做细脱贫工作。防止返贫工作，要做细脱贫环节，加强建档立卡工作力度，做到帮扶对象识别精准、系统录入精准、动态管理精准。帮扶措施、帮扶过程要记录在案，形成贫困户脱贫档案，并层层签字确认，作为脱贫依据。二是主攻薄弱环节。要结合贫困县（区）实际，真正落实好教育扶贫、医疗扶贫、电商扶贫、就业扶贫等政策，确保见到实效。要全力抓好贫困村基层组织建设、扶贫产业发展、基础设施建设和基本公共服务，切实改善贫困村和贫困人口生活条件和发展基础。

（二）把握重点工作和突出问题

做好扶贫产业后续帮扶工作。一是推进重点工作。坚定不移地推进产业扶贫、易地搬迁、危房改造、兜底保障、金融扶贫、劳务协作脱贫等重点工作，特别是在确保脱贫质量上下工夫，确保各项工作出实招、下实功、出实效、见成果。二是解决突出问题。通过严格考核验收、加强督察巡查、开展第三方评估等方式，着力解决急躁冒进、形式主义、内生动力不足、资金项目监管不严、工作推进不平衡等突出问题，确保扶贫工作"经得起看、经得起问、经得起算、经得起查"，最终经得起历史和人民的检验。

（三）继续推进产业发展

大力推进产业发展。一是要注重政府引导，尊重农民意愿，着力培育发展以肉牛养殖、草畜产业、枸杞等特色种植为主的特色产业。二是要注重发挥龙头企业和专业合作社对贫困户的带动作用，大力开展招商引资，促进龙头企业和贫困户结成利益共同体。三是要积极把光伏扶贫等开展起来。四是转变一家一户的传统种养殖方式，通过土地流转、托管，土地入股等方式开展规模化、集约化经营，提高抗市场风险能力和竞争力。

持续推进金融支持发展。一是加强金融政策与财政政策协调配合，有效整合各类财政资金，撬动放大信贷资金。二是围绕财税金融结合、金融扶贫信息共享、信用体系建设、金融产品创新、易地扶贫搬迁、产业发展和创业就业等方面，扎实推进示范区建设。三是全面提升和推广金融扶贫"盐池经验"和"蔡川模式"，增强持续发展动力。四是继续深化"扶贫保"工作，实现家庭成员意外伤害保险和大病补充医疗保险全覆盖，着力加大优势特色产业保险推进力度。

（四）持续发挥教育的作用

切实抓好技能培训。一是采取"企业订单、培训机构列单、培训对象选单、政府买单"的新方式，重点支持建档立卡贫困人口、"十二五"生态移民、易地搬迁移民等接受精准脱贫能力培训、农村实用技术培训和职业教育。二是着力实施劳动力技能提升工程。采取"阶梯晋级式"培训，形成从初级工到中级工、中级工到高级工、高级工到技师和高级技师的成长通道。

加大教育资助力度。一是使因学返贫未继续就学的贫困生可免费接受教育。二是对考入大学的帮助其申请国家各类助学金及助学贷款。三是鼓励普惠性幼儿园发展，普及高中阶段教育，建立健全普通高中经费保障机制。

（五）完善健康群众措施

加大实施健康百姓力度。一是做好大病预防。广泛宣传推广居民健康素养基本知识，引导重点人群改变不良生活习惯。同时，加大贫困地区传染病、地方病、慢性病防控力度。二是实施分类救治。根据不同病种病因，采取一次性治愈、维持治疗、康复治疗等办法分类施策。三是提高建档立卡贫困人口住院费用报销比例。提高对建档立卡贫困户县外住院费用报销比例。四是建立紧密的医保、保险机制。五是实施大病救助。要调查研究农村贫困人口中患病的家庭数、患病人数和病种，并采取相应的解决办法。

实施"阳光助残小康计划"。一是将符合条件的残疾人医疗康复项目按规定纳入基本医疗保险支付范围，提高农村贫困残疾人医疗保障水平。二是鼓励有劳动能力的残疾人发展生产，加大产业扶持力度并给予贴息贷款支持。

（六）做好特殊人群的兜底工作

扩大特殊人群资产收益范围。创新财政涉农扶贫资金使用方式，扩大资产收益范围，紧盯残疾人、孤寡老人、长期患病等丧失劳动能力、无力脱贫的贫困人口，通过"资产（资源）变股权、资金变股金、农民变股东、收益加分红"的资产收益扶贫方式，让这部分贫困人口获得更多资产性收益。

拓展"脱贫保"保障范围。一是加大"脱贫保"的覆盖范围，实现建档立卡贫困人口意外伤害保险全覆盖。二是通过开发各类农业险、成本损失险等新的扶贫保险产品，降低贫困户抵御市场、自然灾害等因素造成的生产经营风险。

（七）进一步加强贫困农村基础设施建设

整合或合并、重新规划贫困乡村。在规划新农村建设中保护原有村落（具有一定历史文化意义），并进行一定的设计改造，发展文化旅游业。继续调动行业扶贫和社会扶贫力量，进一步加大项目整合和资金捆绑力度，按照规划和方案向整村推进重点贫困村安排倾斜，因地制宜，集中力量实施整村推进扶贫工程，集中力量加强贫困村的村组道路、安全饮水、人居环境等基础设施建设。

三、形成扶贫动态管理和检测机制

为巩固脱贫成效，要继续完善、延续相关帮扶政策，针对个别返贫、新增贫困群众，第一时间发现、认定、帮扶，协议化脱贫退出，建立贫困户脱贫巩固长效机制。

（一）建立网格化动态扶贫管理模式，建立返贫预警机制

坚持定向跟踪、帮扶不断、政策不变，依托扶贫开发信息系统，实现返贫信息自动预警。坚持区、市定期"回头看"，县、乡定期入户回访，通过农户申请并依规认定、村级先行建立纸质档案、分级落实相应扶贫措施、年终集中录入扶贫开发信息系统的方式，第一时间发现返贫隐患；强化返贫对象认定，通过"现场核查，群众评议，乡镇审核，县级认定"的程序，将已确认返贫的贫困户及时纳入扶贫对象，继续落实到户帮扶措施。健全"定量识别纳入、协议清单退出"动态管理长效机制，在部分村庄探索配备村级扶

贫联络员，适时开展贫困发生监测、信息核实汇总、留守老人儿童关爱等基础工作，实现帮扶政策延续衔接，确保脱贫环境有持续明显改善；依托网格化管理模式，开展返贫、新生贫困户摸底，摸排"临界贫困人员"。

（二）整合提升帮扶力量，实施脱贫提质工程

深入推进单位包村、干部包户工作，针对致贫原因扶、围绕脱贫目标帮，指导扶贫对象理清发展思路、选准脱贫路径、落实帮扶措施、取得脱贫实效；创新扶贫项目安排机制，确保扶贫项目安排和资金投入精准高效；加强基层帮扶力量，不断强化村两委脱贫责任主体、驻村帮扶力量帮扶责任主体的作用，培养创业致富带头人，吸引本土人才回流，提升村级帮扶工作合力，着力建设一支"不走的扶贫工作队"。按照贫困户、村脱贫摘帽"达标提质工程"要求，对户脱贫，通过实施网格化管理，落实持续帮扶，做好低保、医疗、养老、教育、住房、社救保障以及深化金融扶贫、探索保险扶贫、开发公益岗位等11项措施，进一步巩固户脱贫成效。

（三）认真落实政策措施，探索筑牢贫困户脱贫之路

量身定做对路管用的帮扶措施，把产业扶贫和就业扶贫作为巩固脱贫质量的关键举措，不断增强扶贫对象的自我发展能力和造血功能；坚持精准发力，实行措施跟着清单走、项目跟着措施走、资金跟着项目走，从根本上实现"政府端菜"向"群众点菜"转变；保持扶贫政策稳定，脱贫攻坚期内，对已退出的贫困县、贫困村、贫困人口，扶贫政策和帮扶措施不变，做到脱贫不脱政策、摘帽不摘政策，确保新增贫困人口或返贫人口及时纳入扶贫范围；对"老、弱、病、残"贫困户数量多、脱贫难、易返贫等现实问题，按照"一户一案，精准帮扶"的原则，因户制宜，量身制订脱贫方案精准施策，探索了赡养脱贫、兜底脱贫两个公式，"造血"与"输血"并重，开发式扶贫与兜底式扶贫并举，有效助推贫困户脱贫。一是创建"孝道养老"脱贫公式，二是创建精准兜底扶贫公式。

（四）落实政策衔接，巩固脱贫成效

通过农村低保制度与扶贫开发政策的有效衔接，形成政策合力，对符合低保标准的农村贫困人口实行政策性保障兜底，逐步实现现行扶贫标准下农村贫困人口全部脱贫。组织包帮干部利用"走亲日"、公休日、节假日等时间，适时开展包帮工作，围绕保障标准不降、政策不变、措施不减、联系不断，确保贫困人口生活和居住环境持续有明显改善。

四、强化社会保障兜底

在脱贫攻坚中强化社会保障兜底，防止因病返贫、因难返贫、因灾返贫、因学返贫等现象发生。规范医疗救助程序，遏制因病致贫、因病返贫。

（一）持续完善医疗救助

根据不同原因致贫返贫和贫困程度，实施分类救助。将贫困地区所有建档立卡贫困户纳入医疗救助保障范围，开展"一站式"即时结算，实现医疗救助和农村新型合疗（居民基本医疗保险）、大病保险的"无缝衔接"；着力提升临时救助效率；在贫困地区乡镇（街道办）全面建立"一门受理，协同办理"社会救助服务窗口，确保困难群众"求助有门，受助及时"。通过"基本医保+大病保险+医疗救助"的医疗救助途径，有效缓解了城乡贫困家庭就医难和因病致贫的问题，其中，对特困供养人员、低保长期保障家庭人员、80岁以上老年人、20世纪60年代初精简退职困难老职工实施医疗救助，经医疗保障制度补偿后，个人自付合规费用在每年基本住院最高救助限额内给予全额救助。提高医疗救助保障水平，对符合医疗救助条件的重特大疾病患者，住院救助费用大幅度提升。经救助后仍有个人自付的合规住院费，通过实施医疗扶贫、临时救助以及组织慈善援助帮助解决困难。特困供养人员个人自付医疗费用实行全额救助，不设置年度住

院救助限额。同时，医疗救助基金还为特困供养人员、20世纪60年代精简退职困难老职工和肇事肇祸的重性精神病障碍患者全额缴纳参合参保金，对最低生活保障家庭成员，给予参合参保资助，保障全面享受基本医疗保障。

（二）完善临时救助制度，防止因突发性困难致贫返贫

按照"瞄准扶贫对象，实行兜底保障，开展精准帮扶"的工作思路，以建档立卡贫困户为核心，以精准脱贫为根本，精心谋划，多措并举，全面建立以发现、认定、快速响应、社会力量参与和监督检查等为主要内容的急难救助长效机制，对突然遭遇火灾、交通事故、突发重大疾病或其他特殊困难致使生活陷入困境、生存面临危机及其他社会救助制度实施后仍有严重困难家庭，及时启动急难救助；对于家庭人均收入超过低保标准，但存在家庭成员因病、因残医疗费支出较大，生活确实困难的家庭，通过临时救助或医疗救助予以帮扶；对退出低保的特殊群体，各级政府充分利用现有政策，符合低保条件的，继续纳入低保保障；不符合保障条件的，取消其低保待遇，生活确有困难的纳入相应政策进行保障。要加大临时救助制度落实力度，提高农村特困人员供养水平，改善供养条件，对农村留守儿童、留守妇女、留守老人和残疾人进行全面摸底排查，建立翔实完备、动态更新的信息管理系统和服务体系。

（三）完善受灾救助制度，遏制因灾致贫返贫

进一步完善农村最低生活保障制度，对无法通过产业扶持和就业帮助实现脱贫的家庭实行政策性保障兜底。抓紧建立农村低保与建档立卡贫困人口数据互通互联、资源共享信息平台，进一步加强农村低保家庭经济状况核查工作，将所有符合条件的贫困家庭纳入低保范围，做到动态管理、应保尽保。提高低保受灾户、精准扶贫建档立卡贫困人口受灾户的自然灾害生活救助水平和因灾倒损房屋灾后重建补助标准。另外，加强慈善救助，遏制因学

致贫返贫。建立健全社会动员、全民参与、政策引导、法律规范、政府推动、慈善组织实施的运行机制,充分发挥慈善机构的作用。支持、引导社会力量通过捐赠资金、物资积极参与助学、助医、济困等救助活动,形成对政府救助的有效补充。同时,完善流浪乞讨人员救助制度,进一步编密织牢兜底保障网,全面落实各项社会救助政策。

第 *11* 章
以乡村振兴战略为统揽
持续提升脱贫攻坚成效

　　党的十九大报告从战略上全面部署了党在新时代决战全面建成小康社会和推进社会主义现代化建设的重大工作，其中坚决打赢脱贫攻坚战和实施乡村振兴战略成为全党工作的重中之重。中央农村工作会议明确提出："走中国特色社会主义乡村振兴道路，必须打好精准脱贫攻坚战。"《中共中央国务院关于实施乡村振兴战略的意见》指出，推进"乡村振兴，摆脱贫困是前提"。精准打好脱贫攻坚战是新时代贫困农村工作的重中之重，实施乡村振兴战略是新时代"三农"工作的总抓手，要以乡村振兴战略为统揽，切实推进脱贫攻坚工作。要厘清乡村振兴战略与脱贫攻坚的辩证关系，避免在工作中出现"两张皮""两脱节"的问题，实现脱贫攻坚与乡村振兴战略相互促进。

一、实施乡村振兴战略，确立脱贫攻坚新目标

实施乡村振兴战略，为贫困农村脱贫致富提供了新机遇。我们要抓住农村脱贫致富的新契机，强规划、促整治、兴产业、育乡风、抓党建，全面实现脱贫致富的目标。

（一）乡村振兴战略为脱贫攻坚给出了新要求

脱贫攻坚和乡村振兴战略都是以"两个一百年"奋斗目标作为目标导向，脱贫攻坚是立足于实现第一个百年奋斗目标而确定的重大战略，乡村振兴战略是着眼于第二个百年奋斗目标而确定的重大部署，两者相辅相成、相互支撑、相互促进。只有如期实现现行标准下的农村贫困人口全部脱贫，才能实现全面建成小康社会的目标。只有包括贫困乡村在内的全国农村共同实现了乡村振兴，才能实现到 2035 年基本实现社会主义现代化、到本世纪中叶把我国建成富强民主文明和谐美丽的社会主义现代化强国的目标。从这个意义上说，脱贫攻坚的目标在新形势下又有了新的内涵：一方面，脱贫攻坚的首要任务、短期目标是确保贫困人口实现脱贫；另一方面，脱贫攻坚的长远目标是要实现乡村的全面振兴，在贫困乡村摘帽的基础上实现乡村"产业兴旺、生态宜居、乡风文明、治理有效、生活富裕"的总要求。因此，抓好当前的脱贫攻坚工作，一定要将短期目标与长远目标结合起来，在主要抓贫困户收入提高、生活小康的同时，还要认真谋划、实施"产业、生态、治理、乡风文明"等方面的工作，开启乡村振兴的新征程，朝着乡村振兴目标不断前进。

（二）乡村振兴战略为脱贫攻坚任务完成后乡村发展给出了新的规划

党的十九大提出要实施乡村振兴战略，是以习近平同志为核心的党中央对"三农"工作作出的新的重大战略部署，为我们破解农村发展不平衡、不

充分的矛盾和问题以及加快推进农业农村现代化指明了方向，也给贫困地区农村做好新时代"三农"工作，实现农业强、农村美、农民富带来了千载难逢的机遇。《中共中央 国务院关于实施乡村振兴战略的意见》明确指出，第一，到 2020 年，乡村振兴取得重要进展，制度框架和政策体系基本形成。农业综合生产能力稳步提升，农业供给体系质量明显提高，农村一二三产业融合发展水平进一步提升；农民增收渠道进一步拓宽，城乡居民生活水平差距持续缩小；现行标准下农村贫困人口实现脱贫，贫困县全部摘帽，解决区域性整体贫困；农村基础设施建设深入推进，农村人居环境明显改善，美丽宜居乡村建设扎实推进；城乡基本公共服务均等化水平进一步提高，城乡融合发展体制机制初步建立；农村对人才吸引力逐步增强；农村生态环境明显好转，农业生态服务能力进一步提高；以党组织为核心的农村基层组织建设进一步加强，乡村治理体系进一步完善；党的农村工作领导体制机制进一步健全；各地区各部门推进乡村振兴的思路举措得以确立。第二，到 2035 年，乡村振兴取得决定性进展，农业农村现代化基本实现。农业结构得到根本性改善，农民就业质量显著提高，相对贫困进一步缓解，共同富裕迈出坚实步伐；城乡基本公共服务均等化基本实现，城乡融合发展体制机制更加完善；乡风文明达到新高度，乡村治理体系更加完善；农村生态环境根本好转，美丽宜居乡村基本实现。第三，到 2050 年，乡村全面振兴，农业强、农村美、农民富全面实现。

（三）乡村振兴战略为脱贫攻坚给出了新任务

打好脱贫攻坚战是实现全面小康的底线，是实施乡村振兴战略的基础，是各级组织和广大干部必须要完成的政治任务。中央和各级党委对脱贫攻坚的重视程度已经到了无以复加的地步，对于贫困人口与贫困地区来说，脱贫攻坚已经到了退无可退的地步。贫困地区干部群众要适应脱贫攻坚的新形势新任务，提升精准度完善脱贫计划，促进脱贫攻坚更加精准、精细、精确；抓住重点破解突出问题，大力开展扶贫与脱贫的精准化；加强协作用好帮扶资源，发挥好帮扶资源在脱贫中的积极作用；落实责任强化工作保障，推动各个任务按质量标准和时序要求落到实处。"小康不小康，关键看老乡。"老乡不富，小康难全。贫困地区各级党委、政府和广大干部要再接再厉、开拓进取，求真务实、真抓实干，切实抓好精准扶贫、精准脱贫工作，凝心聚力打好脱贫攻坚战。在脱贫的基础上，优化农村人居环境，让农村生态美起来、环境靓起来。在打好脱贫攻坚战的过程中，加强和创新乡村治理，坚持自治、法治、德治相结合，完善乡村治理体系，培育和塑造文明乡风，让农村社会崇尚新风、充满活力、和谐有序。以改革激发农村发展动力活力，按照"扩面、提速、集成"的要求，以完善产权制度和要素配置市场化为重点，巩固和完善农村基本经营制度，发展适度规模经营，盘活农村资源资产，进一步激发广大农民的积极性和创造性。

二、实施乡村振兴战略，提出脱贫攻坚过程中乡村发展的更高要求

实施乡村振兴战略，为打赢脱贫攻坚战注入新的活力。实现乡村振兴战略目标和任务，全力提高脱贫攻坚的质量，从根本上防止脱贫人口返贫。因此，贯彻落实乡村振兴战略，全力推动脱贫攻坚，确保全面完成脱贫任务。

（一）实施乡村振兴战略，是贫困地区农村在脱贫攻坚过程中发展战略上的转型和升级

我们党历来重视"三农"问题，从 2005 年党的十六届五中全会首次提出建设社会主义新农村重大历史任务，提出"生产发展，生活宽裕，乡风文明，村容整洁，管理民主"具体要求开始，到 2007 年党的十七大提出"要统筹城乡发展，推进社会主义新农村建设"，再到 2012 年党的十八大提出"要深入推进新农村建设，全面改善农村社会生产生活条件"，再到 2017 年10 月党的十九大提出"产业兴旺、生态宜居、乡风文明、治理有效、生活富裕"的方针，实现农业农村现代化的总要求。从 2004 年我们党提出第一个

中央"一号文件"至今的第十五个中央"一号文件"，都充分表明党中央对乡村发展的高度重视一以贯之，思想内涵不断丰富创新。党的十九大提出实施乡村振兴战略，是新农村建设基础上乡村发展的升级版，实施乡村振兴战略意味着乡村的发展不仅包括经济、社会转型，还包括科技、教育和文化复兴，是一次农业的全面转型、农村的全面发展、农民的全面进步。

（二）实施乡村振兴战略，是脱贫攻坚过程中农村群众日益增长的美好生活需要和不平衡不充分发展之间矛盾得到解决的必然要求

当前，"城乡发展不平衡，农村发展不充分"是新时代我国社会主要矛盾的突出表现。同时，农业在我国国民经济发展中地位十分重要，农民是我们最值得关怀的最大群体，农村仍然是我国全面建成小康社会的短板。党的十九大报告提出实施乡村振兴战略，中央经济工作会议对实施乡村振兴战略作出具体的部署，《中共中央　国务院关于实施乡村振兴战略的意见》对实施乡村振兴战略作出科学规划安排等，这些都是在新时代深刻认识我国城乡关系变化特征基础上，立足解决城乡发展不平衡不协调问题，对新时代"三农"工作作出的重大战略部署。

（三）实施乡村振兴战略，是脱贫攻坚过程中满足人民群众共同富裕的必然要求

实施乡村振兴战略是党中央从党和国家事业全局出发、着眼于实现全体人民共同富裕、顺应亿万农民对美好生活向往作出的重大决策。实施乡村振兴战略，推进乡村全面发展，实现全体人民共同富裕，是决胜全面建成小康社会、实现社会主义现代化的重要组成部分。实施乡村振兴战略，推进乡村全面发展，必须统筹推进"五位一体"，协调推进"四个全面"，按照产业兴旺、生态宜居、乡风文明、治理有效、生活富裕的乡村发展要求，绘就乡村振兴的美好图景，顺应农民群众过上更加幸福美好生活的新期待。实施乡村振兴战略，要夯实经济基础，发展壮大集体经济，增强凝聚和服务群众的物质基础，通

过土地流转、基地务工等方式，让更多贫困户实现稳定脱贫、持续增收；要完善相关制度，让积极参与扶贫开发的各类社会主体政治上有荣誉、事业上有发展、社会上受尊重。要依托绿水青山、田园风光、乡土文化等资源，大力发展旅游观光、休闲度假、乡村手工业等，促进农村繁荣、农民富裕。

三、实施乡村振兴战略，高质量打好脱贫攻坚战

贫困地区在精准扶贫、精准脱贫过程中，打好脱贫攻坚战，是全面建成小康社会的基本要求，也是实施乡村振兴战略的抓手。党的十九大指出，农业农村农民问题是关系国计民生的根本性问题，必须始终把解决好"三农"问题作为全党工作重中之重。实施乡村振兴战略，推进乡村全面发展，必须准确把握"产业兴旺、生态宜居、乡风文明、治理有效、生活富裕"的要求。以党的十九大为指导，以乡村振兴为统揽，打好脱贫攻坚战。

（一）产业兴旺是打好脱贫攻坚战的前提基础

产业兴旺是脱贫攻坚和乡村振兴的基础，是解决农村问题的关键。一是在产业融合发展过程中提升农业生产功能，实现生产、生活、生态功能的全面拓展。二是在深化农业供给侧结构性改革过程中，加快构建现代农业产业体系、生产体系、经营体系，提高供给体系质量和效益。三是在构建城乡融合体制机制和政策创新中，促进要素自由流动和高效配置，加快新技术、新业态、新模式发展。

（二）生态宜居是打好脱贫攻坚战的客观要求

生态宜居是乡村振兴的战略任务，是建设现代农村的必要条件，是脱贫攻坚的目标追求。一是在乡村生态文明建设中，建设美丽农村，实现生态宜居。二是在加强农村资源环境保护过程中，构建节约资源和保护环境的空间格局、产业结构、生产方式和生活方式。三是在人与自然和谐共生的农业农

村现代化建设中，提升广大农民群众生产生活环境。

（三）乡风文明是打好脱贫攻坚战的必要条件

乡村文明是乡村振兴的"灵魂"，是脱贫攻坚的重要推动力量和软件基础。一是在推动农村文化教育、医疗卫生等事业发展中，促进农村社会的全面进步。二是在推动农村移风易俗中，促进农村文明程度进一步提高。三是在弘扬中华优良传统中，丰富和发展农村群众的精神文化生活，进一步提升农民综合素质。

（四）治理有效是打好脱贫攻坚战的根本保证

治理有效是乡村发展的基础，着力推进乡村治理，确保农村和谐稳定，实现高质量脱贫。一是在健全农村自治、法治、德治相结合的乡村治理体系过程中，实现有效治理。二是在实施自治、德治、法治"三治并举"过程中，实现乡村自治运行更加高效、法治建设落地生根、道德建设融入百姓生活。三是在自治、德治、法治的有机结合中，实现乡村更加和谐、安定有序，人民群众的获得感、幸福感、安全感更加充实、更有保障、更可持续。

（五）生活富裕是打好脱贫攻坚战的必然要求

生活富裕是乡村振兴的根本，是实现脱贫攻坚任务目标和共同富裕的必然要求。一是在千方百计增加农民收入的过程中，保持农民有持续稳定的收入来源。二是在加快补齐农村基础设施短板的过程中，为人民群众提供更加便利的生活。三是在提高农村公共服务水平中，全面提升农民生活质量，满足广大农民群众对美好生活的新期待。

四、实施乡村振兴战略，增添脱贫攻坚新动能

实施乡村振兴战略为我国农村的长期发展指明方向，为贫困地区农村发

展增添新动能，不论是从国家的政策，还是资金上都为脱贫攻坚工作提供了有力保障。

（一）实施乡村振兴战略，拓宽脱贫攻坚新手段

对于将要脱贫和刚刚脱贫的乡村而言，基础设施和公共服务仍有较大缺口，产业发展的基础仍然不够牢固，乡村治理体系和治理能力还比较弱，特别需要通过实施乡村振兴战略，补牢产业发展基础、改善基本公共服务、提高治理能力，巩固和扩大脱贫成果。因此，实施乡村振兴战略，是近 3 年内打好脱贫攻坚战的核心手段。为实施好乡村振兴战略，贫困地区各级党委和政府必然将出台具体的实施意见和措施。比如，围绕打好脱贫攻坚战，全面振兴乡村，加快推进农村土地制度改革，对农村承包地进行确权登记颁证，完善承包地"三权分置"制度，实行农村集体产权制度改革，盘活农村集体资产，多种途径发展壮大集体经济。同时，乡村振兴战略将推动城市资本、技术、人才往乡村流动的进程，"人""地""钱"等关键要素将加快流向贫困乡村。这些利好措施都将极大地激发贫困农民、贫困乡村脱贫致富的内生动力、外在活力，为脱贫攻坚提供新的动能。

（二）实施乡村振兴战略，拓展脱贫攻坚新功能

在脱贫攻坚过程中，要立足农村实际，以扶贫脱贫为起点，以产业兴旺为重点、生态宜居为关键、乡风文明为保障、治理有效为基础、生活富裕为根本，推动乡村振兴战略顺利实施。深化农业供给侧结构性改革，加快推进农业由增产导向转向提质导向，培育壮大特色优势产业，提升农产品质量和效益，拓展农业的多种功能，推动产业产品结构进一步优化。大力推进城乡融合发展，创新城乡融合体制机制，提高基本公共服务均等化水平，加快发展县域经济，完善城乡要素合理流动和平等交换机制，形成工农互促、城乡互补、全面融合、共同繁荣的新型工农城乡关系。

(三) 实施乡村振兴战略，实现脱贫攻坚新突破

坚持把"三农"工作摆在重中之重位置，树牢农业农村优先发展思想，各项政策向农业倾斜，工作精力向农村聚焦，使改革成果更多惠及农民。要准确把握"三农"和扶贫工作取得的成绩与阶段性特征，把实施乡村振兴战略作为新时代"三农"工作的总抓手，把脱贫攻坚放在奋斗目标、全党使命的高度，聚焦深度贫困地区，对标"两不愁三保障"目标，以产业扶贫为突破口，以"敢死拼命"的勇气和决心打赢脱贫攻坚遭遇战、歼灭战。要做好"独一份""特中特""好中优""错峰头"文章，推动特色农业发展尽快迈上现代化轨道。要以落实乡村振兴战略为契机，提升脱贫产业的质量，加快培育和引进一批带动力强的农业龙头企业，推动农民专业合作社实现全覆盖，下大力气提高农业生产经营组织化程度。要解决好农村水、路和环境综合治理等关键问题，力争农村基础设施建设取得突破。要健全并善用村民自治机制，不断创新完善乡村治理体系。

五、实施乡村振兴战略，增强脱贫攻坚的成效

实施乡村振兴战略，能够从经济、政治、文化、社会、生态多方面全方位补齐贫困农村脱贫攻坚的短板，巩固提升脱贫攻坚取得的成果，激发乡村发展的内生动力，实现脱贫攻坚向纵深发展。

(一) 实施乡村振兴战略，取得脱贫攻坚新成果

返贫问题是一个国家在实施反贫困战略过程中出现的一种经济社会现象。从世界各国反贫困的实践来看，返贫是一个世界性的难题。在我国，"脱贫又返贫"主要表现为因灾返贫、因病返贫、因学返贫、因老返贫、因市场风险返贫几种情形。乡村振兴战略为巩固脱贫攻坚的成果

提供了相应的保障措施。在 2020 年之前，对于已经实现脱贫的贫困县、贫困村、贫困户，仍然可以继续享受现有的国家政策；对年老体弱、就业能力相对较弱的脱贫对象，政府进行托底安置；等等。然而，这些政策措施只能是短期内对于巩固脱贫攻坚的成果起到保障作用，从建立稳定脱贫的长效机制视角而言，乡村振兴战略则为贫困乡村、贫困户持久脱贫提供了长期保障。根据乡村振兴战略的总要求，我们需要加大对贫困乡村的道路、水利、教育、卫生等基础设施建设，加快生态建设和资源保护；需要发展特色产业，稳定增加贫困户收入；需要完善农村社会保障体系，解决贫困群众的后顾之忧；等等。这些工作将为巩固脱贫攻坚的成果提供新保障。

（二）实施乡村振兴战略，推动脱贫攻坚取得质的飞跃

以乡村振兴战略为统揽，打好精准脱贫攻坚战，各级党委、政府要以时不我待的紧迫感和只争朝夕的责任感，保持战斗姿态、拼上身家性命，向贫困发起背水一战的“总攻”，切实做到认识到位、情况清楚、问题找准、措施具体、组织保证、资金支撑、作风扎实，向着脱贫攻坚重点聚焦发力，重点攻克深度贫困县（区）和深度贫困群众。群体攻坚要紧盯老弱病残等特定贫困人口，整合使用资金资源，集中精力打攻坚战。坚持因村因户因人精准施策，在精准识别、动态管理的基础上，突出到村到户到人，强化产业和就业扶持，做细保障性扶贫措施，加强基础设施建设，保证政策措施精准落地、见到成效。激发贫困群众内生动力，把扶贫同扶志、扶智结合起来，强化正向激励，打破贫富均衡，调动贫困群众脱贫致富的积极性。切实提高脱贫质量，坚持现行标准，坚持实事求是，坚持严格考核，既要注重减贫进度，也要增强脱贫实效，真正增加贫困群众获得感。

（三）实施乡村振兴战略，保障脱贫攻坚长效机制

乡村振兴是把乡村作为一个整体来对待，要求充分发挥乡村的主动性，

改变过去乡村从属于城市的现实，建立一种全新的城乡关系。乡村振兴明确了乡村发展的新任务，即"产业兴旺、生态宜居、乡风文明、治理有效、生活富裕"的乡村发展总体要求，特别是通过实施乡村振兴战略，将使工业现代化和农业现代化同步推进，让城镇化发展和村镇化发展更加协调，促使农村跟城市一样美好，推动城乡同步迈向现代化，这是脱贫攻坚成果最稳固的保障。加强乡村振兴骨干力量建设，促进党政、科技等多方面人才向农村基层一线流动，发挥农民在乡村振兴、贫困人口在脱贫攻坚中的主体作用，建强基层党组织，支持返乡农民创新创业，打造一支不走的乡村振兴队伍。强化多元化投入保障，积极争取中央财政支持，发挥好财政资金"四两拨千斤"的作用，撬动更多金融资本和社会资本投向"三农"和扶贫开发。坚持不懈抓好作风建设，深化"三纠三促"等专项行动，重点治理责任落实不力和盲目决策、弄虚作假、虚假摘帽等问题，加强扶贫资金和涉农资金监管，同时大兴调查研究之风，以作风的提振推动乡村振兴和脱贫攻坚步伐的加快。

六、实施乡村振兴战略，有效完成脱贫攻坚任务

全力推进实施乡村振兴战略，着力谋划农业农村发展，持续提升乡村产业发展水平，全面推进农村人居环境整治，切实抓好"三农"工作，为高质量完成脱贫攻坚任务打下坚实基础。

（一）坚持党对乡村全面发展的领导

实施乡村振兴战略必须坚持党的领导，党的领导是乡村全面发展的关键。一是要健全党委统一领导、政府负责、党委农村工作部门统筹协调的农村工作领导体制。二是明确党政一把手是第一责任人，县委书记当好乡村振兴"一线总指挥"，形成五级书记抓乡村振兴、推动乡村全面发展的格局。三是突出党委在农业、国土、水利等部门的协调作用，发挥党委在农村工作

部门的统筹协调功能。四是选优配强农村专业型的干部队伍。根据十九大报告要求，培养造就一支懂农业、爱农村、爱农民的"三农"工作队伍，特别是选优配强懂农业、爱农村、爱农民的党政一把手。五是建立市县党政领导班子和领导干部推进乡村振兴战略的实绩考核制度，将考核结果作为选拔任用领导干部的重要依据。

（二）坚持农业农村优先发展

实施乡村振兴战略，必须突出农业农村优先发展原则。坚持农业农村优先发展原则，是进一步推动乡村全面发展的前提。一是各级党委和政府在坚持工业农业一起抓、城市农村一起抓的基础上，把农业农村优先发展的要求落到实处，在干部配备上优先考虑，在要素配置上优先满足，在公共财政投入上优先保障，在公共服务上优先安排。二是从乡村发展的内因和外因以及城市乡村共同发力的视角，探索促进资本、技术、人才等要素向农业农村流动的有效政策措施。三是把大力发展农村生产力放在首位，做大做强高效绿色种养殖业、农产品加工流通业、休闲农业和乡村旅游业、乡村服务业、乡土特色产业、乡村信息产业，培育农业农村发展新动能，提高农业质量效益竞争力，增强农民就业增收能力。

（三）推进农村体制机制创新，促进农村产业融合发展

实施乡村振兴战略，要不断深化农村体制机制创新。深化农村体制机制创新是推动乡村全面发展的动力。一是完善产权制度和要素市场化配置，激活主体、激活要素、激活市场，着力增强改革的系统性、整体性、协同性。二是落实农村土地承包关系稳定并长久不变政策，完善承包地"三权分置"制度。三是完善农民闲置宅基地和闲置农房政策，深入推进农村集体产权制度改革，深化农产品收储制度和价格形成机制改革。四是推进农业农村大数据发展，深化大数据在农业生产、经营、管理和服务等方面的创新应用。五是强化龙头企业、家庭农场、农民合作组织等主体带动，构建类型多元、活

力迸发的融合主体。六是建设产业融合公共服务平台，创新产业融合服务方式，提升服务产业融合发展水平。

(四) 创新乡村治理体系

实施乡村振兴战略，客观上要求创新乡村治理体系。创新乡村治理体系是推动乡村全面发展的重要条件。一是建立健全党委领导、政府负责、社会协同、公众参与、法治保障的现代乡村社会治理体制，健全自治、法治、德治相结合的乡村治理体系。二是加强农村基层基础工作，加强农村基层党组织建设。将年轻、有奉献意识、有责任感、讲党性、有组织原则的农村能人吸引到党组织中来，让其肩负振兴农村经济社会发展的使命。三是深化村民自治实践，严肃查处侵犯农民利益的"微腐败"，铲除一切社会不法势力及邪恶组织在农村的藏身之地，建设平安乡村，确保农村社会治安出现根本性好转，促进乡村社会充满活力、和谐有序。四是引导村民制定完善乡规民约，推进移风易俗，加强农村家庭文明建设，广泛开展诚信教育、孝敬教育、勤劳节俭教育，激发农民荣誉感上进心，引导农民群众向上向善。

第 *12* 章
发挥基层党组织
在脱贫攻坚中的战斗堡垒作用

习近平总书记在深度贫困地区脱贫攻坚座谈会上强调："要把夯实农村基层党组织同脱贫攻坚有机结合起来，选好一把手，配强领导班子，特别是要下决心解决软弱涣散基层班子的问题，发挥好村党组织在脱贫攻坚中的战斗堡垒作用。"群众富不富，关键看支部。党的基层组织是党全部工作和战斗力的基础，是落实党的路线方针政策和各项任务的战斗堡垒。作为最前沿阵地的基层党组织，对于脱贫攻坚工程的推进及成效的保障，发挥着极其重要的作用。要把党建和精准脱贫拧成一股绳，充分发挥基层党组织一线指挥部的作用，引领群众打赢打好脱贫攻坚战。

一、建强配优农村党支部，带领群众脱贫致富

夯实基层党组织的战斗力基础，特别要有一个覆盖全面、功能健全的基层党组织体系，有一支素质好、作用突出的党

员干部队伍，建强配优农村基层党组织领导班子，团结带领农民群众脱贫致富奔小康。

（一）着力增强党支部战斗力

加强农村基层党组织民主建设，配强村党支部班子，是贫困地区带领群众聚焦脱贫致富、不断发展的关键。基础条件差不多的村，发展程度和工作推进力度不一样，主要原因在于党支部战斗力的强弱。村党支部班子民主团结，凝聚力强、战斗力强，该村发展变化就大，进步就快；反之，村子的发展步伐就会放慢，就会落后于人。强化支部战斗力，必须加强班子民主建设，健全村里各项制度和村级配套组织，不断提高基层党组织民主管理水平，班子成员之间及时沟通，坚持民主集中制，规范村务决策程序，遇大事集体研究，不搞"一言堂"，也不"一人一把号，个吹各的调"。要按照基层党组织"五个好"标准，切实抓管理、抓服务，树立"三开三敢"精神（开拓、开放、开发，敢闯、敢试、敢拼）。支部书记要自始至终树立"抓作风就是抓重点，抓党建就是抓发展"的理念。要坚持脱贫和党建两手抓、两促进、两不误，建成一支善谋事、会干事、能干成事的村党支部班子，凝聚人心、凝聚智慧、凝聚力量，团结广大群众心往一处想、劲往一处使、事往一处谋，攻坚克难，啃下扶贫工作硬骨头。着力加强基层集体经济建设，精准选好富民路子。充分发挥党支部帮带协会（公司）的功能，发展集体经济，是巩固脱贫致富成果的重要一招。充分利用自然禀赋，变资源劣势为比较优势，找对发展集体经济的路子。通过"支部+公司+农户""支部+基地+农户"等方式，形成符合农民实际需求和特点的运行机制，增加贫困群众获得感。充分发挥党支部的政治优势、组织优势，党员的先锋模范作用，帮助协会（公司），有效整合资源；同时，通过支部引领和监督，使协会（公司）规范运作，找准载体、协调服务、示范带动，推动农村集体经济发展，增加农民收入。

（二）要选准管好支部书记

切实发挥好农村党支部书记"领头雁"作用，要把好"三关"，在选用标准、教育培训、监督管理三个方面精准发力，优化村级干部队伍结构，进一步选用管好农村党支部书记。坚持"党性强靠得住、抓稳定敢管理、能带富办法多、懂政策善服务、人品正威信高"的基层党组织带头人队伍建设标准，切实抓好村党组织书记选拔配备工作。把好选用关。实践证明，选好一个人，就能带好一班人、建好一个村。按照"敢揽事、善谋事、能办事"的标准，集中对农村党支部书记队伍进行优化，着重解决年龄大、文化程度低、致富带富能力弱等问题。把在农村经济发展方面有经营头脑、一技之长和突出能力的、能得到多数党员群众拥护认可的、政治上让组织放心的合适人选推选到党支部书记的岗位。把好培育关。一是通过开展培训，提升农村党支部书记综合素质能力，补齐业务能力、思维模式等方面短板。通过举办各级各类农村党支部书记培训班，有力提升农村党支部书记的履职能力和服务能力，推动农村经济社会健康快速发展。二是注重抓好村级后备干部队伍储备，把群众基础好、带富能力强、政治素质好、道德品行正、工作作风好的优秀人才吸收到村级后备干部中，实行动态管理、跟踪培养、定期考察，不断提高素质能力，有效解决农村党支部书记"青黄不接，后继乏人"的问题，把好监督关。一是健全管理制度。制定村干部队伍考评办法，从严加强农村党支部书记的日常管理。二是健全评议制度。通过开展组织生活会、年终述职等途径，考核评议农村党支部书记履职情况，把考评结果作为农村党支部书记选拔任用和奖惩的重要参考。三是健全监督制度。完善村党支部议事规则，明确农村党支部书记决策重大事项的权限和程序，有效发挥村务监督委员会作用。加大对不合格农村党支部书记处置力度，有力促进农村党支部书记转变作风、改进工作，进一步推动村级党组织工作的公开透明和管理规范。

(三) 发挥农村基层党组织的政治引领作用

要全面加强农村基层党组织建设，把农村基层党组织建设成为坚定执行党的政治路线的战斗堡垒，通过加强农村基层党组织建设，进一步增强农村基层党组织的政治引领能力，使贫困群众脱贫致富有主心骨。当前，要把学习掌握习近平新时代中国特色社会主义思想作为提升农村基层党组织政治引领能力的重点，用习近平新时代中国特色社会主义思想武装广大党员干部头脑，发挥农村基层党组织教育党员、教育组织群众、宣传群众、凝聚群众等作用，把党的十九大关于坚决打赢脱贫攻坚战的各项战略部署以及各项政策转化为带领贫困群众脱贫致富的具体行动，带领贫困群众自力更生、群策群力，最大限度地汇聚脱贫攻坚力量，使农村基层党组织成为引领、组织和汇聚脱贫攻坚力量的领导核心。

(四) 抓好党员人才队伍建设

党员是党组织的生命力载体，党员队伍建设是党的建设的基础工程，党组织的凝聚力、创造力、战斗力，在很大程度上取决于党员队伍的状况，取决于党员队伍的先锋模范作用发挥的如何。一要优化组织设置。抓好党员组织关系排查、软弱涣散党组织排查整顿等工作，进一步加强乡镇党委书记、村党支部书记、村级后备干部、农村致富带头人"四支队伍"建设，着力破解农村党员"空心化"和基层组织"虚弱化"等问题。同时，要以派遣出的驻村干部为抓手，将"综合素质好、发展潜力优、培养前途强"的机关干部选派到农村第一线，不断充实基层党组织抓脱贫攻坚的力量。加强对村干部的培训，提高村干部的工作能力和效率。实行绩效考核，奖优罚劣。二要积极吸纳和培养优秀党员。人才的流失是当下贫困农村发展面临的核心问题，外部脱贫力量的"嵌入"虽然能在一定时期内解决农村发展问题，但并非长久之策。为此，要及时将有文化、有技能的农村优秀青年和热心农村公益事业的乡贤人士纳入党员后备队伍管理培养，尤其要积极吸纳"城归"群体到党组织，充分发挥其辐射带动功能，力争使脱贫攻坚事业打造成锻炼农村优秀党员的主战场。

二、实施好"两个带头人"工程

习近平总书记指出，做好抓基层打基础工作，夯实党执政的组织基础，关键是要建设一支高素质基层党组织带头人队伍。实践证明，有一只好的"领头雁"，就能带动一班人、搞活一个村。因此，在全区农村全面实施"两个带头人"工程，对于实施脱贫富民战略，实现与全国同步建成全面小康社会目标意义重大。

（一）要建强村党组织带头人队伍

要高度重视村党组织书记选拔配备工作，明确选拔标准，拓宽来源渠道，加大对文化程度偏低、能力偏低、群众公认度偏低的"三低型"村党组织书记调整力度，及时把思想政治素质好，有知识、有见识，思路宽、点子多，懂经营、会管理，热爱农村、对农民有感情，能团结带领党员群众共同致富的优秀党员选拔为村党组织书记。坚持"德才兼备"的原则，注重后备人才培养，每个村培养和储备 2~3 名有一定思想觉悟、文化素质、发展能力和组织能力的人作为后备干部，并选拔政治素质好、道德品质优、能带领群众共同致富的党员，作为村党组织书记后备人才。市、县（区）党委组织部要把村党组织书记培训纳入干部教育培训计划，按照分级负责的原则，严格落实集中轮训制度。实行村党组织书记岗位目标责任制，完善绩效考核办法，总结推广沙坡头区建立村干部考核末位淘汰制等做法，调整不想干、不敢干、不会干的村干部。

（二）要壮大农村致富带头人队伍

精准脱贫要充分发挥农民主体作用，就要培育和发现更多的农村致富带头人，带领贫困户脱贫致富。通过发挥农村带头人"领头雁"的作用，调动农民群众内生动力，带动引领群众打赢脱贫攻坚战。要以县（区）为单位，组织乡、村两级逐村进行摸底排查，根据产业形态、规模大小、带动能力等指标，从本地种养大户、家庭农场主、专业合作组织成员、农民企业家中，分类确定一批有致富能力、有带富意愿、示范作用好、群众基础好的致富带头人，按照"一人一档、一乡一册、一县一库"的要求，进行登记造册，建立带头人档案信息库，有重点地扶持和培育。启动"优秀人才回乡计划"，县、乡、村三级分别深入挖掘本地自然和社会资源，制定支持产业发展、金融服务、土地使用等优惠政策，吸引本地外出创业人员回乡发展。破除封闭保守思想，利用本地资源禀赋，借助优惠政策扶持、项目资金倾斜、资源享用优先"三个通道"，通过招商引资、招才引智，从外地引进经济基础好、发展能力强的企业家落户农村，投资开发乡村、乡土、乡韵潜在价值。

三、促进"两个带头人"队伍有机融合

全面实施"两个带头人"工程，要在村党组织书记队伍建设中推进"两个带头人"队伍有机融合，要在培育农村致富带头人队伍建设中推进"两个带头人"队伍有机融合。选拔、培育更多党组织带头人和致富带头人成为农村发展的骨干，是加强全区农村基层党建的有力举措，必将为脱贫工作攻坚关键时期注入新动能，引领更多群众更好更快地脱贫致富。

（一）要把村党组织带头人培养成致富带头人

要着力提升现任村党组织书记带头致富、带领群众脱贫致富能力。对村党组织书记已经是致富带头人的，支持做大做强，切实发挥"龙头"带动作用；对村党组织书记不是致富带头人或致富能力较弱的，采用"一人一策"等办法，帮助扶持成为致富带头人。各县（区）每年要采取举办"经验交流

会""村官论坛"等方式，选取在带头致富、发展集体经济等方面的村书记典型传经送宝，让"书记讲给书记听、村庄跟着村庄学"，使全区带头致富、带领群众致富的"双带型"村级党组织大幅提升。

（二）要把致富带头人中的优秀分子培育成村党组织带头人

乡村两级党组织在培育扶持农村致富带头人过程中，要切实发挥领导核心作用，充分整合各类资源，围绕发展现代农业、带领群众致富、壮大集体经济等内容，采取专题辅导、研讨交流等方式，切实加大对致富带头人的教育培训力度。不断深化"双培养—加强"活动，注重把致富带头人中的先进分子培养成党员，把党员致富带头人培养成村党组织带头人后备人才，加强村干部后备队伍建设。打赢脱贫攻坚战关键在人，实施"两个带头人"工程是脱贫攻坚工作的抓手，通过"两个带头人"工程的实施，培养更多的党组织带头人和致富带头人，成为农村发展的骨干，形成大众创业、万众创新、全面发展的生动局面。

（三）把优秀后备干部培育成引领致富的带头人

自治区各乡镇年度发展党员调控指标，要注重向村级后备干部倾斜，力争把优秀的村级后备干部培养成党员，把党员中的优秀后备干部培养成村干部。在村两委出现职务空缺时，要注重从条件成熟的后备干部中优先选配。引导后备干部积极调整农业产业结构，发展致富产业，带头勤劳致富，成为致富能手，切实提高自我发展、带领致富、带动致富的本领。各地要将村级后备干部纳入农村各项工作计划，结合把村党组织带头人培育成致富带头人的工作思路，探索多种形式，扶持后备干部发展，让其成为发展致富的带头人、村党组织干部的接班人。要在村党组织书记队伍建设中推进"两个带头人"队伍有机融合。

四、推进农村基层组织建设同脱贫攻坚有机结合

按照"以贫困群众为中心，以贫困村为重点，以全乡经济社会发展为支撑，以党的建设为保障"的脱贫攻坚总思路，把夯实农村基层党组织同脱贫攻坚有机结合起来，就要高度重视农村基层党组织和党员队伍建设，真正使其成为精准脱贫的组织者、实施者和推动者。

（一）要发挥农村基层组织的组织保障作用统领农村脱贫攻坚

要结合农村经济社会发展的实际，创新农村基层党组织的设置形式，通过"党建+"模式，加强服务型党组织建设，不断扩大基层党组织覆盖面。在脱贫攻坚实践中，要将农村各种经济组织的培育发展同党组织建设结合起来，采取"党建+产业+合作社+示范户"等方式，把党组织建在产业链上，把党员集聚在致富产业和项目上，充分发挥党组织在致富门路、致富产业培育等方面的组织保障作用。着力增强基层党组织的凝聚力和战斗力。真正成为引领脱贫致富的领头羊，确保党组织在脱贫攻坚战说话有人听、有人信，办事有人参与、有人回应，把广大群众带到坚定不移脱贫奔小康的发展道路上来。抓牢党员思想意识导向，以社会主义核心价值观为取向，弘扬社会主义正能量，通过党员的模范带头作用，潜移默化影响群众，不让任何一名群众在脱贫路上掉队落伍。

（二）着力发挥基层组织促进党员示范引领促脱贫的作用

通过基层组织号召，发挥党员示范引领作用，激发农民群众依靠辛勤劳动脱贫致富热情，是贫困地区加快发展的重要保障。脱贫致富最重要的是发挥农民群众主体作用，激发农村群众实干苦干的积极性。群众有天生的"智慧"，看到身边有成功的榜样，自己才会增强信心、主动作为。这就需要党员示范带动。要探索农村党员队伍教育培训有效途径和方法，定期组织党员

走进科技示范基地，办好"实践课堂"和"流动课堂"，增强教育培训的针对性和时效性，帮助农村党员带领广大农民群众发展生产、增加收入。同时，严格党员发展标准，把作风正、点子多、热情高的致富能人吸引到党组织中来，增强党组织的向心力。

（三）要抓好基层组织党建工作促进脱贫攻坚工作

"越是进行脱贫攻坚战，越是要加强和改善党的领导。"要强化贫困地区党委抓党建的主体责任，坚持一把手亲自抓，一级抓一级、层层抓落实，真正发挥党建工作在脱贫攻坚中的作用。要把脱贫攻坚实绩作为选拔任用干部的重要依据，在脱贫攻坚第一线考察识别干部，激励各级干部到脱贫攻坚战场上大显身手。要注意选树典型，加大对奉献脱贫攻坚优秀干部的宣传力度，发挥典型示范作用，充分激发广大党员干部做好脱贫攻坚工作的热情。

（四）要发挥农村基层党组织密切联系群众的桥梁作用

人民群众既是脱贫攻坚成果的受益者，也是参与脱贫攻坚的主体力量。密切联系群众是我们党的最大优势，最大限度地调动人民群众参与脱贫攻坚的积极性，是催生脱贫攻坚内生动力的重要途径。要进一步提高农村基层党组织组织联系群众的能力，创新密切联系群众的方法途径，充分发挥农村基层党组织在集聚农村脱贫攻坚各方面力量的优势，把懂技术、会经营、善管理的各类乡土人才和产业大户组织起来，把广大群众组织起来、凝聚起来，党员群众拧成一股绳，齐心协力打赢脱贫攻坚战。继续推进重心向基层下移、力量向基层充实、资源向基层倾斜，坚持"抽强人，派能人"，把优秀的干部选派到贫困地区，充实基层扶贫干部队伍。加强扶贫干部队伍建设，把脱贫攻坚一线作为考察、检验和识别干部的重要平台，全面激发各级领导干部、驻村工作队、基层党组织开展脱贫攻坚的积极性、主动性、创造性。

下　编

大力实施富民工程

第13章
大力实施富民工程

　　大力实施富民工程，是社会主义的本质要求。自治区第十二次党代会从战略的高度把脱贫富民作为"三大战略"之一，提出"必须把脱贫富民作为今后五年发展的价值取向和工作导向，全力打赢脱贫攻坚战，大力实施富民工程"。大力实施富民工程，是关乎宁夏680多万各族群众获得感和幸福感的"暖心之策"，充分体现了自治区党委深入贯彻党中央战略部署的坚定信心与决心，体现了自治区党委对贫困地区脱贫攻坚和全面建成小康社会的高度重视。2017年10月10日，自治区党委、政府专门调研论证形成《关于推进脱贫富民战略的实施意见》，《意见》明确要求，要按照自治区第十二次党代会部署，振奋精神、实干兴宁，集中力量、优化资源、用足政策，大力实施脱贫富民战略，确保到2020年，城乡居民人均可支配收入比2010年翻一番，年均增长8%，贫困地区农民人均可支配收入增幅高于全区农民收入增幅，农民收入增幅高于城镇居民收入增幅，与全国同步建成全面小康社会。通过富民工程让每一个老百姓享受国家各项惠民政策，让经济发展更多地转化为富民成果，让老百姓拥有更多获得感和幸福感。

一、实施富民工程的重大意义

2016年7月，习近平总书记在宁夏考察时就曾嘱托："全面建成小康社会，一个地区、一个民族都不能落下。"到2020年，宁夏与全国同步建成全面小康社会，首先要实施补短板工程，通过做好精准扶贫和精准脱贫工作，不仅使贫困人口稳定脱贫，而且经过一定的努力，让他们逐渐走向富裕。脱贫是第一步目标，富民才是更高追求。宁夏实施富民工程，将有力推进全面建成小康社会，增强老百姓获得感和幸福感。我们要把思想和行动统一到党的十九大精神上来，深入学习贯彻习近平新时代中国特色社会主义思想，以高度的思想自觉、政治自觉、行动自觉推进脱贫富民战略，坚持问题导向，坚持实干兴宁，集中力量补短板、强弱项、提水平，朝着实现全体人民共同富裕不断迈进。要结合新时代宁夏改革发展稳定的新情况新问题，推动习近平总书记视察宁夏时的重要讲话精神落地生根。要准确把握、坚决贯彻习近平总书记提出的"努力实现经济繁荣、民族团结、环境优美、人民富裕，确保与全国同步建成全面小康社会"目标要求，主动融入和服务国家发展战略，在党和国家事业发展大局中推动落实，确保全区各项事业发展沿着习近平总书记指引的方向前进。要准确把握、坚决贯彻习近平总书记对宁夏民生工作的要求，坚持以人民为中心的发展思想，把民生工作贯穿经济社会发展全局，大力实施脱贫富民战略，重点抓好脱贫攻坚，大力发展社会事业，让人民群众有更多获得感、幸福感。自治区主席咸辉指出，各地各部门要切实把思想和行动统一到党的十九大精神上来，按照自治区党委、政府的要求，强化宗旨意识抓落实，以对历史和人民负责的态度，坚定不移地实施脱贫富民战略；聚焦关键环节抓落实，聚焦重点群体，聚焦核心任务，聚焦均衡充分发展，让各族人民共享优良基本公共服务；形成强大合力抓落实，强化党委、政府统揽作用，激发市场主体活力，培养群众内生动力，上下齐心、艰苦奋斗、脱贫富民，共同创造美好生活。

（一）实施富民工程的价值导向

实现好、维护好、发展好最广大人民的根本利益，是我们一切工作的出发点和落脚点。实施富民工程，立足点在为民，用力点在富民，着眼点在基层。落实富民工程，要求广大党员干部与群众团结奋斗在一起、劳动在一起、战斗在一起，沟通感情、交流思想、共破难题，为老百姓谋幸福。党的十八大以来，宁夏经济一直保持着快速健康的发展，综合经济实力明显增强，经济运行质量和效益稳步提高，就业环境得到了改善，为老百姓收入的提高打下了良好的基础。随着经济持续快速发展，宁夏人民收入水平不断提高。但是，在收入提高的同时，还存在着很多值得关注的问题，如宁夏城镇居民收入低于全国平均水平，差距仍在拉大；与沿海地区相比差距明显；区内地区间发展不平衡；收入差距继续扩大；等等。不仅影响了人民生活水平的提高，也制约了消费内需的扩大、发展方式的转变，影响到经济的可持续发展。加快经济发展，努力提高城乡居民收入水平，是实现科学发展、加快振兴、富民强区的战略性任务。在实际工作中，加快推进富民进程，就要着力增强产业对富民的支撑能力，深入推进全民创业，努力扩大社会就业，促进社会工资较快增长，努力增加农民收入，提高全社会保障水平，促进城乡居民增加财产性收入，努力改善城乡居民居住条件，加快社会事业发展，强化城镇化对富民的带动作用，强化财政对富民的促进作用。

（二）实施富民工程的现实要求

经过多年来全区上下的共同奋斗，宁夏的经济社会发展、城乡面貌和人民生活发生了巨大变化。但由于历史的、自然的各种原因，宁夏是欠发达省份的区情还没有根本改变，与全国和兄弟省市发展差距的拉大也是不争的事实。实施富民工程，就是抓住发展这个根本点，带动和促进发展中主要矛盾和突出问题的解决。可以说，富民工程是保持经济社会持续较快协调发展的动力和基础，是加快转变发展方式、调整优化经济结构的切入点和突破口，是从根源上协调社会利益关系、化解社会矛盾、促进社会公平、保持社会和谐稳定的治本之策。随着经济体制的深刻变革、社会结构的深刻变动、利益格局的深刻调整、思想观念的深刻变化，广大群众对改革发展的预期越来越高，对分享改革发展成果的要求越来越强，对物质和精神层面的诉求越来越多。实施富民工程，就是要深入实际了解群众所需，深入一线帮助群众解忧解难，使我们了解群众的要求更直接、解决群众的需求更全面，使我们贴近群众的服务零障碍、增进与群众的感情无距离，这是群众呼声和为民造福之所系。

二、实施富民工程的战略部署

习近平新时代中国特色社会主义思想鲜明的价值取向和实践要求，就是坚持人民主体地位，坚持把人民对美好生活的向往作为奋斗目标。我们要把思想和行动统一到党的十九大精神上来，深入学习贯彻习近平新时代中国特色社会主义思想，实施富民工程，坚持问题导向，振奋精神，实干兴宁，集中力量补短板、强弱项、提水平，朝着实现全体人民共同富裕不断迈进。要大力实施富民工程，坚持就业优先、创业富民，不断提升基本公共服务水平，努力让有就业能力的人充分就业、有就业愿望的人能够高质量就业，让千千万万的创业者动起来、活起来、干起来、富起来，不断增强人民群众的获得感和幸福感。

（一）落实共享发展理念

习近平总书记提出五大发展理念，并把共享作为发展的出发点和落脚点，顺应了时代发展潮流，体现了科学发展规律，指明了发展价值取向，是充分体现社会主义本质和共产党宗旨、科学谋划人民福祉和国家长治久安的重要发展理念。共享发展理念的核心，就是人人共建、人人共享，做到发展为了人民、发展依靠人民、发展成果由人民共享。宁夏是一个老少边远穷地区，经济发展水平总体落后，人民生活水平还有待提高，特别是中南部地区脱贫攻坚任务依然艰巨，各族群众渴盼发展、渴盼共享的愿望十分强烈。实施富民工程必须以共享发展为目标要求和行动准则，更好地激发广大群众参与全区建设发展的积极性，更好地保障广大群众公平充分分享发展成果，让广大群众有更多的获得感。

（二）促进区域协调发展

区域协调发展不仅关系全区各族人民福祉，也关系全区经济社会持续健康发展，是统筹推进"五位一体"总体布局和协调推进"四个全面"战略布局的重要方面，也是全面建成小康社会的内在要求。宁夏南北差异大，山川发展不平衡，根本问题是发展不足，直接表现是居民收入和生活水平有差距。要坚持问题导向、目标导向相结合，从坚决打赢脱贫攻坚战、大力实施富民工程、推进公共服务均等化等方面对富民工程作出全面安排。这些举措是当前和今后一个时期全区解决区域发展不平衡问题最重要、最有效的途径，是自治区党委立足于广大群众根本利益诉求的重大安排。要坚决按照自治区第十二次党代会报告要求，通过实施富民工程，不断缩小城乡区域之间在收入水平、生活水平、公共服务等方面的差距，在区域协调发展的进程中增进人民福祉。

（三）聚焦建成全面小康社会

全面建成小康社会是党的十八大作出的重大部署，是党和国家到2020年的奋斗目标。近年来，全区经济社会发展取得长足进步，城乡面貌发生显著变化，但受基础差、底子薄等因素影响，群众生活条件改善的程度与全国还有较大差距。从小康实现程度看，宁夏人均生产总值、人均住房面积、公共服务水平等在全国的排名总体较好，但城镇、农村常住居民人均可支配收入排名靠后。建成全面小康，最大的难点是增加城乡居民收入，提高城乡居民生活水平。自治区第十二次党代会报告立足全区全面建成小康社会的攻坚任务，作出实施富民工程的总体部署，体现了小康路上不让一个人掉队的以人民为中心思想，抓住了全面建成小康社会的关键点和突破口。我们必须要把增加城乡居民收入作为民生工作的核心，把公共服务供给作为民生福祉的重要内容，扎实推进富民工程的实施，让全区人民的小康梦变成现实。

（四）推进公共服务均等化

公平充足的公共服务供给是民生福祉的重要内容，必须坚持普惠性、保基本、均等化、可持续发展，增加优质公共服务供给。推进基本公共服务标准化，明确基本公共服务清单和分类建设标准，科学确定公共设施服务半径和覆盖人群，努力实现布局优化、普惠可及。推进教育现代化，推动教育资源均衡配置，加快发展普惠性学前教育，健全城乡一体的义务教育发展机制；完善现代职业教育体系，打造西部职业教育高地；加快一流大学、一流学科建设，增强服务地方经济社会发展能力，努力办好人民满意的教育。推进健康宁夏建设，全面推进综合医改，加强医疗联合体建设，促进优质医疗资源下沉，加强基层医疗服务能力建设，努力为人民群众提供全方位、全周期的卫生和健康服务。坚持计划生育基本国策，促进人口长期均衡发展。广泛开展全民健身运动。推进全民参保，稳步提高统筹层次和保障水平，加快住房保障和供应体系建设，加大社会救助力度，增强养老服务供给能力。大力发展残疾人和慈善公益事业，建立更加公平可持续的社会保障制度。

三、实施富民工程的路径选择

实现人民富裕的核心是提高城乡居民收入。自治区第十二次党代会报告提出："大力实施富民工程，必须把增加城乡居民收入作为民生工作的关键来抓，让人民群众的生活更加殷实。"千方百计提高城乡居民收入，确保实现与全国同步建成全面小康社会，是摆在我们面前的艰巨任务。这次党代会提出实施富民工程，充分体现了新一届自治区党委坚持以人民为中心的发展思想，坚持执政为民，突出富民导向，努力实现富民强区的施政追求。

（一）推进产业富民，打牢城乡居民增收基础

大力发展优势特色产业。自治区十二次党代会提出："大力发展本地特色产业，把资源优势有效转化为富民优势，多发展适销对路、能给老百姓带来'真金白银'的致富产业，多实施一批增加老百姓收入的'短平快'项目。"我们要依托现有的优势特色产业，做好技术创新、优化提升、完善链条、集群发展等文章，真正把优势特色产业打造成群众增收的致富产业。一是坚持"一特三高"现代农业发展方向，聚焦优质粮食、草畜、瓜菜、枸杞、葡萄"1+4"特色优势产业，通过订单生产、产销对接、质量追溯等方式，稳定产量、提高品质、打造品牌，着力提升特色农业经济效益。同时，按照"一乡一业，一村一品"思路，重点培育淡水养殖、灵武长枣、彭阳红梅杏、中药材等特色产业，大力发展乡村旅游、休闲农业、农耕体验、乡村手工艺等富民产业，挖掘新的特色优势，促进一、二、三产业融合发展，让农民在生产经营中获得更多收益。二是引进和培育一批农业产业化龙头企业，大力发展农民合作社和家庭农场，发展适度规模经营，推进农产品精深加工，完善社会化服务、科技支撑、仓储保鲜、冷链物流、信息服务等生产经营体系，拓宽农产品销售渠道，做好产加销对接，健全产业链条，不断增强农村发展活力。三是围绕现代煤化工、现代纺织、装备制造、新能源、新材料等重点产业，补链延链强链，推进优势产业向高端化、集群化方向发展，着力打造煤制油、煤基烯烃、煤电产业集群，发挥优势产业集群化效应，提高工业企业对就业增收的带动作用。

着力发展非公有制经济。多培育一些就业能力强的企业，打牢群众增收的基础。非公经济形式灵活、富于创新，是全区经济发展的重要生力军，是群众创业就业的主渠道，要加大对非公经济的支持力度，研究出台一些更有

针对性的政策措施，促进非公经济健康快速发展。一是通过放开投资领域、加强融资担保服务等一系列措施，鼓励、支持和引导非公有制经济快速发展。二是在现代工业、生产性服务业、农业产业化经营等关键领域培育非公有制骨干企业，支持企业跨地区、跨行业、跨所有制进行资产并购重组，向规模化、集团化方向发展。三是坚持每年培育认定一批"专精特新"中小企业，使非公经济成为创新创业的重要主体。四是鼓励建设一批小微企业孵化基地、创业街区和商务楼宇，催生大批小微企业，让更多群众在全民创业、万众创新中增加收入。

大力发展劳动密集型服务业。第三产业与一、二产业相比，具有覆盖面广、涵盖的具体行业种类多等特点。第三产业以劳动密集型产业为主，是吸纳劳动力的第一大产业，发展潜力巨大。要采取有效措施，推动服务业发展提速、比重提高、水平提升，充分发挥服务业在提高城乡居民收入中的作用。一是促进生产性服务业高端化、集约化、集群化发展，重点发展现代金融、交通物流、科技服务、法律服务、检验检测、信息服务等服务业，完善生产服务体系。积极发展电子商务、农超对接、直供直销、连锁经营等现代流通方式，搭建线上线下交易平台，提高生产性服务业的专业水平和服务质量，吸引容纳更多专业技术人才就业。二是推进生活型服务业便利化、精细化、优质化发展，着力提升餐饮住宿、批发零售等传统生活服务业，抓好公益性农产品批发市场、农村电商、冷链运输体系建设，建成自治区级物流信息服务平台，完善各类商业网点布局，进一步做活城乡消费市场，重点发展健康养老、家庭和社会服务、文化旅游等新兴生活型服务业，发挥普通群众创业就业增收的主渠道作用。

（二）实施更加积极的创业就业政策，统筹做好重点群体就业

实现更高质量就业。实施更加积极的创业就业政策，提高劳动者创业能力和就业本领。一是实施积极的创业就业政策，落实劳动者自主就业、市场调节就业、政府促进就业和创业带动就业政策，综合运用促进创业就业的财

税、金融、贸易、产业等政策措施，支持新产业新业态发展，以创业带动就业，实现经济发展和扩大就业良性互动。落实创业担保贷款及贴息、首次创业、社保补贴、带动就业等补贴政策。加强对灵活就业和新就业形态的支持。二是强化职业技能培训，加快建立覆盖城乡全体劳动者、符合就业需求和职业发展需要的终身职业技能培训体系，创新培训方式，实现建档立卡贫困家庭子女、失业人员、转岗职工、退役军人、残疾人免费接受职业培训全覆盖，提高居民创业就业能力。深化校企合作，推行企业新型学徒制度，提升新型产业工人职业技能。完善技术工人职称评定、技术等级认定等政策。

推进大众创业。要把创业富民作为重点来突破，抓创业机会、创业群体、创业培训，帮助引导更多的人在家门口创新创业，八仙过海，各显神通，各尽其能。一是深化大众创业、万众创新，出台创业富民政策措施，发展创业投资引导基金，解决创业融资难、税负重、门槛高等问题，释放社会创新创业活力，激发创业动力，加快富民步伐。支持科技创业、农民创业、青年创业、巾帼创业、大学生创业、回乡人员创业和退役军人创业，为各类主体创新创业及劳动创造提供公平机会。二是优化创业环境，深化"放管服"改革、商事制度改革，推进"互联网+创业服务"，支持创新创业，主动服务上门，为全民创业营造良好环境。开展"塞上骄子"回乡行活动，拓宽创业载体，支持大学生创业园、返乡农民工创业园、电商创业园和创意创业街区等创业孵化平台建设，提升园区载体功能，为广大创业人员提供创业就业的广阔舞台。

抓好重点群体就业。建立健全覆盖城乡的公共就业服务体系，统筹做好重点群体就业。重点是抓好高校毕业生、农村转移劳动力、城镇就业困难人群等就业。一是完善公共就业服务体系，建立统一规范灵活的人力资源市场，做好就业信息、职业指导和政策咨询。加快就业服务信息平台建设，建立企业经营和用工情况统计调查制度，完善失业监测预警和就业应急预案机制，有效调控失业风险。二是落实高校毕业生就业促进和创业引领计划，加强职业指导、就业见习、困难帮扶等就业服务，完善自主创业、到基层就业的激励政策和保障机制。三是完善就业援助措施，通过鼓励企业吸纳、公益性岗位安置等帮助就业困难人员就业。统筹中央奖补资金、就业专项资金和失业保险基金，做好去产能职工安置。构建和谐劳动关系，依法保障职工劳动报酬、休息休假等权益，保障劳动者按时领取工资报酬。

努力提高居民收入。努力扩大中等收入群体，多渠道增加低收入劳动者收入，逐步缩小城乡、区域、行业收入差距。一是深化收入分配制度改革，完善初次分配和再分配调节机制，调整分配结构，实施差别化收入分配激励政策，培育和扩大中等收入群体。发挥企业家引领示范作用，改善职工待遇，提高科研人员成果转化收益分享比例，激励劳动者依靠自己努力和智慧创造财富。提高机关事业单位工资收入。二是完善工资水平决定、正常增长和支付保障机制，坚持同工同酬，维护农民工权益，提高低收入劳动者收入。加快全民参保登记，完善养老、医疗和失业、工伤、生育等保险制度，健全社会救助体系。三是深化薪酬改革，推进工资集体协商，引导企业形成以一线职工为重点的工资增长机制，适时提高最低工资标准。加大对贫困地区、低收入人群、贫困人口转移性支出力度，缩小城乡、区域、行业收入分配差距。

第**14**章
推进产业富民

大力推动特色产业发展，促进资源优势向富民优势有效转化，是推进产业扶贫的有效途径。通过培育一批优势明显、特色突出、市场竞争力强的支柱产业，实施一批"短平快"项目，培育吸纳就业能力强的企业，才能打牢群众增收基础，拓宽脱贫致富的门路。

一、大力发展本地特色产业

特色产业是一个国家或一个地区在长期的发展过程中所形成的一种或几种特有的产业形态，具有在国内外较强市场竞争力的产业或产业集群。经过多年培育和发展，宁夏在农业上已经形成了以优质粮食和草畜、蔬菜、枸杞、葡萄"1+4"特色优势产业。

（一）以"一特三高"为抓手，树品质增效益

所谓"一特三高"，是指在农业上大力发展特色产业，

实现高品质、高端市场、高效益。从全国各省区发展的状况来说，都在大力发展特色产业，有些省区的特色产业，宁夏不但不具备，而且没有模仿性，如果将宁夏现有的特色产业与周边省区相比，也不具有特色优势。宁夏如果发展特色产业，不应当一味在"特"上下工夫，而是在品质上打出品牌，也就是说用优良的品质弥补特色的不足，以质量取胜。为此，可以在以下几方面考虑：首先，依托现有优势产业做大做强。宁夏依托黄河等自然条件，形成了以小麦、蔬菜、枸杞、葡萄为特色的农产品，具有较强的市场竞争力。目前宁夏南部山区生产的各种蔬菜已经直接供应香港，价格比同类产品高30%以上。因此，紧盯粤港澳，拓展北上深广，大力发展优质粮食产业，坚持稳定面积、调整结构、优化品质、提高单产，在北部引黄灌区重点示范推广"复种两熟"、高产创建、绿色增产技术模式，大力发展旱作节水高效农业，实现优质粮食比重达到95%。在草畜产业方面，全面推行畜禽标准化规模养殖，加强基础母畜扩繁、优质饲草料基地建设，开展"节本增效"示范行动，标准化规模养殖达到53%，其中奶牛达到84%，农作物秸秆资源化利用率达到78%。在蔬菜产业方面，充分发挥宁夏气候冷凉、日照充足、病虫害少的优势，重点推进蔬菜标准园创建和永久性蔬菜基地建设，新品种、新装备、新技术综合配套，实现设施蔬菜、露地蔬菜、供港蔬菜协调发展。枸杞产业以小产区精细化管理为重点，狠抓质量监管、品牌保护和市场规范3个环节，打造宁夏枸杞产业升级版。在葡萄产业方面，坚持小酒庄、大产区发展模式，着力打造东方葡萄酒之都。围绕构建全产业链，大力实施龙头企业升级工程和农产品品牌提升计划，特色农产品加工转化率达到60%，农产品监测合格率多年稳居全国前列。其次，依托现代农业作出品质。不断加强政策引领，完善投入机制，围绕自治区党委、政府关于推进农业特色优势产业发展若干意见要求，不断创新财政支农方式，大力实施农产品品质提升工程，确保农产品品质不下降、不减产、不污染。综合运用直接补贴、担保贷款、风险补偿、贷款贴息、实物租赁、产业引导基金、农业保险等方式，对特色优势产业良种繁育、基地建设、精深加工、品牌培育、冷链运输等关键环节进行精准扶持，确保农产品品质经受各种检验。严格按照农产品品质标准指导农户生产，减少化肥、农药使用，加快研究秸秆返田的路径，坚决遏制农田退水二次污染的现象发生。再次，依托现有政策机制，鼓励科研人员创新发展。围绕"1+4"特色优势产业，建立由首席专家、技术人员组成的技术服务组，由龙头企业牵头组建产业协会，鼓励农技人员和科研人员在保留原有身份、职级、待遇基础上，在完成本单位基本工作前提下，创办、领办、承包经营实体，大力推广"粮食银行"、统防统治、代耕代种、代收代销等社会化服务模式，支持新型农业经营主体建设农业技术综合服务站，形成与基层农技服务组织互为补充的农业社会化服务体系。大力推广农村土地经营管理三权分置的"平罗模式"、农村集体资产股份权能改革的"金凤经验"。积极发展多种形式的适度规模经营，对种养大户、家庭农场、合作社、龙头企业等新型经营主体在土地流转、项目承接、示范场创建、金融服务等方面给予支持，带动全区广大农户参与产业化经营。

（二）以品牌建设为抓手，推动农产品提质增效

农业品牌建设是一个系统工程，需要顶层设计，统筹谋划，更需要从认证体系、质量追溯体系、监管体系等多个细分领域入手，强化基础支撑。为此，一要着力发挥农业区域特色优势。深入贯彻实施新一轮优势农产品区域布局规划和特色农产品区域布局规划，以家庭农场、农民专业合作社为重点，大力培育新型现代农业经营主体；以"一村一品、一乡一品、一县一品"为重点，推进名特优新农产品向优势特色产区集中；以做大做强龙头企业为重点，大力发展农业产业化和产前、产中、产后服务社会化，加快推进优质农产品生产经营的专业化、标准化、集约化、规模化，打造一批优质农产品生产基地。二要着力推进园艺产品提质增效。园艺作物是我国具有比较优势的农产品，也是促进农民增收潜力较大的农产品。要把发展园艺产品作为发展优质农产品的重点，深入贯彻实施园艺作物"三品"提升行动，促进园艺产品提质增效、园艺产业提档升级。适应现代物流业发展的需要，完善等级规格标准，健全种植业标准体系。加强园艺作物标准园建设，推进全程质量控制，扩大

可追溯制度试点。三要着力完善农产品品牌培育机制。品牌培育已经成为推进现代农业发展的重大战略，成为促进农业提质增效、消费者提振信心的重要手段。加强农产品品牌宣传和市场推介，普及农产品品牌知识，增强优质农产品生产经营者的农产品品牌培育和保护意识。加强国家级农产品品牌宣传推介，提高国家级农产品品牌的市场影响力。编制并发布第二批全国名特优新农产品目录，引领各地加快发展优质农产品。四要着力打造专业、权威的展会平台。发挥展会在产业引领、产销衔接、品牌培育、文化传播等方面的平台作用，支持和帮助各地举办优质农产品推介会、展示展销会。加强农产品经销商队伍建设，进一步扩大农产品经销渠道。

（三）以产业融合发展为抓手，增强产业综合竞争力

产业融合是不同产业的市场主体或同一产业的不同参与者通过渗透、交叉、重组，最终融合为一体，并形成新的产业形态进而不断提升产业层次的动态发展过程。产业融合的主要特征是产业边界日益模糊和产业链条的不断延伸，这种延伸更多的是产业链条从低端到高端的延伸。加快农村产业融合发展是当前一个时期农民增产增收、实现脱贫富裕的主要抓手。为此，一要与新型城镇化相衔接，引导产业集聚发展。加强统筹规划，有序调整农村产业布局，引导农村二三产业向县城、重点乡镇及产业园区等集中，培育农产品加工、商贸物流等专业特色小城镇。二要正确处理好政府与市场的关系，加快培育产业融合主体。重点在完善基础设施条件、提供公共服务、优化发展环境、强化市场监管等方面发挥作用，在加强对经营主体的服务、维护公平市场竞争秩序等方面下更大工夫。三要完善产业链与农民利益联结机制，促进农民持续增收。紧密围绕股份合作、订单合同等利益联结模式，建立与农户风险共担的利益共同体。以土地、林地为基础的各种形式合作，采取"保底收益+按股分红"等形式，让农户分享加工、销售环节收益。四要运用现代理念、现代技术改造和提升农业，推进农业现代化。用现代理念引领农业，用现代技术改造农业，提高农业竞争力，加强农业科技推广，支持企

业、科研机构等开展促进产业融合的科技创新，积极开发农产品加工贮藏、分级包装等新技术，推广适合深加工、休闲采摘的农产品新品种。大力发展农产品电子商务，完善配送及综合服务网络。推动科技、人文等元素融入农业，发展农田艺术景观、阳台农艺等创意农业。鼓励在大城市郊区发展工厂化、立体化等高科技农业，提高本地鲜活农产品供应保障能力。积极探索农产品个性化定制服务、会展农业、农业众筹等新型业态。

（四）以壮大龙头企业为抓手，增强经营主体经济实力

一要推动农业产业规模化集约化经营。围绕各地特色农产品规模生产，加快农业产业化基地建设。围绕"1+4"特色优势产业，打造一批国家级现代农业示范区建设。积极落实已出台的税费、用地、用电、金融、科技等优惠政策，建设高标准、成规模、可示范的现代农业示范基地，建成一批"一村一品、一乡（镇）一业、一县一业"的产业化基地，发挥基地的示范引领作用，提高龙头企业规模化集约化发展水平。二要增强农业龙头企业带动能力。鼓励农业龙头企业通过兼并、重组、收购、控股等方式，组建大型企业集团，推动龙头企业集群发展。鼓励龙头企业引进先进适用的生产加工设备，推进农产品精深加工，延长产业链，提高产品附加值。引导龙头企业向优势产区集中，推动企业集群集聚，培育壮大区域主导产业，带动一大批关联度大的"专精特新"农产品加工中小企业发展，增强区域经济发展实力。三要构建企业与农户利益共同体。不断强化龙头企业社会责任意识，促进企业与农户互利共赢。大力培育发展农民合作社，积极培训新型职业农民，提高农民参与龙头企业产业化经营的组织化程度和专业化技能，增强龙头企业与农户之间联结关系的长期性、可靠性和紧密性，形成一大批"龙头企业+合作社+农户"的新型产业化组织。四要强化农业品牌经营。围绕"1+4"特色农产品，组织实施一批农业产业化项目，促进龙头企业创新提升、集群集聚发展；加强龙头企业品牌培育和名牌创建工作，建立健全奖励、扶持、保护办法，支持龙头企业增创中国驰名商标、中国名牌农产品等国家级品牌，

提高农产品附加值。五要强化农业科技合作。鼓励龙头企业加大科技投入，建立研发机构，加强与科研院所和大专院校合作，培育一批市场竞争力强的科技型龙头企业。引导龙头企业开展农业科学技术、经营管理经验交流与合作，借鉴发达省区农业企业经营方式，推动特色农产品生产经营、农业高新技术研发、农产品精深加工。发挥龙头企业在现代农业产业技术体系、国家农产品加工技术研发体系中的主体作用，承担相应创新和推广项目。

二、促进资源优势向富民优势有效转化

宁夏资源丰富，与全国其他省区相比，具有比较优势，是国内最佳的粳稻生产区、最佳马铃薯生态区。宁夏大米是全国唯一以省（区）名冠名的地理标志认证产品，是全国优质大米之一。贺兰山东麓产区 2003 年获得"葡萄酒地理标志产品"保护区认证，是中国三大葡萄原产地域保护区之一，是中国第一个实行酒庄列级管理的产区。目前，宁夏葡萄种植面积 51.6 万亩，产量 18.1 万吨，建成酒庄 72 家，并有多家世界级酒庄进驻。此外，宁夏的煤炭、旅游资源也较为丰富，只有通过项目带动、政府搭台、市场导向，采取工业化生产、一体化经营、现代服务方式，将资源优势转化为富民优势，才能真正实现广大农民脱贫致富。

（一）探索建立特色产业增效模式，形成带动贫困群众增收的支柱产业

立足于贫困地区资源优势，紧紧围绕特色产业、高品质、高端市场、高效益"一特三高"现代农业，制定区、县两级特色产业精准扶贫规划，宜农则农、宜牧则牧、宜林则林，大力发展草畜、马铃薯、冷凉蔬菜、小杂粮、油料、中药材、黄花菜、中蜂等特色富民产业，强力推进贫困地区农民增加收入。例如，盐池县发挥"盐池滩羊"品牌优势，做大做强滩羊主导产业，积极发展黄花菜、小杂粮、中药材等特色产业，形成一主多元的产业扶贫格局；西吉县积极探索"肉牛+马铃薯+X""黑山羊+马铃薯+X""珍珠鸡+马

铃薯+X""肉驴+马铃薯+X"4种产业扶贫路径；彭阳县总结推广"5·30"牛羊肉产业倍增计划，探索建立"林、蜂、药"特色产业增效模式，特色产业已成为带动贫困群众增收的支柱产业，特色产业收入占到农村居民人均可支配收入40%以上。这些产业已经成为当地贫困群众增产增收的支柱型产业，具有较强的示范带动作用。

（二）积极培育新型农业经营主体，确保贫困户获得实实在在的效益

大力支持发展规模适度的农户家庭农场和种养大户，鼓励农民开展多种形式的合作与联合，支持农业产业化龙头企业和农民合作社开展农产品加工流通与社会化服务，培育多元化农业服务主体，发展农业产业化联合体，鼓励建立产业协会和产业联盟。引导新型农业经营主体多路径提升规模经营水平。鼓励农民按照依法自愿有偿原则，通过流转土地经营权，提升土地适度规模经营水平。支持新型农业经营主体带动普通农户连片种植、规模饲养，并提供专业服务和生产托管等全程化服务，提升农业服务规模水平。

（三）不断延伸产业链条，拓展产业发展功能，让贫困户分享更多产业增值收益

积极探索村民土地入股、职业经理人经营、保底分红等紧密型利益联结机制，突破贫困户长期收入、脱贫要素、贫困村投入、缺乏技术等瓶颈问题。雁江积极探索发展土地股份合作社，将群众土地以一定比例量化入股到合作社，群众按股参与土地股份合作社的经营收入分配。创新财政支农资金股权量化入股的"村党支部主导运作+专合社管理运行+农业公司包装销售+全体村民积极参与"的新型发展模式。大力推广"保底+回购""按股分红+务工收入""按资分红+二次分利"等传统利益联结机制，大力发展农机作业、统防统治、集中育秧、加工储存等生产性服务组织。发挥供销、农垦等系统的优势，强化为农民服务。促进各类新型农业经营主体融合发展，培育和发展农业产业化联合体，鼓励建立产业协会和产业联盟。

三、实施"短平快"项目，增加群众收入

"短平快"本来是排球项目中的一种快攻战术，现在用来形容落后地区通过实施周期短、投资小、见效快的发展项目，形成"短平快"经济促进作用，使群众在"家门口"就业，促进就业观念转变、推进贫困地区的群众加快融入现代社会，让贫困群众尽快脱贫致富。

（一）鼓励农民选好"短平快"项目，增强创业信心

要瞄准当地特色农业，按照"一乡一特、一村一品、一户一业"的要求和差异发展、错位发展、绿色发展的原则，盯准城里人的菜篮子，大力发展无公害、绿色、有机、富硒、富锌农产品，引起消费者的购买欲望，达到立竿见影、马上增收的目的。

（二）鼓励农民工返乡务农，在家门口脱贫致富

进城农民工大多是青壮年劳动力，是广大农村中生产生活的顶梁柱，积极鼓励广大农民工返乡务农，就是要让这部分人群重新拿起锄头，重新走进田间地头，大力开展农业生产，让逐渐荒废的土地重新焕发出生机，不断生产出有品质、有特色、有机的农产品，从而增加广大农民的收入。

（三）鼓励组建产业公司或专业合作社，扩大就业途径

积极探索"公司+专业合作社+基地+农户"和"专业合作社+基地+农户"运行模式，立足当地资源优势和产业发展基础，坚持市场导向，以"3+X"农林特色产业发展的思路构建特色产业格局，带动建卡贫困户脱贫，群众致富增收。保证每个贫困农户有1~2个稳定的增收产业。不断完善就业政策，及时制定和出台大众创业、援企稳岗、职业培训、就业援助、促进重点群体就业等方面的政策措施，不断缓解企业经营困难，促进企业稳定岗位，让农

民工能够安心工作，稳定收入。全面推进大学生就业创业促进计划，鼓励中小微企业优先吸纳贫困户的高校毕业生。重点帮扶零就业家庭、长期失业人员、残疾人、低保对象等就业困难人员实现就业。

四、培育吸纳就业能力强的企业，打牢群众增收基础

自治区十二次党代会报告提出："多培育一些吸纳就业能力强的企业，打牢群众增收的基础"。非公经济形式灵活、富于创新，是经济发展的重要生力军，是群众创业就业的主渠道，要加大对非公经济的支持力度，研究出台一些更有针对性的政策措施，促进非公经济健康快速发展。通过放开投资领域、加强融资担保服务等一系列措施，鼓励、支持和引导非公有制经济快速发展。

进一步扩展非公有制经济的发展空间，不断扩大非公有制经济投资领域，消除各种隐性壁垒，进一步破除各种形式的行政垄断，鼓励和引导非公有制经济进入法律法规未明确禁止准入的行业和领域，重点进入交通、能源、矿产资源开发、装备制造、城市基础设施、医疗、教育、养老、文化娱乐、现代物流、旅游和金融服务等领域。在制定负面清单的基础上，各类市场主体可依法进入清单之外领域；市场准入标准对各类投资主体同等对待，不得单独对非公有制企业设置附加条件或准入门槛。加大对非公有制经济的财税金融支持力度。强化财政支持。自治区在争取中央投资和安排用于引导企业发展的各类专项资金时，向非公有制企业倾斜。加大清理和减少行政许可、非行政许可审批事项，重点减少投资和生产经营活动审批事项，保护企业合法权益，坚决查处各种侵害非公有制企业和非公有制经济人士合法权益的行为，依法保护非公有制企业和非公有制经济人士的合法权益，大力提升非公有制企业核心竞争力，加大国家和自治区重点实验室、工程（技术）研究中心、工程实验室等向社会开放力度，为非公有制企业提供技术支撑。

第 *15* 章
推进创业富民

　　党的十九大明确把精准脱贫作为决胜全面建成小康社会必须打好的"三大攻坚战"之一，明确要深入开展脱贫攻坚，保证全体人民在共建共享发展中有更多获得感，不断促进人的全面发展、全体人民共同富裕。为了坚决打赢脱贫攻坚战，巩固脱贫成果，实实在在提高人民群众的富裕程度和生活质量，自治区十二次党代会确定实施脱贫富民战略，大力实施富民工程。其中，将创业富民作为重点来突破，着力深化创业制度改革、加强创业平台建设、积极推进创业型城市创建、加大创业财税金融政策支持、创新多元激励机制等多措并举，让经济发展的成果转化为富民成果。这是自治区党委、政府在认真贯彻落实相关政策的基础上，结合自治区具体情况作出的重要决策。

一、深化创业制度改革，促进创新创业融合

　　随着我国经济发展进入新常态，就业总量压力依然存

在，结构性矛盾更加突显。面对就业压力加大的形势，必须培育大众创业、万众创新的新引擎，实施积极的创业政策，深化创业制度改革，创新创业带动就业，以便于产业、企业、分配等多方面结构优化，促进民生改善、经济结构调整和社会和谐稳定。就宁夏而言，深化创业制度改革，促进创新创业融合是自治区进一步推进创业富民的保障。全区积极深化创业制度改革，在创业环境、创业工作激励机制、创业资金投入力度、创业投融资渠道、创业贷款额度、税收优惠政策等多个方面作出了相应的调整，促进全区创新创业大力发展。

（一）积极优化创业环境

积极优化创业环境是推进创业富民的前提条件。宁夏要以优化创业环境为切口，深入推进脱贫富民战略，全面促进创新创业融合。一是继续深入推进"放管服"改革和商事制度改革。严格落实"两个清单"制度，简化审批环节，强化部门协同，提高行政效率，降低企业制度性成本，不断优化营商环境，巩固扩大工商营业执照、组织机构代码证、税务登记证、社会保险登记证、统计证"五证合一，一照一码"改革成果，并减免有关行政事业性收费和规费、服务收费，进一步降低市场准入门槛，激发商事主体投资创业活力和创造力。二是继续优化登记方式，放松经营范围登记管制。实施"先照后证"改革，除法律法规明确规定的以外，一律不再作为登记前置条件，加快推进"多证合一"改革。全面实行企业、个体工商户简易注销，加快实现以电子营业执照为核心的全程电子化登记。放宽住所登记条件，降低企业集团登记标准，推行自主选择企业名称，开展"证照分离"试点、集群注册等住所登记改革，分行业、分业态释放住所资源。进一步减少审批事项，优化审批流程，大力推行在线审批。建立健全综合执法协作机制，推进市场监管领域综合行政执法改革，进一步整合执法队伍，着力解决重复检查、多头执法等问题。三是加大创新创业用地支持，对利用现有房屋和土地兴办文化创意、健康养老、众创空间等新业态，实行按原用途和土地权利类型使用土地的政策，5年过渡期满后，符合划拨用地目录的，可以划拨供地。四是加强创业载体建设，对达到国家和自治区创业孵化示范基地建设标准的，每个孵化园区一次性奖补 100 万元。五是支持举办创新创业大赛、创新成果和创业项目展示推介等活动。此外，积极推进国家级、自治区级创业型城市创建，按规定予以表彰。鼓励事业单位在编在岗科研人员按规定到区内企业从事科研开发服务工作或创办企业。

（二）加大创业资金投入力度

创业资金是创业的主要保障，加大创业资金投入力度是实现创业富民的关键所在。一是优先保障创业补贴资金，逐步加大财政投入力度。创业资金主要用于创业贷款担保基金、创业贷款贴息、创业培训补贴（含师资培训）创业指导服务补贴、创业园区补贴、创业奖励及购买社会服务等。二是进一步规范创业专项资金管理，强化资金预算执行和监督，开展资金使用绩效评价，着重提高创业专项资金使用效益。

（三）落实税收优惠政策

对年度应纳税额低于 50 万元（含 50 万元）的小型微利企业，其所得按50% 计入应纳税所得额，按照 20% 税率缴纳企业所得税。对月销售额不超过3 万元（按季纳税不超过 9 万元）的增值税小规模纳税人，暂免征收增值税。对月销售额或营业额不超过 10 万元（按季纳税不超过 30 万元）的缴纳义务人，免征教育附加、地方教育附加、水利建设基金。对月销售额不超过 3 万元（按季纳税不超过 9 万元）的小微企业，免征文化事业建设费；应届高校毕业生首次创办个体工商户、个人独资企业的，自登记之日起 3 年内免缴登记类、管理类和证照类的各项行政事业性收费，依法享受地方各项税收优惠政策；对自主创业退役士兵和重点群体创业人员从事个体经营的，在规定期限内按每户每年 9600 元为限额依次扣减其当年实际应缴纳的增值税、城市维护建设税、教育费附加、地方教育费附加和个人所得税。四是对吸纳自主就业退役士兵和重点群体就业的企业（包括商贸企业、服务型企业、劳动就业服务企业中的加工型企业和街道社区具有加工性质的小型实体企业)，当年新招用自主就业退役士兵或失业半年以上人员，与其签订 1 年以上期限劳动合同并依法缴纳社会保险费，在规定期限内按实际招用人数予以定额标准依次扣减增值税、城市维护建设税、教育费附加、地方教育费附加和企业所得税优惠，其中退役士兵定额扣减标准为每人每年 6000 元，失业人员定额扣减标准为每人每年 5200 元。五是自工商登记注册之日起 3 年内，对安排残疾人就业虽未达到规定比例，但在职职工总数不超过 20 人的小微企业，免征残疾人就业保障金。六是落实科技企业孵化器、大学生科技园区税收优惠政策，对符合条件的众创空间等新型孵化机构实施科技企业孵化器税收优惠和奖补政策。化解钢铁煤炭煤电行业过剩产能企业职工因解除劳动合同依法取得的一次性补偿收入，在当地上年职工平均工资 3 倍数额以内的部分可免征个人所得税。各项税收政策如遇中央税收政策调整，按调整后的政策执行。

此外，为了调动大众创业的积极性和营造良好的创业氛围。支持举办创业训练营、创业创新大赛、创新成果和创业项目展示推介等活动，搭建创业者交流平台，培育创业文化，营造鼓励创业、宽容失败的良好社会氛围，让大众创业、万众创新蔚然成风。积极推进国家级和自治区级创业型城市创建工作，对政策落实好、创业环境优、工作成效显著的，按规定予以表彰。

二、加强创业平台建设

创业平台建设是大力发展技术转移转化、科技金融、认证认可、检验检测等科技服务业，借鉴推广创客空间、创业咖啡、创新工场等新型孵化模式，加快发展市场化、专业化、集成化、网络化的众创空间，实现创新与创业、线上与线下、孵化与投资相结合，为创业者提供低成本、便利化、全要素、开放式的综合服务平台和发展空间。加强创业平台建设是创业富民的主要载体。

（一）落实科技企业孵化器、大学科技园的税收优惠政策

顺应时代潮流，抓住新技术革命和产业变革的重要机遇，适应创业创新主体大众化趋势，大力发展技术转移转化、科技金融、认证认可、检验检测等科技服务业，总结推广创客空间、创业咖啡、创新工场等新型孵化模式，加快发展市场化、专业化、集成化、网络化的众创空间，实现创新与创业、线上与线下、孵化与投资相结合，为创业者提供低成本、便利化、全要素、开放式的综合服务平台和发展空间。落实科技企业孵化器、大学科技园的税收优惠政策，对符合条件的众创空间等新型孵化机构适用科技企业孵化器税收优惠政策。对众创空间的房租、宽带网络、公共软件等给予适当补贴，或通过盘活商业用房、闲置厂房等资源提供成本较低的场所。在符合土地利用总体规划和城乡规划前提下，利用原有经批准的各类园区，建设创业基地，为创业者提供服务，打造一批创业示范基地。

（二）鼓励电子商务平台和产业园建设，加快形成电子商务产业集群

结合优势特色产业发展需要，建设集产学研用合作、协调创新、大学生就业创业、科技成果转化等功能为一体的服务基地和平台。鼓励企业由传统的管控型组织转型为新型创业平台，让员工成为平台上的创业者，形成市场主导、风投参与、企业孵化的创业生态系统。开展小微企业创业创新基地城市创建工作。大力提升创业孵化基地功能，对达到地级市示范性创业孵化基地建设标准的，由所在地级市给予每个孵化基地不低于50万元的一次性奖补。对达到国家和自治区示范性创业孵化基地建设标准的，由自治区给予每个创业孵化基地100万元的一次性奖补。

三、积极推进创业型城市创建

以习近平新时代中国特色社会主义思想为指导，全面贯彻党的十九大和

十九届二中、三中、四中全会精神，坚持新发展理念，深入推进脱贫富民发展战略，积极推进创业型城市创建，促进城市经济发展，不断增加就业机会，全面推进创业带动和增加就业，实现创业富民。

（一）建立和完善创业型城市创建工作体系

将国家政策与当地实际相结合，在积极推进创业型城市创建工作中，着重在以下几个方面进行完善和建设。一是建立和完善组织领导体系。创业型城市的建立首先要有完善的组织领导体系。在就业工作联席会议机制下，成立由政府领导负责、人力资源社会保障部门牵头、有关方面参加的促进以创业带动就业工作领导小组，建立健全工作制度，制订实施工作计划，研究解决工作中存在的问题，形成政府促进创业的工作推动机制。同时，充分发挥工商联、工会、共青团、妇联、残联以及行业协会、企业家协会的作用，探索建立创业带动就业的社会化运作机制。脱贫富民战略的实施需要创业型城市的创建，建立和完善组织领导体系是创业型城市创建的首要条件。二是完善政府政策支持体系。针对创业者在市场准入、行政管理、融资渠道等方面遇到的突出问题，积极探索完善政策措施。探索建立创业专项扶持资金。完善积极的就业政策，健全和落实税费减免、小额担保贷款、场地安排等扶持政策。形成促进创业的政策体系和良好的创业环境。三是健全创业培训体系。扩大创业培训范围，将有创业愿望和培训要求的城乡劳动者全部纳入创业培训对象范围，实现创业培训全覆盖。充分利用现有条件和闲置资源建立健全创业孵化基地，推进创业实施。提高创业培训质量，实现培训后较高的创业成功率。四是构建创业服务体系。依托公共就业服务体系，建立健全创业指导服务组织，加强创业服务队伍建设，组织和实施创业服务。建立创业服务公共平台，完善创业服务的内容和形式，改善服务手段，建立创业信息服务网络和信息发布机制，建立创业项目市场化运作机制，开发形成基本成熟的创业服务体系。五是健全工作考核体系。根据宁夏实际情况，建立完善创业带动就业统计指标体系和统计制度。把创业带动就业的主要工作指标纳入就业工作目标责任制度，作为就业工作主要目标任务的内容，健全当地就业工作目标责任体系，强化责任和考核。

（二）创建城市创业工作的基本标准

创建创业型城市，要有明确的目标和基本标准。达到城市创业的基本标准，也就搭建起了创业型城市的基本架构。一是全员创业活动指数，反映辖区内参与就业活动的人数占城镇劳动者的比例。创业活动是指创业服务、创业培训和自主创业等。二是创业活动对就业的贡献率，反映辖区内新增创业人数及其带动就业人数之和占新增就业人数的比例。三是创业活动对企业成长的贡献率，主要反映通过创业活动促进企业增长率，创业企业1~3年存活率。四是创业环境满意度，反映社会各界对当地创业环境和创业工作的满意程度，反映创业工作成效。主要指标包括小企业平均创业成本、创业初始成功率、创业培训后创业成功率、创业服务满意率、创业带动就业率，以及创业政策、制度完善和落实程度。五是其他整体反映城市创业活力、创业效率以及促进创业带动就业的成效指标。宁夏在达到基本标准的基础上，力争超过全国平均水平，成为全国以创业带动就业的创业型城市。

四、加大创业财税金融政策支持

近年来，在深化财税金融体制改革中，促进创业是财税金融政策的重要政策目标之一。《宁夏回族自治区党委 人民政府关于推进脱贫富民战略的实施意见》中指出，全面落实重点群体创业、小微企业、西部大开发、研发费用税前加计扣除等税收优惠政策。落实减免企业、个体工商户登记类证照、发票工本费等降成本政策。

（一）落实创业资金

各级人民政府优先保障创业补贴资金，逐步加大财政投入力度。创业资金主要用于创业贷款担保基金、创业贷款贴息、创业培训补贴（含师资培训）、创业指导服务补贴、创业园区补贴、创业奖励及购买社会服务等。一是应届高校毕业生、就业困难人员、建档立卡贫困人员创办实体带动就业，正常经营1年以上的，给予1万元创业补贴。二是加大创业担保贷款支持力度，创业担保贷款个人贷款额度最高不超过10万元，贷款利率上浮不超过基础利率的30%，贷款期限最长不超过3年，并按规定享受财政贴息，贴息资金由各级财政按照规定比例共担。三是大力推行"创业担保贷款+商业贷款"模式，适当放宽反担保条件，扩大贷款规模。建立健全创业担保基金与贷款经办机构风险分担机制。优先为科技特派员到农村创新创业提供贷款保险支持。进一步规范就业专项资金管理，强化资金预算执行和监督，开展资金使用绩效评价，着重提高就业专项资金使用效益。

（二）继续拓宽创业投融资渠道

促进创业富民，不仅要加大创业投资的力度，还要拓宽创业投融资渠道，宁夏运用财税政策，支持风险投资、创业投资、天使投资等发展。一是运用市场机制，引导社会资金和金融资本支持创业活动，壮大创业投资规模。鼓励金融机构继续完善现有小企业专营机构服务功能，支持发展小微企业特色支行，提供批量综合金融服务。二是大力发展供应链融资和商圈融资，深入开展创业支持类贷款业务、专项金融债券业务、出口信用担保和国内贸易费用担保业务，优化小微企业金融服务，稳步扩大小微企业"助保贷"规模，探索开展小微企业贷款保证保险试点，完善小微企业贷款风险分担机制，加快建立小微企业发展基金，拓展小微企业融资渠道开展股权众筹融资试点，推动多渠道股权融资，对政府产业引导基金参股的私募股权投资基金投资宁夏初创期中小企业、创业企业的，投资获利退出时，可从政府产业引导基金投资收益中安排一定比例的投资奖励。三是积极探索和规范发展互联网金融，发展新型金融机构和融资服务机构，促进大众创业富民。

（三）提高创业贷款额度

创业贷款额度的提高，会激发和鼓励创业者的热情与信心，保证创业的成功率。一是将小额担保贷款调整为创业担保贷款。不断扩大创业贷款担保基金，加大创业担保贷款支持力度，符合条件的创业者个人贷款最高额度统一调整为 10 万元。二是鼓励金融机构参照贷款基础利率，结合风险分担情况，合理确定贷款利率水平对个人发放的创业担保贷款，在贷款基础利率基础上上浮 3 个百分点以内的，由财政予以贴息。三是鼓励支持金融机构探索"一套贷款手续、一个贷款流程、一站式发放"的"创业担保贷款+商业贷款"的模式，支持大众创业。

（四）落实税收优惠政策

实施更加积极的促进就业创业税收优惠政策，将企业吸纳就业税收优惠的人员范围由失业 1 年以上人员调整为失业半年以上人员；应届高校毕业生首次创办个体工商户、个人独资企业的，自登记之日起 3 年内免缴登记类、管理类和证照类的各项行政事业性收费，依法享受地方各项税收优惠政策；对自主创业的纳税人，月销售额、营业额不超过 3 万元的，免征增值税、营业税。对商贸企业、服务型企业、劳动就业服务企业中的加工型企业和街道社区具有加工性质的小型企业实体，在新增加的岗位中，当年新招用持就业创业证已登记失业半年以上人员，与其签订 1 年以上期限劳动合同并依法缴纳社会保险费的，在 3 年内按实际招用人数每人每年 5200 元定额标准依次扣减营业税、城市维护建设税、教育费附加、地方教育附加和企业所得税；对月销售额或营业额不超过 3 万元的小微企业，免征教育费附加、地方教育费、水利建设基金、文化事业建设费。六是自工商登记注册之日 3 年内，对安排残疾人就业未达到规定比例，在职职工总数不超过 20 人的小微企业，免征残疾人就业保障金。

五、创新多元激励机制，激发全社会创业活力

多元激励机制有助于激发全社会创业活力。宁夏从以下方面着手，在原有激励机制的基础上，不断创新，持续激发创业活力，推进创业富民的实施。

（一）全面落实大学生创业引领计划，积极引导大学生自主创业

应届高校毕业生从事创业项目带动就业，连续正常经营1年以上的，给予1万元创业补贴。鼓励高校开展校园招聘活动和创业指导服务，根据年度高校毕业生数量、创业培训人数、就业率完成目标任务情况和实际工作成本，经自治区人力资源社会保障部门组织考核后给予工作补贴。

（二）强化财政扶持和金融服务，鼓励农民工返乡创业和进城创业

发展农民合作社、家庭农场等新型农业经营主体，落实定向减税和普遍性降费政策。一是依托现有各类园区等存量资源，整合创建一批农民工返乡创业园。二是鼓励各类企业和社会机构利用现有资源，搭建一批农业创业创新示范基地和见习基地，培训一批农民创业创新辅导员。三是支持农民网上创业，大力发展"互联网+"和电子商务，积极组织创新创业农民与企业、小康村、市场和园区对接。

（三）推进农村青年创业富民行动，实施农村青年电商培育工程

助推农村青年通过开办特色农产品网店、创办电子商务服务点等方式创业致富。一是扶持困难群体自主创业，对失业人员、低保人员、残疾人等就业困难群体首次创办个体、私营企业的，3年内免缴登记类、管理类和证照类的各项行政事业性收费。二是对残疾人从事个体经营并按规定缴纳职工养老保险费的，按照个人缴纳部分的50%给予补贴。

（四）促进留学回国人员就业创业，实施留学人员回国创新创业启动支持计划

为贯彻落实《自治区党委关于融入"一带一路"加快开放宁夏建设的意见》（宁党发〔2015〕22号）精神，启动实施宁夏"外语+"复合型人才回乡创业"千百十"行动计划，着力打造大众创业、万众创新"新引擎"。一是2016—2020年，自治区财政每年安排1000万元复合型人才回乡创业基金，通过贷款贴息（以下称"外语+"复合型人才创业贷款），支持100名"外语+"复合型人才回乡创业，培育10个以上业绩突出、带动力强的外向型创新企业。其中，银川市不少于36人，培育企业不少于3家；石嘴山市不少于20人，培育企业不少于2家；吴忠市不少于28人，培育企业不少于3家；固原市不少于10人，培育企业不少于1家；中卫市不少于6人，培育企业不少于1家。二是每年将回乡创业基金注入经办"外语+"复合型人才创业贷款的商业银行，按照1:5的存贷比例，比照全区创业担保贷款有关政策，对经审核确定的创业项目，个人给予最高不超过50万元创业贷款，财政部门在基准贷款利率的基础上上浮3个百分点给予贴息；企业或经济实体给予最高额度不超过300万元创业贷款，财政部门按基准贷款利率的50%给予贴息。贷款期限不超过2年。对于符合贷款条件的贴息资金，由自治区及市县两级财政承担，具体分担比例为：个人贷款，对银川市，自治区财政承担40%，银川市承担60%；对其他川区市县，自治区财政承担60%，市县财政承担40%；对山区市县，自治区财政承担80%，市县财政承担20%。企业贷款，自治区财政承担25%，市县财政承担25%。

第**16**章
推进就业富民

　　十九大报告指出，就业是最大的民生。我们要坚持就业优先战略和积极就业政策，实现更高质量和更充分就业。大规模开展职业技能培训，注重解决结构性就业矛盾，鼓励创业带动就业。提供全方位公共就业服务，促进高校毕业生等青年群体、农民工多渠道就业创业。破除妨碍劳动力、人才社会性流动的体制机制弊端，使人人都有通过辛勤劳动实现自身发展的机会。

一、着力拓展就业空间

　　《宁夏回族自治区党委、人民政府关于推进脱贫富民战略的实施意见》中指出，深入实施就业优先战略，切实提高城乡居民就业能力和就业质量，促进城乡居民充分就业持续增收。

（一）鼓励创业创新发展的优惠政策向新兴业态企业开放

要充分发挥自治区产业引导基金杠杆作用，引导社会资金和金融资本共同支持新兴业态发展，符合条件的新兴企业可享受自治区现行财政、信贷、创业就业、吸纳就业扶持、税费减免等优惠政策。要将新兴业态企业产品和服务纳入政府购买服务目录，促进新兴业态企业产品的研发和规模化应用，支持劳动者通过新兴业态实现多元化就业。要着力推进小微企业创新发展，推动小型微型企业创业创新示范基地建设，搭建中小企业公共服务示范平台。要加快科研基础设施、大型科研仪器向小微企业开放力度，积极为小微企业产品研发、试制提供政策支持。

（二）促进产业结构与就业协同，完善多元化产业体系

各地在稳定和扩大就业作为经济运行合理区间的下限时，要把城镇新增就业、调查失业率作为宏观调控重要指标，纳入国民经济和社会发展规划及年度计划考核指标。要建立宏观经济政策对就业影响的评价机制和政府公共投资、重大建设项目对就业影响的评估机制。要通过加快创新发展，推进产业升级，既注重发展资本、技术、知识密集的先进制造业、战略新兴产业，又要支持枸杞、葡萄酿酒、生态纺织等劳动密集型产业发展。要坚持以服务业、新兴产业扩大就业容量，大力发展电子商务、全域旅游、养老服务、健康服务、文化创意、会展服务、教育培训、人力资源服务、服务外包等现代服务业，加快发展现代物流业，引导支持快递业进农村，带动农村电子商务发展。挖掘第一、第二产业就业潜力，不断增加城乡就业机会。

二、实施积极就业政策

为了实现充分就业，自治区党委、政府责令自治区人力资源和社会保障厅、财政厅、考核办等，以及各市、县（区），实施积极的就业政策。

（一）全面落实促进就业创业的激励政策

对全区各地促进城镇失业人员再就业、高校毕业生就业、就业困难人员就业、农村劳动力转移就业和供给侧结构性改革中化解过剩产能职工分流安置工作完成情况实施全面考核，根据考核情况，将考核成绩在前 9 名的市、县（区）确定为 A 类、B 类、C 类 3 个考核等次，分别给予 500 万元、300 万元、100 万元绩效补助资金，绩效补助资金由各市、县（区）按照就业补助资金管理有关规定统筹使用。

（二）加强对就业困难人员的就业援助

加强就业困难人员实名制动态管理和分类帮扶，坚持市场导向，鼓励其到企业就业、自主创业或灵活就业。对用人单位招用就业困难人员，签订 1 年以上劳动合同并依法缴纳社会保险费的，给予 1 年社会保险补贴；对就业困难人员灵活就业并按城镇职工标准自行缴纳社会保险费的，按照灵活就业人员社会保险补贴标准给予补贴；对通过市场渠道确实难以实现就业的，可通过公益性岗位安置，缴纳社会保险并按本地区最低工资标准给予岗位补贴。社会保险补贴期限最长不超过 3 年，公益性岗位补贴期限最长不超过 2 年，对初次核定享受补贴政策时距法定退休年龄不足 5 年的人员，可延长至退休。对实现就业或自主创业的最低生活保障对象，在核算家庭收入时，可以扣减必要的就业成本。加大对困难人员就业援助力度，确保零就业家庭、最低生活保障家庭等困难家庭至少有一人就业。依法大力推进残疾人按比例就业，建立用人单位按比例安排残疾人就业公示制度。

（三）推进农村劳动力转移就业

结合新型城镇化建设和户籍制度改革，进一步完善职业培训、就业服务、劳动维权"三位一体"的工作机制，推进农村富余劳动力有序外出就业和就地就近转移就业，有针对性地帮助其解决实际困难，做好跟踪服务。做好被征地农民就业工作，在制订征地补偿安置方案时，要明确促进被征地农民就业和社会保障的具体措施。

（四）促进退役军人就业

按政策做好自主择业军转干部、自主就业退役士兵就业创业工作。对符合政府安排工作条件的退役士官、义务兵，要确保岗位落实，细化完善公务员招录和事业单位招聘时同等条件优先录用（聘用），以及国有、国有控股和国有资本占主导地位企业按比例预留岗位择优招录的措施。退役士兵报考公务员、应聘事业单位职位的，在军队服现役经历视为基层工作经历，服现役年限计算为工作年限。

（五）积极预防和有效调控失业风险

将全区失业保险费率统一由现行规定的3%调整为2%。对依法参加失业保险并按规定足额缴纳失业保险费、不裁员或裁员低于全区城镇登记失业率的企业，按照不超过该企业及其职工当年度实际缴纳失业保险费总额的50%给予稳岗补贴，支持企业稳定就业岗位。稳岗补贴所需资金从失业保险基金中列支。

（六）积极促进就业公平

推进就业机会平等，消除城乡、行业、身份、性别、户籍、残疾等影响平等就业的限制和歧视。各类用人单位依法使用被派遣劳动者，确保符合临时性、辅助性、替代性岗位用工人数不得超过国家规定的比例。自治区内国有大中型企业招聘员工，应做到招聘信息、招聘过程、招聘结果公开。加大专项执法检查力度，依法及时调处各类劳动争议，坚决打击拖欠劳动者工资、不签订劳动合同、非法用工等违法行为。

三、支持小微企业吸纳就业

小微企业在我国经济社会发展中具有重要作用。截至 2019 年年末，我国小微企业达到 8000 多万家，包括 2000 多万法人和 6000 多万的个体工商户。从在我国经济中的作用看，小微企业贡献了全国 80% 的就业、70% 左右的专利发明权、60% 以上的 GDP，以及 50% 以上的税收。可以看出，小微企业是我国经济社会中最重要的市场主体，是稳就业稳增长的重要力量。

（一）发挥小微企业就业主渠道作用

引导银行业金融机构针对小微企业经营特点和融资需求特征，创新产品和服务。发展政府支持的融资性担保机构和再担保机构，完善风险分担机制，为小微企业提供融资支持。落实支持小微企业发展的税收政策，加强市场监管执法和知识产权保护，对小微企业亟须获得授权的核心专利申请优先审查。发挥新型载体聚集发展的优势，引入竞争机制，开展小微企业创业创新基地城市示范，创新政府采购支持方式，消除中小企业享受相关优惠政策面临的条件认定、企业资质等不合理限制门槛。指导企业改善用工管理，对小微企业新招用劳动者，符合相关条件的，按规定给予就业创业支持，不断提高小微企业带动就业能力。

（二）积极落实小微企业的优惠政策

积极落实小微企业各项税收优惠政策、涉农税收优惠政策、促进残疾人就业增值税优惠政策。着力推进小微企业创新发展，继续实施 1000 家科技型小微企业培育工程。鼓励个体户转为小微企业，对"个转企"的小微企业给予不低于 5 年的过渡期，过渡期内企业社会保险保持原有缴费方式不变。支持小微企业升级为规模以上企业，每户给予一定奖励。发展政府支持的融资担保机构和再担保机构，完善风险分担机制，为小微企业提供融资支持。

科技型小微企业招收毕业年度高校毕业生达到企业现有在职职工总数 20%
（超过 100 人的企业达 10%）以上，并签订 1 年以上劳动合同、依法缴纳社
会保险费的，可按规定申请最高不超过 200 万元的创业担保贷款，并享受
财政贴息。中小微企业、民办非企业单位和社会团体新招用就业困难人
员、高校应届毕业生、建档立卡贫困人口，按规定可给予企业 1 年的社
会保险补贴。

四、多渠道支持高校毕业生就业

宁夏坚持劳动者自主就业、市场调节就业、政府促进就业和鼓励创业的
方针，大力实施就业优先战略和更加积极的就业政策，围绕促进高校毕业生
就业创业出台一系列政策措施，有效促进高校毕业生就业创业。各地、各有
关部门要结合实际，进一步细化完善就业创业政策，加强高校毕业生就业创
业政策落实情况督促检查，确保各项政策措施落实到位，取得实效。

（一）拓宽高校毕业生就业渠道

应届高校毕业生到机关事业单位实习和到企业就业见习的，按当地最低
工资标准给予岗位补贴，并为其购买额度为 50 万元的商业意外伤害保险，
对于实习、见习满 6 个月以上，且以灵活就业人员身份缴纳基本养老保险的
人员，可给予最长 1 年的养老保险补贴。对享受城乡居民最低生活保障家
庭、贫困残疾人家庭、建档立卡贫困家庭、获得国家助学贷款的毕业年度内
高校毕业生和特困人员中的高校毕业生，每人享受一次性求职创业补贴
1500 元。鼓励高校开展校园招聘活动和创业指导服务，根据年度高校毕业
生数量、创业培训人数、就业率完成目标任务情况和实际工作成本，经自治
区人力资源社会保障部门组织考核后给予工作补贴。上述所需资金从就业补
助资金中列支。鼓励科研项目单位聘用高校毕业生作为辅助人员参与研究，
按规定将社会保险补助纳入劳务费列支，劳务费不设比例限制。鼓励大学生

应征入伍，落实好学费资助、助学贷款代偿、优抚安置等政策。合理安排机关事业单位招录（招聘）和高校毕业生基层服务项目招募时间，优化录用（聘用）流程，为高校毕业生求职就业提供便利。促进留学回国人员就业创业。实施留学人员回国创新创业启动支持计划，留学人员可以以知识产权等无形资产入股方式创办企业，将留学回国人员纳入自治区"外语+"复合型人才回乡创业"千百十"行动计划。高校毕业生是指普通高校，高职院校，技师学院高级工班、预备技师班和特殊教育院校职业教育类毕业生。

（二）鼓励高校毕业生到城乡基层就业

各地、各有关部门要结转方式、调结构和城镇化进程，积极为高校毕业生开发就业岗位。要充分发挥战略性新兴产业、先进制造业、高新技术产业、智力密集型产业、现代服务业、现代农业发展对高校毕业生就业的拉动作用，重点发展具有增长潜力的生产性服务业和生活性服务业，创造更多的高校毕业生就业机会。继续统筹实施高校毕业生到村任职、"三支一扶"、大学生志愿服务西部计划、特岗教师等基层服务项目，健全鼓励高校毕业生到基层工作的服务保障机制，鼓励支持更多的高校毕业生参军入伍。

（三）鼓励高校毕业生到中小微企业就业

企业每新招用1名毕业年度高校毕业生，与其签订1年以上期限劳动合同并依法缴纳社会保险费的，自治区财政一次性给予企业补贴5000元；非公有制企业由所在市县财政一次性再给予企业补贴2000元；农业企业吸纳农业专业高校毕业生就业，自治区财政连续2年按每人每月1500元标准给予补助。补贴资金主要用于缴纳社会保险费或岗位培训，所需资金从就业专项资金中列支。对商贸企业、服务型企业、劳动就业服务企业中的加工型企业和街道社区具有加工性质的小型企业实体，在新增加的岗位中，当年新招用持就业失业登记证的毕业年度高校毕业生，与其签订1年以上期限劳动合同并依法缴纳社会保险费的，在3年内按实际招用人数每人5200元的标准，依次扣减营业税、城市维护建设税、教育费附加和企业所得税。

（四）鼓励高校毕业生自主创业

各地要把大学生创业引领计划实施纳入本地区"双创"工作总体安排。加大人力财力投入和工作推动，切实抓好各项政策措施的贯彻落实。具体包括：一是认真实施大学生创业引领计划。按照国家"新一轮大学生创业引领计划"的要求，各地、各有关部门要通过提供创业服务、落实创业扶持政策、提升创业能力，帮助和扶持更多高校毕业生自主创业，提高大学生创业比例。各地要切实发挥引导作用，创造有利于大学生创业的良好环境，确保符合条件的大学生都能得到创业指导、创业培训、融资服务、税收优惠、场地扶持等各项服务和政策优惠。各高校要广泛开展创业教育，积极开发创新创业类课程，将创业教育课程纳入学分管理，有关部门要研发适合高校毕业生特点的创业培训课程，根据学生需求开展创业培训，提升高校毕业生的创业意识和创业能力。各地公共就业和人才服务机构要为自主创业的高校毕业生做好人事代理、档案保管、社会保险办理和接续、职称评定、权益保障等服务。二是认真落实税费优惠政策。对毕业年度内的高校毕业生创办的小微企业，在工商注册登记之日起3年内，免收登记类、证照类和管理类等行政事业性收费；同时，月销售额或营业额低于2万元的，暂免征收增值税或营业税，符合条件的小微企业享受有关企业所得税优惠政策。对毕业年度内从事个体经营的高校毕业生，月销售额或营业额不超过2万元的，按次销售或营业额不超过500元的，免征增值税或营业税；同时在3年内按每户每年9600元为限额，依次扣减其当年实际应缴纳的营业税、城市维护建设税、教育费附加和个人所得税。三是改进金融服务方式。各银行金融机构要积极探索创新符合离校高校毕业生创业实际需求特点的金融产品和服务方式，本着风险业务可控和方便高校毕业生享受政策的原则，降低贷款门槛，优化贷款审批流程，提升贷款审批效率，多途径解决担保难问题。加大小额担保贷款对自主创业高校毕业生的支持力度，对符合条件自主创业的大学生，可在创业地按规定申请不超过 10 万元小额担保贷款，国家财政给予贴息扶持。在电子商务网络平台开办"网店"的高校毕业生，可享受小额担保贷款和贴息政策。充分发挥中小企业专项资金、技术型中小企业创新基金等政策性资金作用，加大对自主创业高校毕业生的扶持力度，扩大覆盖面。发挥创业投资引导基金的导向作用，引导创业投资企业更多支持自主创业大学生。鼓励普通企业、行业协会、群团组织、天使投资人等以多种方式向自主创业高校毕业生提供资金支持。对支持创业早期企业的投资，按规定给予税收优惠。四是认真落实创业补贴扶持政策。鼓励各地充分利用现有资源建设大学生创业园、创业孵化基地和小企业创业基地，为高校毕业生提供创业经营场所支持。应届高校毕业生从事创业项目并带动就业且连续正常经营 1 年以上的，经人力资源社会保障、财政等部门认定，自治区财政一次性给予 6000 元创业补贴。

第*17*章
创新完善职工增收激励机制

自治区十二次党代会提出，要"大力实施富民工程"，"要在提高经济发展水平的同时，实实在在提高人民群众的富裕程度和生活水平，让经济发展的成果更多转化为富民成果，让广大老百姓得到更多实惠"。自治区党委和政府关于《推进脱贫富民战略的实施意见》指出，要创新完善职工增收激励机制，要完善多劳多得、技高者多得的技能人才收入分配政策，提高技能人才待遇水平和社会地位，带动广大产业工人增技能、增本领、增收入。为此，要健全职工工资正常增长机制，完善技能人才收入分配机制，保障劳动者合法权益。

一、健全职工工资的正常增长机制

工资即劳动力的价格，它的形成不但受市场因素的影响，而且受多种经济社会等因素的影响。工资的正常增长机制准确称为工资的正常调整机制，既包括工资的正常增长，也包括工资的正常下降，它是现代工资制度的重要特征。一方面，社会在发展；另一方面，物价也在上涨。所以，正确处理好职工工资增长机制问题，关系到全社会的公平正义、关系到宁夏经济社会的和谐稳定发展。

（一）完善最低工资标准动态调整机制

建立反映劳动力市场供求关系和企业经济效益的工资决定及正常增长机制。首先，建立健全最低工资评估机制，科学确定最低工资标准。组织各方面专家，综合考虑劳动力市场供求关系、企业经济效益、职工生活需求等市场的、经济的、社会的因素等，制定出最低工资的评估标准体系。运用最低工资评估体系对各地上报的最低工资标准进行可行性、合理性审查和评估，使得最低工资标准一方面能够保护职工获得社会最低水平的工资，另一方面也能够成为调节宁夏收入分配、落实宁夏脱贫富民战略的一个重要工具。

逐步提高最低工资标准。近几年来宁夏经济高速增长，高于全国平均水平。但是宁夏普通职工尤其是低收入职工工资增长缓慢，这与宁夏经济中高速增长、与全面实现小康的要求不适应。加大最低工资标准调整力度，根据经济发展、物价水平等逐步提高最低工资标准，保证最低工资标准要达到当地的城镇从业人员平均工资水平一定比例以上，切实解决最低工资标准过低的问题。提高广大普通劳动者的工资水平，同时对最低工资标准及时向社会发布，接受社会监督。

加强最低工资标准执行监督。一是规范按最低工资标准发放工资行为。规定以最低工资标准发放工资的企业要在企业内部履行民主程序，并向职工说明发放理由；同时，要求以最低工资标准发放工资的企业要向当地人力资源管理部门备案。二是加大劳动保障监察执法力度，严厉查处企业违反最低工资规定的行为，尤其是企业通过延长劳动时间、改变劳动定额等手段变相、隐蔽违反最低工资规定的行为。

（二）健全企业薪酬调查制度、工资指导线制度、人力资源市场工资指导价制度

建立健全企业薪酬调查制度。企业薪酬调查制度要覆盖当地所有企业类型，不但包括国有企业、集体企业、私营企业，还应该包括外资企业。被调查的企业必须达到一定的数量和比例要求，保证调查结果的可靠性，保证工资指导价格的科学性和权威性。

建立和完善企业工资指导线制度。我国从 1997 年开始试行工资指导线制度，工资指导线是为企业工资增长传导市场信息和政府宏观经济政策信息。通过制定当年企业货币工资增长的基准线、上线、下线工资引导企业工资分配和工资议价决定行为。对于职工而言，工资指导线保证了职工的实际收入水平不会下降，是随着经济发展而逐步提高的，保证了职工的购买力，使得广大劳动者能够分享经济发展带来的好处。对于企业而言，工资指导线能够保证职工的平均实际工资的增长低于社会劳动率的增长，防止工资的增长吞噬了劳动率的增长。完善工资指导线制度，需要结合国家和自治区的各项政策，结合各地实际情况，适时制定工资指导线并按时向全社会发布，让所有企业都自愿执行工资指导线，监督工资指导线的制定和执行。

建立和完善人力资源市场工资指导价制度。工资指导价位反映的是一个地区在一定时间范围内一些具体职位的工资总体水平。对于企业而言，工资指导价主要引导企业合理确定企业内工资标准；对于劳动者而言，劳动者能够根据工资指导价去选择用人单位，并依此与用人单位进行工资议价。所以，工资指导价不但是工资集体协商的重要依据，同时也是职工获得合理工资增长的法定依据，它能保证职工工资水平的合理增长。建立和完善人力资源市场工资指导价制度，统一工资指导价的制定程序和制定方法，确保其科学性、合理性和稳定性。

（三）大力推进企业工资集体协商制度

民主协商式的工资集体协商制度最早起源于西方国家，目前在西方也比较盛行。在此制度下，劳资双方对增长工资的谈判主要考虑物价水平的上涨、劳动生产率的提高、劳动强度和工作环境的变化及其他行业和相似职业的工资水平，劳资双方通过对以上因素的综合比较和协商，最终决定当年的工资增长率。由于政府要考虑工资水平对国民收入分配结构、就业状况、通货膨胀等因素的影响，各国政府都在不同程度上影响着集体谈判。主要表现在直接规定最低工资标准、制定产业政策引导集体谈判、限制工资增长率等办法干预集体谈判。目前，许多西方国家都通过立法来保护这一制度，来确保形成正常的工资增长机制。这一做法对于我们依然具有很强的借鉴意义。

继续大力推进企业工资集体协商制度，建有工会的企业其工资集体协商制度覆盖面达 85%。推进过程中要重点要考虑以下几个方面问题：首先，加强企业工资集体谈判的主体建设。工会是广大职工利益的代表者和维护者，是开展工资集体协商和谈判的主体。工会对加快推动企业建立正常合理的职工工资调整和增长机制具有重要责任。所以，要明确工会是工资集体谈判的主体，要求各企业在职工人数达到一定数量时必须组建工会，提高工会在各类企业中的组建率，依靠工会来维护广大职工的合法权益和工资权益。尤其是民营企业和外资企业更要重视工会的建设，通过工会来维护职工的各方面权益。其次，明确工资集体谈判的频率，明确各类企业包括民营企业和外资企业其资方每年至少要与工会包括企业工会和行业工会、职工代表大会或者职工大会开展一次工资集体谈判。再次，继续完善职工代表大会制度。完善的重点一方面是扩大职工代表大会制度的适用范围，规定非公有制企业也应该适用职工代表大会制度。同时，减少职工代表大会的经营决策权，明确职工代表大会是除去工会以外的广大职工利益代表者的身份，职工代表大会要为广大劳动者争取各方面权益。

（四）加快建立区域性、行业性工资集体协商制度

在市场经济条件下，完善的工资指导线制度可以保证行业工资增长、企业工资增长与经济效益增长保持合理的比例关系。而完善的工资正常增长机制可以保证工资增长水平处在合理范围，从而可以促进劳动力市场的完善；可以调节劳动力的合理有序流动；可以降低失业率，维护社会稳定；可以帮助企业确定适合本企业的发展状况和体现按劳分配与按要素分配相结合的科学合理的工资水平，提高各种生产要素的效率，调动广大职工的生产积极性，提高企业效益；可以保证科学合理的分配格局，避免由于工资过快增长或者过慢，导致人工成本的增加过快或者影响劳动力的积极性，最终影响企业产品的竞争力和资本收益。

由于区域性、行业性工资集体协商制度具有较强的独立性，这种协商谈判不受企业内部经济、人事管理等因素的制约，它与企业行会在平等的基础上进行谈判议价，确保工资增长合理。再者，这种协商谈判适用范围更广，它适用于整个行业和整个地区的劳动者和企业，包括没有建立工会的企业和没有集体合同的企业。这种谈判约定的工资标准更加规范、专业。这种规范和专业有利于促进企业之间的自由和公平竞争。因此，加快建立区域性、行业性工资集体协商制度，指导企业形成以一线职工为重点的工资正常增长机制，是宁夏构建普通职工工资正常机制的重要内容。

加快建立和完善区域性、行业性工资集体协商制度要做好以下几个方面的工作：一是制定区域性、行业性工资集体协商规定，明确谈判协商的主体、职责、内容、程序、效力、责任等规范性的内容。二是做好区域性、行业性工资集体协商的主体建设工作，包括协商主体的组织建设、人员培训等工作。三是改进区域性、行业性工资集体协商的谈判协商方式方法，提高其专业性。

（五）建立机关事业单位工资正常增长机制

我国事业单位收入分配改革开始于 2006 年，目前事业单位人员工资包

括基本工资、绩效工资和津贴补贴。建立机关事业单位工资正常增长机制，就是要让机关事业单位的人员工资能够跟上社会经济发展的步伐，不受物价上涨因素的影响，和企业单位工资保持同步增长，确保机关事业单位工作人员队伍稳定。

对工资标准提高进行整体设计。除了以往基本工资的增长外，还要对基本工资以外的其他部分收入的增长作出安排。只涨津贴补贴不涨工资或者只涨基本工资不涨补贴都不行。基本工资是全国统一的标准，但各地各市县的经济发展程度和物价上涨水平有所差异，因此，在建立基本工资正常增长机制的同时，必须考虑地区附加津贴和艰苦边远津贴应该如何增长。另外，一些特殊岗位的津贴补贴也应该随着基本工资的增长和整个工资水平的提高进行相应调整。

建立公务员和企业人员工资水平调查比较制度，完善科学合理的职务与职级并行制度，适当提高基层公务员工资水平。调整优化工资结构，结合分类推进事业单位改革，建立健全符合事业单位特点、体现岗位绩效和分级分类管理的工资分配制度。要进一步规范收入分配秩序，健全法律法规，保护合法收入，调节过高收入，清理规范隐性收入，取缔非法收入。

设计合理的工资标准调整周期。机关事业单位人员经费由财政支出的，调整周期过长会出现人员经费增长在年度之间的畸高、畸低，还可能会在应当调整的年份却遇到特殊情况，从而影响正常年份增长的问题。正确把握调整周期，可以使得机关事业单位的工资跟随企业工资的变化而变化，跟随经济发展程度和物价水平的变化而变化。

调整工资标准要重视现代化手段的运用。当前的工资管理主要是以传统方法为主，依赖人工操作，有很多局限。机关事业单位工资管理需要标准化、程序化，要充分利用现代科技功能，减少人工操作，提高管理效率。所以，要统一工资管理和调资软件，利用现代手段把日常工资管理和工资统计结合起来，使工资管理更加便捷，也使工资统计更加及时、准确。

加强对工资正常增长机制的宣传和引导。公众对机关事业单位工资制度、工资水平情况不甚了解，有少数人还对建立机关事业单位工资正常增长机制有一些误解。要讲明教师、医务人员、公务员等机关事业单位工作人员随着社会经济发展提高工资收入的必要性和正当性，要有意识地把机关事业单位工资制度情况、工资收入情况向社会多介绍、多宣传，营造出有利于机关事业单位工资正常增长机制的良好社会氛围。

二、完善技能人才收入分配机制

2016 年，国务院印发《关于激发重点群体活力带动城乡居民增收的实施意见》，提出实施七大重点群体激励计划，将技能人才激励计划放在首位。全国各地包括宁夏随后都出台相应的政策措施，旨在通过完善多劳多得、技高者多得的技能人才收入分配政策，引导加大人力资本投资，提高技能人才待遇水平和社会地位，大力弘扬新时期工匠精神，培养高水平大国工匠队伍，带动广大产业工人增技能、增本领、增收入。具体主要包括完善技术工人薪酬激励机制、贯通职业资格和学历认证渠道、营造崇尚技能的社会氛围等内容。

（一）完善技术工人薪酬激励机制

鼓励企业设立"首席技师"。对首席技师可参照享受教授级待遇。引导企业按照技能等级合理确定技能人才薪酬水平，对受聘高级工、技师、高级技师岗位的职工，可享受助理工程师、工程师、高级工程师工资福利待遇。

落实技工院校毕业生待遇。对技工院校的中级工班、高级工班、预备技师（技师）班毕业生分别按相当于中专、大专、本科学历落实相关待遇。要鼓励企业实行技能人才津贴制度。要创新企业对于技能人才的奖励办法，对有突出贡献的技能人才可以实施特殊奖励政策。进一步完善人才津贴制度，增加高技能人才享受各级政府津贴的比重。鼓励建立专门针对特殊人才的奖励和津贴制度，在工资总额的基础上给予一定的优惠政策支持。

完善技能人才收入分配制度。鼓励和引导宁夏企业建立并完善技能等级与业绩贡献相挂钩的收入分配机制。对聘用的高技能人才可实行技能等级工资、协议工资、项目工资、年薪制、发明奖励等收入分配形式以及股权、期权、分红权等中长期激励机制。

（二）贯通技术人才认证渠道

拓宽技能人才职业发展通道。拓展技能人才的上升通道，考虑在重点行业建立技能大师工作室。鼓励企业建立技能人才职位体系，在关键岗位和生产流程探索设立"技能专家""首席技师""特级技师"等职位，享受企业内部相关待遇，激励技能人才。

打通技能人才与工程技术人才间的发展通道，探索技术技能人才间融合发展的职业道路。达到一定职业资格的技能人才，在符合工程类专业技术资格评审条件情况的，可以参加工程系列的专业技术资格评审，可推荐列入专业技术人才培养工程。工程技术类专业技术人员如果符合高技能人才评选条件的也可参与相应的职业高技能人才资格评价及认定。

打通企业技能人才向机关和事业单位流动的通道。技能人才在参加公务员招考、事业单位招聘时，高级工可以按照全日制高职（大专）教育享受相应的政策待遇，技师及以上职业资格的技能人才可以按照全日制本科毕业生享受相应的政策待遇。建立完善企业技能人才担任职业院校教师制度。技师及以上职业资格的人员，可以应聘职业技术院校兼职教师的岗位，并享受相应的待遇。可以从享受国务院政府特殊津贴的技能人才、全国技术能手获得者、中华技能大奖、国家级或省级技能大师工作室的带头人中，选聘一定数量的技能人才作为职业院校和技校的特聘教师，并兑现相应待遇。

引导国有企业直接招录技工院校的毕业生。在国有企业员工总量上可以规定技工院校毕业生的比例。在确定工资时，考虑取得技工院校不同级别工班毕业证书的技能工人可以对比按照不同学历确定起点工资。

（三）营造崇尚技能的社会氛围

鼓励企业职工、职业院校师生参加各类技能竞赛活动，对于获奖者可以按有关规定破格晋升高级工、技师或高级技师，授予"自治区技术能手"或"五一劳动奖章"等荣誉称号。鼓励各地建立高技能人才奖补制度，在人才引进、购租住房、子女上学等方面予以支持。

提升技能人才技能水平。为了避免技能人才知识老化，要对技能人才进行定期培训，更新其知识结构。鼓励企业为技师或高级技师每年提供技能研修免费培训资格，鼓励企业出资保送优秀技能人才到专业对口的高校继续深造，进一步提高其专业化程度。在对高级技能人才培训上，可以由政府和企业共同出资。

完善技能人才社会保障制度。鼓励用人单位在企业年金、医疗保险等制度中可以向有突出贡献的技能人才倾斜。进一步完善技能人才在落户、子女教育等方面享有优惠政策。技能人才户籍不在工作所在地的，子女在入读义务教育阶段学校的，可以享受与本地户籍适龄人员同等的待遇。技能人才可以享受带薪休假，以此激励技能人才。

完善技能人才表彰制度。除了注重对技能人才的技能成就进行表彰奖励外，也要注重在技能人才中发展党员、树立典型和评选劳动模范等表彰奖励，可以在评选过程中予以倾斜。营造崇尚技能的社会氛围。大力宣传各地在技能人才培养、落实待遇等方面的政策措施和经验做法，宣传高技能人才的典型事迹，在全社会营造出尊重劳动、崇尚技能、鼓励创造的浓厚氛围。要加强知识产权文化建设，推动技能人才创新成果产业化。

三、保障劳动者合法权益

当前，随着法制建设的不断推进，广大劳动者的法律维权意识越来越强。但是，在实践中，全国范围内都存在"强资本，弱劳工"现象。劳动者尤其是进城务工人员在劳动力市场上处于弱势地位。用人单位侵犯劳动者权益的问题时有发生。部分劳动者在权益受到损害，法律知识缺乏，维权无果时甚至通过暴力等非法手段维护自身权益。

（一）建立健全工资支付保障机制

多年来，宁夏用工市场上拖欠克扣工资现象一直比较严重，尤其是对进城务工人员的拖欠克扣工资现象最为严重，为此，也引发了一系列社会矛盾。造成这一现象的原因是多方面的，但工资支付保障机制不健全是其中一个重要原因。实施"治欠保支"三年行动计划，严厉打击企业经营者恶意欠薪行为，重点解决建设领域等农民工就业集中行业的工资支付保障问题。健全预防和解决拖欠劳动者工资问题的长效机制，切实保障劳动者劳动报酬权益。重点从以下几个方面入手：

一是建立工资保障金制度。尤其是针对当前拖欠、克扣普通职工工资问题最为突出的行业，如建筑业。要求承包单位在承包工程后，要按承包工程合同总造价的一定比例缴纳工资保障金，建设单位将该笔资金存入指定银行专户，一旦该建筑单位发生拖欠、克扣职工工资问题，管理部门可以用保障金来支付拖欠、克扣的职工工资。

二是建立企业欠薪报告制度。各级劳动保障部门要加强对企业工资支付的管理和监控，尤其是针对建筑施工业、劳动密集型的加工制造业、餐饮服务业等进城务工人员密集的企业的工资支付情况。一些企业确是因为经营困难等原因无法按时足额发放工资的，必须征得本企业工会或职工代表的同意，并向当地劳动保障部门和工会组织及时报告无法按时足额支付工资的原因、金额、时间和涉及人数、财务状况、偿还计划以及相关解决措施等内容。劳动保障部门和工会要严格督促相关企业按时按额偿还拖欠的职工工资。

三是建立工资支付道德自律机制。即明确规定，在用人单位明知自己不能或无合理理由相信有能力根据规定按时支付所有工资给劳动者时，要主动不与劳动者订立、续订或延续任何雇佣合同，以免造成工资克扣、拖欠行为。

四是建立连带偿还责任制度。即明确规定，在直接雇佣者到期不能按时足额支付劳动者工资时，间接雇佣者有代为支付劳动者工资义务的制度。这一制度尤其适用于存在总包、分包法律关系的行业中，如建筑业等。

五是建立欠薪应急保障金制度。欠薪应急保障基金制度是指"特定基金依法筹集建立的，专用于雇主由于无力或故意而欠薪时，向劳动者垫付欠薪的基金"。在设立欠薪应急保障基金时要对基金的来源、管理机构、受益对象、保障欠薪范围、支出程序和相应法律后果等要作出具体明确的规定。尤其是在基金的来源上，必须规定任何雇主都必须缴纳一定比例的保障金。

（二）加强相关部门的外部监督作用

增强劳动者的法律维权意识。对劳动者进行岗前法律培训，并进行相关结业考试，在成绩合格后才允许就业。相关部门制作劳动者权益的相关读本，免费发放给各级各类劳动者，并对各级各类劳动者进行免费宣讲，提高其法律意识，在自身权益受到损害时能拿起法律武器维权。

落实劳动监察部门监督责任。劳动监察部门要及时转变工作方式，从以前的被动接受违法举报转换成主动、定期深入企业一线进行检查。包括对劳动合同签订情况、解除程序的合规性、社会保险缴纳的全面性及劳动者工作时间的合法性等相关内容进行主动监察。对发生过违法行为的企业要进行重点监察，加强执法力度，要对违法行为进行及时查处，并加强保障后续的监督。对多次违法违规而且拒不改正的企业进行公示，提示劳动者在就业时不要选择这些企业，在源头上减少甚至杜绝劳动争议纠纷的发生。

健全完善劳动用工备案制度。劳动用工备案的缺失使得劳动者维权难度加大，因此，继续建立和完善这一制度，使得劳动备案普遍化、常态化、便捷化。用人单位要加强对违法用工风险的认识。用人单位要进一步加强法制观念，增强社会责任感，用工的同时要注重保护劳动者合法权益。杜绝违法用工，通过制度对劳动者进行管理。要对本单位劳动用工进行规范，合法规避用工风险。

　　加强劳动人事争议调解仲裁工作，劳动人事争议仲裁结案率不低于90%，规模以上企业劳动合同签订率不低于99%。对异地务工人员劳动报酬争议案件开辟"绿色通道"，优先立案，优先开庭，优先审结。

第*18*章
提高城镇低收入居民收入

　　千方百计提高城镇低收入居民收入，确保与全国同步建成全面小康社会，是摆在我们面前的艰巨任务。自治区十二次党代会提出，到"十三五"末城乡居民收入达到全国平均水平的奋斗目标。这个目标，体现了习近平总书记关于人民对美好生活的向往就是我们的奋斗目标的重要思想，反映了全区各族人民增收致富的愿望，表达了党和政府对人民群众根本利益的责任担当，体现了新一届自治区党委坚持以人民为中心的发展思想，坚持执政为民，突出富民导向，努力实现富民强区的施政追求，这个目标，是富民与强区并重、富民优先战略的具体化，是深化供给侧结构性改革的根本出发点，是决胜全面小康社会的核心目标。目前，决胜全面小康时间紧任务重，怎样才能顺利实现这个核心目标，需要我们认真分析研究，提出切合实际的思路，采取超常规举措，撸起袖子加油干，确保如期实现全面建成小康社会目标。

一、加强对城镇低收入家庭成员就业援助

城镇低收入群体是一个历史范畴，同时，它也是一个发展中的概念。城镇低收入群体主要是指当今城镇社会中，在就业和生存竞争中处于劣势地位，从而收入水平低于社会平均水平，进而导致其生活质量和主观感受明显偏低的社会群体。自 20 世纪 90 年代中期以来，我国城镇低收入群体的规模和结构都发生了极大变化，主要有城镇"三无"人员，即无劳动能力、无法定供养人、无其他收入来源的社会救济人员和社会优抚对象。这是传统意义上的城镇贫困人口，包括孤老残幼、社会困难户和按照国家政策应该享受救济的救济对象，以及享受国家补助的优抚对象。长期以来，我国高度重视城镇"三无"人员救助工作。为了保障城镇低保对象的基本生活权益，切实缓解城镇困难群众就医方面的困难，各级政府采取多种措施完善城市社会救助体系，成效明显。但随着经济社会发展、物价快速上涨和信息化水平提高，城镇"三无"人员的生存和发展仍较为艰难，存在着救助标准低、随意性强、不规范等问题。城镇居民贫困无业者，即具有一定劳动能力和不固定收入、但家庭人均收入仍低于当地最低生活保障线或贫困标准的贫困居民，包含就业安置困难、生活缺乏保障的倒闭的城市集体经济单位自谋职业职工，从初始就业起即一直以轮换工、协议工或临时工等方式短期低薪就业的普通城镇劳动者。城镇居民在业贫困职工，这部分人员属于城市经济体制改革时期沉淀于社会的低利、亏损企业职工群体，主要有因企业亏损和结构性调整而下岗的贫困职工，破产或濒临破产企业的无再就业能力职工，停产或半停产企业的在职职工及退休职工。这些贫困在职职工领取低工资、离退休人员领取离退休金、下岗人员领取基本生活费、失业人员领取失业救济金后，其家庭人均收入仍低于当地城市低保线或贫困标准。

（一）我国城镇低收入家庭的生活现状

当前，我国城镇低收入群体的收入现状主要表现为收入水平偏低，与高收入群体差距绝对额拉大。我国城镇居民收入不均衡增长的重要表现就是低收入者收入增长缓慢，经济的增长更多的由高收入者的收入增长带来。低收入作为一种社会现象，是社会经济、文化生活落后的总称。具体表现为由于获取收入能力低下而造成缺乏生活必需的基本物质和生存、发展所需的基本条件的一种生活状况。他们窘迫的生活处境具体表现在以下几个方面：家庭人口多，负担系数高。低收入家庭的家庭人口一般较多，而就业人数较少，且就业者所在单位大多经营不景气、工资水平低，负担系数较高，因而家庭的人均收入水平很低。收入水平低，收入渠道单一。城镇低收入家庭不仅收入数量少，而且其收入渠道单一。从收入构成来看，低收入户与总体水平的差异主要在于家庭就业者所获得的奖金、津贴以及其他非工资性收入过低，工薪收入几乎是这些家庭的唯一收入来源。而且，贫困家庭的金融资产和物质财富占有量极少，几乎没有财产性收入。各类资产匮乏。城镇低收入家庭的金融资产和物质财富占有量极少，几乎没有财产性收入。当然，他们缺乏的不仅仅是物质资产，还包括人力、社会、环境等方面一系列有形的和无形的资源。低收入人口的各类资产都相当匮乏，也是其收入水平偏低的一个重要原因。

（二）推进公共就业服务平台建设

2018 年以来，宁夏不断推进公共就业服务平台建设，为低收入者提供全方位公共就业服务。推进服务均等化。完善就业失业登记管理办法，打破户籍和城乡堡垒，实施城镇常住人员与本地户籍人员同等的就业失业登记，保障城镇常住人员享有与本地户籍人员同等的就业权利，推动实现同等享受就业创业扶持政策，让每一个有就业意愿的劳动者都能够在公共服务体系当中得到政府的帮助和支持。推进服务专业化。加强区、市、县、乡、村公共就业服务人员能力建设，举办专题培训班对全区公共就业服务骨干进行业务培训，指导各地级市对所属县（市、区）劳动保障协理员定期开展业务培训和业务交流，全面提升公共就业服务人员业务能力和工作水平，推动就业创业服务全面升级，使公共就业服务更好地满足劳动者求职就业与企业用人需求。推进服务信息化。建立就业形势定期分析报告机制，全面升级就业信息监测系统，加强就业失业信息收集、审核与录入。注重失业预警防控，指导完善失业应急预案，防止发生规模性失业风险。升级完善"宁夏就业与创业网"和"宁夏人才网"等公共就业服务网站，及时向广大群众宣传最新的就业创业扶持政策，引导企业和劳动者上网发布招聘和求职信息，推动实现人力资源双方精准、有效、即时匹配。

（三）落实好就业政策，努力实现再就业，促进充分就业

就业是民生之本，扩大就业和再就业对于解决城镇低收入群体问题至关重要。政府部门应采取最大化就业的政策，努力实现再就业，促进充分就业。

落实好国家为解决下岗失业人员再就业所推出的一系列政策，开展以城市贫困户为贷款对象的小额信贷活动，支持城市贫困者走自主就业、自主创业之路。加强对下岗人员的科技教育培训，提高下岗人员自身素质，增加他们选择职业的范围，增强就业弹性。继续推行行之有效的就业扶持政策，鼓励劳动者自主创业。要在税收减免、小额贷款、再就业培训补贴等方面给予优惠政策，鼓励企业吸收低收入者就业，以增加下岗、失业人员的就业机会，提高低收入家庭的就业率，从而提高其收入水平。对于自主创业者，除给予各种税收优惠政策外，还可以从再就业专项资金中给予一定的一次性创业补贴。同时，政府要采取措施，保障再就业人员的合法权益。制定税收优惠政策，确保就业稳定性。政府应利用税收优惠提高用工单位吸收低收入居民的积极性。另一方面，要有效引导企业提升经济效益。只有企业效益好，盈利多，就业机会才会增加。要推进有劳动能力的低保对象实现再就业，使

低保制度与就业政策有效衔接，充分发挥经济杠杆的作用，促进有劳动能力的低保对象积极就业。健全和完善辖区内所有具有劳动能力的低收入未就业人员的就业信息库。为该群体专门开设就业求职网站，实现数据库的互联互通，为低收入人员及时提供就业信息。

妥善解决好下岗人员的就业问题，努力使其实现再就业，低收入者才能有持续获得收入的能力，获得更多的发展机会。发展教育、提升居民个人的基本素质，是增加个人持续获得收入能力的根本。今后产业结构的升级，对提高劳动力素质也提出了迫切要求，要大力开展技能培训等，逐步提高劳动者素质。要加强在职教育，扩大职业教育和培训的覆盖范围，提高培训质量，调动企业和社会各方面培训积极性，抓好对失业人员、下岗职工的培训，并强化培训与就业的结合。扩大低收入群体的人力资本投入，提高人力资本积累水平。加大人力资本投资，从而能有效形成低收入群体的自我造血机制。宁夏对"零就业"、低保家庭等人员，通过公益性岗位兜底安置，期限最长不超过 3 年。对初次核定享受社会保险补贴和公益性岗位安置政策时距法定退休年龄不足 5 年的人员，可延长至退休。

二、开展对城镇低收入家庭成员的创业支持服务

就业促进法已经出台，需要尽快制定和完善促进公共创业服务的相关配套政策法规，优化公共创业服务的发展环境，保障各类就业群体，特别是注重维护好低收入群体的合法权益，更好地发挥公共创业服务对于优化配置人力资源和促进就业的作用。加强人力资源市场管理及创业就业服务方面的立法，规范公共创业就业服务机构的行为。

（一）积极优化创业环境，加大创业财税金融政策支持

加大创新创业用地支持，对利用现有房屋和土地兴办文化创意、健康养老、众创空间等新业态，实行按原用途和土地权利类型使用土地的政策，5

年过渡期满后，符合划拨用地目录的，可以划拨供地。加强创业载体建设，对达到国家和自治区创业孵化示范基地建设标准的，每个孵化园区一次性奖补 100 万元。对就业困难人员创办实体带动就业，正常经营 1 年以上的，给予 1 万元创业补贴。加大创业担保贷款支持力度，创业担保贷款个人贷款额度最高不超过 10 万元，贷款利率上浮不超过基础利率的 30%，贷款期限最长不超过 3 年，并按规定享受财政贴息，贴息资金由各级财政按照规定比例共担。

（二）发挥创业服务的功能

在保证和提升社会救助制度的前提下，尽可能为有就业能力的人群提供创业就业服务。一是如何避免有劳动能力的贫困人口逆行为选择而长期滞留在最低生活保障范围内的问题。国际上在设计社会救助的制度安排方面，对于社会救助的申领者，除非由于健康、年龄等原因外，都被要求劳动或接受工作，甚至在日本，只要不是由于老年或健康原因，是没有享受政府救助和其他福利资格的。面对贫困问题，我国更多考虑的是如何扩大社会救助的覆盖面，将更多的贫困人群纳入低保或特困救助制度中，实现"应保尽保"。我国自建立以最低生活保障制度为核心的社会救助制度以来，救助规模显著扩大，救助对象数量迅速增长，甚至出现超常规增长，并且经常被看作是最低生活保障工作取得进展的最重要指标和成就。但是，社会救助制度并不是受益人群越多越好，相反，接受救助的人群越多，越说明我们缺失有效率的社会救助制度。面向低收入群体的就业援助，其功能之一就是规避社会救助制度在反贫困中的社会负效应，对救助对象的确定，除了没有或丧失劳动能力的人口，经过自身努力仍达不到最低生活保障线为衡量标准，同时，避免将有劳动能力的贫困人口长期纳入最低生活保障的范围，更好地发挥社会救助的积极救助功能。二是如何有效地让有劳动能力人口及其家庭在缓解了生活危机后离开社会救助的问题。就业援助制度是贫困地区农村贫困户救助工作的延伸和发展。对于有劳动能力的人群来说，救助重心由最基本生活救助转为人力资本投资，救助内容由单纯的生活救济转向生活救济与劳动技能、就业能力和有效就业机会的开发相结合，也就是为没有或丧失劳动能力的贫困人口提供最基本的生活保障，为有劳动能力的贫困人口提供生活救济的同时，提供职业教育和培训救助及新的或有效的劳动就业机会，因而城市低收入群体就业援助制度的功能之二就是构建脱贫致富的长效机制。显然，这是一种更具深远意义的社会救助模式。

三、提升城镇低收入家庭的社会救助水平

劳动者素质较低、职业技能简单贫乏，是城镇低收入群体收入水平偏低的主要原因。以失业下岗人员为重要组成部分的城镇低收入群体，更多需要的是一种能够在短期内迅速提高其再就业的能力，因此，再培训就显得尤为重要。"授之以鱼不如授之以渔。"构建适应转型期社会发展需求的人力资源开发体系，提高低收入者的科学文化素质和劳动技能水平，是从根本上解决城镇低收入群体收入水平问题的有效途径。根据我国的现实国情和城镇低收入群体的特征，加大职业培训，做好再培训，有助于提升低收入者的劳动素质和职业技能，从而提高其就业竞争力，有效建立起城镇低收入群体提高收入水平的自我造血机制。

（一）促进社会保障法制化，扎实做好社会救助

改革开放以来，我国社会保障事业快速发展，社会保障体系日趋完善、覆盖面持续扩大、待遇水平年年提高。但应当看到，我国不同社会群体的保障水平仍然存在较大差异。在城镇的一些低收入居民，他们缺乏基本的生存保障，面临的社会风险较大，自身抵御社会风险的能力较弱，需要社会为他们提供法律保障。对于恶意欠薪行为，宁夏实施"治欠保支"三年行动计划，严厉打击企业经营者恶意欠薪行为，重点解决建设领域等农民工就业集中行业的工资支付保障问题，健全预防和解决拖欠劳动者工资问题的长效机

制，保障劳动者劳动报酬权益。加强劳动人事争议调解仲裁工作，劳动人事争议仲裁结案率不低于90%，规模以上企业劳动合同签订率不低于99%。近年来，宁夏完善社会救助保障标准与物价上涨挂钩联动机制，适时适度提高城镇低保标准。将符合条件的城镇低收入家庭和残疾人家庭及时纳入最低生活保障范围，健全特困人员供养标准动态调整机制，逐步提高生活不能自理特困人员集中供养率。进一步明确各级政府在社会救助中的职责，包括财权责任和事权责任、具体的实施责任等；进一步规范各方的行为，避免在低保对象的确定上存在"关系保""人情保"、优亲厚友等不良现象，医疗救助领域的"内卷化"现象，避免在住房保障领域，存在保障房资金被挪用或者保障房的分配不公平等现象。

（二）提高基础养老标准，为城镇低收入家庭提供更有效的社会保障

习近平总书记强调，建立健全更加公平、可持续的社会保障制度。要实施全民参保计划，强化政策衔接，完善城镇职工基本养老、城乡居民基本养老、城镇基本医疗、失业、工伤、生育等保险制度，健全社会救助体系，提高社会福利水平。从增强公平性、适应流动性、保障可持续性出发，尽快提出完善养老保险制度的举措。城镇低收入者的参保率低主要是由于其可支配收入低，难以负担参保费用，政府可以对城镇低收入者进行相应的保险补贴。从参保角度来说，国家可以制定相关政策，对不同收入阶层的群众实行差别或等级收费。对没有参保能力的城镇低收入者来说，国家也可制定相关优惠政策，对不必要的医疗费用部分进行减免，对大额部分进行补贴。同样，对于参保的部分城镇低收入者也可酌情进行补贴。对于因贫致贫、因残致贫的家庭，政府部门和相关金融机构应该从实际情况出发，机动灵活处理一些政策措施上的漏洞，进一步加大扶持力度。宁夏分别于2012年、2013年、2015年、2017年4次提高基础养老金标准。自2018年1月1日起，全区所有符合城乡居民基本养老保险待遇领取条件的参保人员，统一再提高基础养老金标准。总体上按人均23元（中央调整18元、自治区调整5元）的

调整水平把握。其中，一是普调，按每人每月20元调整。二是适当倾斜。对年满65周岁不满70周岁的，每人每月再提高2元；年满70周岁不满75周岁的，每人每月再提高4元；年满75周岁不满80周岁的，每人每月再提高6元；年满80周岁及以上的，每人每月再提高8元。目前，全区所有符合待遇领取条件的城乡居民共计43.78万人。初步形成了城乡居民养老保险责任分担、基础养老金资金结构多元的格局。

（三）精准识别低收入群体，推动社会救助向纵深化、梯度化、多层次延伸

2018年，银川市出台了《银川市低收入家庭认定办法》，为精准识别低收入群体，推动社会救助向纵深化、梯度化、多层次延伸，助力打赢脱贫攻坚，进一步构建完善全市社会救助体系奠定了制度基础，标志着银川市实施低收入家庭救助工程迈出了关键一步。《办法》从制度上统一低收入家庭收入、家庭财产认定标准和准入程序，为精准识别低收入家庭提供政策依据。一是确立制定《办法》的目的、低收入家庭认定原则和管理权责划分。明确低收入家庭认定实行户籍地归属管理，县（市、区）民政部门、乡镇人民政府（街道办事处）和村（居）民委员会职责。二是确定低收入家庭认定条件。认定低收入家庭必须依据申请人户籍状况、家庭可支配收入和家庭财产3个基本要件。即低收入家庭必须具备银川市户籍，且家庭人均可支配收入不高于低保标准的1.5倍。城镇或农村低收入家庭人均货币财产应低于所在县（市、区）上年度城镇或农村居民人均可支配收入。低收入家庭共同生活成员名下无机动车辆（残疾人功能性补偿代步机动车、三轮农用运输车、普通摩托车除外）；城镇低收入家庭只能拥有一套普通住房，或可拥有两套普通住房，但人均住房建筑面积低于30平方米；农村低收入家庭，除宅基地住房、统一规划的农村新村住房外，无其他商品住房。三是确定低收入家庭申请审批程序。按照个人申请、街道办事处（乡镇政府）审核、县（市）区民政部门审批的流程操作进行。四

是明确低收入家庭动态管理。规定审核审批部门对低收入家庭每年进行定期复核，符合条件的，继续保留低收入家庭资格，不再符合条件的，及时取消低收入家庭认定。申请低收入家庭不如实提供相关情况，隐瞒家庭收入和财产，骗取相关救助的，取消其低收入家庭资格，并根据相关法律法规依法依规进行处置。

第*19*章
落实好强农惠农富农政策

"三农"工作历来是我们党和政府工作的重中之重。由于党和政府一直以来在"三农"政策上的极大支持，我国农业农村发展取得了巨大的成就，农民素养大幅度提升。新时代要进一步完善和提高强农惠农富农政策，推进农业农村不断发展。

一、挖掘农业生产经营性收入

在相当长时期内，我国各类新型农业经营主体得到加快发展。同时，以普通农户为主的家庭经营仍是农业的基本经营方式。加快发展农业生产经营性收入，大力开展面向广大农户的农业生产性服务，是推进现代农业农村建设的历史任务。

（一）加强对"三农"的投入力度

持续增加农业基础设施投入，优先保障财政对"三农"

的投入只增不减，加快建立投入稳定增长机制。目前，基层反映较多的是强农惠农政策过于分散，一是有些支持政策出自不同的部门，支持方向相同或相近，但具体支持形式又不同，互相制约，各部门之间的协调联动不够紧密，操作起来有难度。二是有的项目资金支持点多量少，过于分散，力量不够集中，很难形成合力，起不到政策效应。三是有的政策可操作性不强，难以适合地方复杂情况，给基层单位造成了工作压力。四是有的政策要求地方配套。因为县一级财政缺乏资金，造成一些好项目无法完成，严重制约农业农村发展。对此，我们要整合相关惠农政策，形成合力，集中投放。要坚持把农业农村作为固定资产投资重点领域，完善投入方式，创新融资模式，撬动更多社会资本投向农业农村。

（二）完善农业补贴政策

推进农业补贴政策转型，落实和完善农业"三项补贴"政策，建立鼓励绿色发展的补贴制度，重点支持耕地质量提升和粮食适度规模经营。一是科学设置补贴项目。认真研究现行各项支农补贴的经济社会效益和政策目标实现的情况，适时加以调整，使财政补贴资金配置更合理、效益最大化。二是实行差异性补贴。有重点地扶持规模种养大户，对种养大户采取与一般农户不同的补贴率进行补贴，对具有地域风格特色、市场前景好的优势品种给予优品补贴。三是在稳定补贴资金规模、补贴品种和范围的基础上，将增量资金集中起来，重点用于一家一户干不了干不好的公益性基础设施建设，提高资金的使用效益。四是提高补贴标准，特别是农资综合直补补贴额度和标准，解决农资价格涨幅大大超过对种粮农民补贴的问题，增强农民对农业生产资料价格上涨的承受能力。五是创新和落实特色产业扶持政策，将直接补贴的扶持方式，调整为贷款担保、贷款风险补偿、贷款贴息、实物租赁、产业基金、农业保险等扶持方式。全面落实优质粮食和草畜、蔬菜、枸杞、葡萄"1+4"特色优势产业现代化推进措施，推进农业标准化生产、品牌化营销。继续实施产粮大县奖励政策，完善粮食等重要农产品收储制度。完善耕地保护补偿机制，健全农业生态补偿政策，推进耕地轮作休耕试点。

（三）健全新型农业经营主体支持政策

完善财政税收政策。加大新型农业经营主体发展支持力度，针对不同主体，综合采用直接补贴、政府购买服务、定向委托、以奖代补等方式，增强补贴政策的针对性实效性。农机具购置补贴等政策要向新型农业经营主体倾斜。支持新型农业经营主体发展加工流通、直供直销、休闲农业等，实现农村一二三产业融合发展。

加强基础设施建设。鼓励推广政府和社会资本合作模式，支持新型农业经营主体和工商资本投资土地整治和高标准农田建设。鼓励新型农业经营主体合建或与农村集体经济组织共建仓储烘干、晾晒场、保鲜库、农机库棚等农业设施。支持龙头企业建立与加工能力相配套的原料基地。统筹规划建设农村物流设施，重点支持"一村一品"示范村镇和农民合作社示范社建设电商平台基础设施，逐步带动形成以县、乡、村、社为支撑的农村物流网络体系。

改善金融信贷服务。综合运用税收、奖补等政策，鼓励金融机构创新产品和服务，加大对新型农业经营主体、农村产业融合发展的信贷支持。建立健全全区农业信贷担保体系，确保对从事粮食生产和农业适度规模经营的新型农业经营主体的农业信贷担保余额不得低于总担保规模的70%。

扩大保险支持范围。鼓励地方建立政府相关部门与农业保险机构数据共享机制。在粮食主产县开展适度规模经营农户大灾保险试点，调整部分财政救灾资金予以支持，提高保险覆盖面和理赔标准。落实农业保险保额覆盖直接物化成本，创新"基本险+附加险"产品，实现主要粮食作物保障水平涵盖地租成本和劳动力成本。

鼓励拓展营销市场。支持新型农业经营主体参与产销对接活动和在城市社区设立直销店（点）。落实鲜活农产品运输绿色通道、免征蔬菜流通环节增值税和支持批发市场建设等政策。鼓励有条件的地方对新型农业经营主体申请并获得专利、"三品一标"认证、品牌创建等给予适当奖励。加快实施

"互联网+"现代农业行动,支持新型农业经营主体带动农户应用农业物联网和电子商务。实施信息进村入户入社工程,建立农业信息监测分析预警体系,为新型农业经营主体提供市场信息服务。组织开展农民手机应用技能培训,提高新型农业经营主体和农民发展生产的能力。

二、增加务工工资性收入

近年来,农民收入中工资性收入所占份额稳步提高,表明农村劳动者在获取经济收入过程中对农村以外的整体社会经济发展的依赖性日益增强,越来越多的农民已把外出务工作为增加家庭经济收入的一个重要手段,同时农民外出务工不仅开阔了视野,掌握了技能,增长了才干,而且为当地经济和社会发展作出了贡献,成为农村特别是贫困地区快捷而现实的致富途径,是现阶段广大农民实现增收最直接、最有效的途径和手段。

(一)加强新型职业农民培育

通过实施"新型职业农民教育培育""农村外出务工人员技能提升""农业职业经理人队伍培育""农民培训教育年"等工程,把职业农民培养成建设现代农业的主导力量。全面落实中央和自治区关于农民工进城就业务工兑现工资、改善劳动条件、解决子女入学、户籍登记管理等政策,实行与城镇失业人员相同的劳动合同、失业求职登记和社会保险制度。把进城农民职业培训、子女教育、劳动保障、管理经费等纳入当地财政预算支出范围,简化农民进城务工、跨地区就业的手续。

(二)推进农村一二三产业融合发展

推进农村产业融合。以农牧(农林、农渔)结合、循环发展为导向,发展优质高效绿色农业。实行产加销一体化运作,延长农业产业链条。推进农业与旅游、教育、文化、健康养老等产业深度融合,支持返乡下乡人员创业创新，促进农村一二三产业融合发展。引导返乡下乡人员创业创新向特色小城镇和产业园区等集中，培育产业集群和产业融合先导区。努力实现农村产业融合发展总体水平提升，产业链条更加完整、功能更加多样、业态更加丰富、利益联结更加紧密、产城融合更加协调，努力提高农业竞争力，持续增加农民收入，显著增强农村活力。

（三）健全农业产业链利益联结机制

围绕宁夏大米、肉牛、滩羊、枸杞等特色优势产业，鼓励龙头企业、合作社等新型经营主体，通过订单生产、产供销对接、社会化服务等方式，建立企农紧密的利益共享机制。同时，充分发挥新型城镇化辐射带动作用，放宽农业转移人口落户条件，引导农村二三产业向县城、重点乡镇及产业园区等集中，探索农村新型社区和产业园区同建等模式，带动农村产业发展及农民增收。

三、释放财产性收入红利

近年来，宁夏农民收入不断增加，增长速度持续高于城镇居民，城乡居民收入差距不断缩小。为了拓宽农民增收渠道，必须通过深化改革增加农民财产性收入，并使财产性收入成为促进农民稳定增收的有效举措。

（一）健全农村土地产权制度

当前，对农户承包地、房屋等资产和资源的利用大多仍然停留在种植、居住等功能，出租、抵押等功能并没有充分实现。这并非由于农民没有意愿，事实上，许多农民的土地情结正在发生改变，明确希望有偿流转承包地。农民的意愿和需求之所以难以有效实现，一些资产和资源之所以未能带来财产性收入，主要原因在于农村土地产权制度还不健全。因此，深化农村土地产权制度改革，特别是推进农村土地所有权、承包权、经营权三权分置改革，充分发挥市场在资源配置中的决定性作用，增加农民财产性收入，进一步创新土地流转制度，释放农民财产性收入增长红利。

（二）放活农村土地经营权

从农民财产性收入的构成来看，主要集中在土地流转方面。进一步增加土地流转收益，必须加快放活土地经营权。应赋予农业经营主体更有保障的土地经营权，让其对流转土地依法享有在一定期限内占有、耕作并取得相应收益的权利。在依法保护集体所有权和农户承包权的前提下，更好保护经营主体依流转合同取得的土地经营权，依法保护经营主体从事农业生产所需的各项权利，能使其形成稳定的经营预期，从而使土地资源得到更有效、更合理的利用。不仅如此，放活土地经营权，支持新型农业经营主体提升地力、改善农业生产条件、依法依规开展土地经营权抵押融资，有利于农村土地保值增值，并促进农村土地等各类产权与金融资本实现有效对接，可以对农民财富积累产生乘数效应，较快增加农民财产性收入。

（三）努力创造良好的外部条件

创造良好的外部条件，是农民获得财产性收入的重要因素。一是着力培育和引进新型农业经营主体。应以更开阔的视野培育农业经营主体，鼓励种养大户、龙头企业、返乡农民工、大学生等开展农业经营。这样，可以增加对土地等农村资源的市场需求，有效激活农村资产、资源和生产要素，促进城乡要素双向自由流动，为增加农民财产性收入创造良好条件。二是加大政策扶持力度。在一些区位条件和发展基础较差的区域，完全依靠市场机制引入农业产业化龙头企业等新型农业经营主体比较困难，需要加大政策扶持力度，通过各种惠农政策吸引龙头企业入驻。三是搭乘新型城镇化的快车。新型城镇化的推进会催生大量的公共基础设施建设、交通运输、商业物流等需求，这些都会增加对农村土地等资产和资源的需求，为增加农民财产性收入创造机会和条件。

四、拓展农民收入增长空间

随着强农惠农富农政策的不断实施，农民收入明显提高。目前，群众的增收渠道和创业渠道逐渐拓宽，但层次和水平还需不断提升，就业和创业方式也需要不断创新。

（一）积极拓展就业岗位

在促进城乡统筹就业中，积极促进农民就业。一是挖掘农村内部潜力，扩充农村容量。调整农产品结构，加快发展高产、优质、高效、出口创汇农业以及新型农村合作经济组织、农产品加工业和休闲观光农业，加快农村三大产业的融合，拉长农业产业链，提升农产品附加值，增强吸纳农村劳动力的空间。二是大力发展民营经济，鼓励农民自主创业。立足宁夏区情，在发展高新技术和资本密集型产业的同时，重视适用技术的采用，发展劳动密集型产业，发展民营中小企业，增加就业岗位，缓解就业压力。同时，积极营造有利于农村劳动力创业的环境，支持和鼓励有创业愿望的农民自主创业，以创业带动就业。三是积极发展第三产业，挖掘转移就业潜力。在发展商贸、旅游、餐饮等传统服务业的同时，拓展现代物流、大型仓储、连锁经营与新型服务业，为劳动力就业开辟新的渠道。

（二）优化扶持创业环境，鼓励农民创业

就业是民生之本，创业是就业之基。只有创业，才能带动就业，增加家庭经营性收入和财产性收入，造就大量懂技术、会经营、善管理的新型农民。因此，地方政府应更好地激励农民自主创业、返乡创业、联合创业。放活创业主体，拓宽创业领域，建设创业载体，完善政策扶持、创业培训和创业服务相结合的工作体系，着力抓好返乡农民工、农村能人大户、村组干部和第一书记（驻村工作组组长）"四大群体"，努力提高农民的创业成功率，

充分发挥带动就业和促进增收的重要作用。

（三）完善社会保障体系，解决后顾之忧

探索建立和完善城乡统一的就业统计指标体系与统计信息体系。用人单位招用农村富余劳动力，要与招用城镇劳动力统一流程、统一方式、统一保障。把社会保障逐步覆盖城镇所有用人单位，针对农民工对社会保障需求层次的轻重缓急，优先建立农民工工伤保险和医疗保险制度，把进城就业农民纳入强制性工伤保险，并建立对农民工短暂失业阶段的救助制度，逐步建立农民工养老保障制度，解决后顾之忧。

（四）加强基层平台建设，提供优质服务

积极推进公共人力资源市场体系建设，形成并加强乡村公共服务平台建设，将现有职业介绍孤立运作的"小市场"建成城乡一体化联网运作的"大市场"，做好农村劳动就业公共服务工作。公共服务平台要配备专职人员，完善服务功能，加强制度管理，规范服务行为，完善服务标准，提高服务质量，为农民工寻岗换岗提供有效服务，建成城乡一体化的就业服务网络。

五、积极拓展服务领域

发展农业生产性服务业，要着眼满足普通农户和新型经营主体的生产经营需要，立足服务农业生产产前、产中、产后全过程，充分发挥公益性服务机构的引领带动作用，重点发展农业经营性服务。

（一）农业市场信息服务

围绕农户生产经营决策需要，健全市场信息采集、分析、发布和服务体系，用市场信息引导农户按市场需求调整优化种养结构、合理安排农业生产。定期发布重要农产品价格信息，增强价格信息的及时性和农民的可及

性。加强对国内外农产品市场供求形势的研判，组织专家解读市场热点问题，充分利用各类媒体手段，及时预警市场运行风险，帮助农民识假辨假，防止生产盲目跟风和市场过度炒作。支持服务组织为农户和新型经营主体提供个性化市场信息定制服务，提高服务的精准性有效性。

（二）农资供应服务

支持服务组织与育繁推一体化种业企业加强合作，在良种研发、展示示范、集中育秧（苗）、标准化供种、用种技术指导等环节向农民和生产者提供全程服务。开发种子供求信息和品种评价、销售网点布局等信息在内的手机客户端，为农民科学选种、正确购种提供服务。支持服务组织开展种子种苗、畜种及水产苗种的保存、运输等物流服务。发展兽药、农药和肥料连锁经营、区域性集中配送等供应模式，方便农民购买。支持服务组织发展青贮饲草料收贮，积极推广优质饲草料收集、精准配方和配送服务。引导服务组织开展水、油、电等生产补给服务以及冷库、水产品运销等配套服务。

（三）农业绿色生产技术服务

鼓励服务组织开展绿色高效技术服务。支持服务组织开展深翻、深松、秸秆还田等田间作业服务，集成推广绿色高产高效技术模式。指导农户采用测土配方施肥、有机肥替代化肥等减量增效新技术，加快推广喷灌、滴灌、水肥一体化等农业节水技术。大力推广绿色防控产品、高效低风险农药和高效大中型施药机械，以及低容量喷雾、静电喷雾等先进施药技术，推进病虫害统防统治与全程绿色防控有机融合。鼓励动物防疫服务组织、畜禽水产养殖企业、兽药生产企业、动物诊疗机构和相关科研院所等各类主体，积极提供专业化动物疫病防治服务。

（四）农业废弃物资源化利用服务

鼓励大中城市通过政府购买服务的方式，支持专业服务组织收集处理病死畜禽。在养殖密集区推广分散收集、集中处理等模式,推动建立畜禽养殖废弃物收集、转化、利用三级服务网络,探索建立畜禽粪污处理和利用受益者付费机制。加快残膜捡拾、加工机械、残膜分离等技术和装备研发,积极探索生产者责任延伸制度,由地膜生产企业统一供膜、统一回收。推广秸秆青(黄)贮、秸秆膨化、裹包微贮、压块(颗粒)等饲料化技术,采取政府购买服务、政府与社会资本合作等方式,培育一批秸秆收储运社会化服务组织,发展一批生物质供热供汽、颗粒燃料、食用菌等可市场化运行的经营主体,促进秸秆资源循环利用。

(五)农机作业及维修服务

推进农机服务领域从粮油糖等作物向特色作物、养殖业生产配套拓展,服务环节从以耕种收为主向专业化植保、秸秆处理、产地烘干等农业生产全过程延伸,形成总量适宜、布局合理、经济便捷、专业高效的农机服务新局面。鼓励服务主体利用全国"农机直通车"信息平台提高跨区作业服务效率,加快推广应用基于北斗系统的作业监测、远程调度、维修诊断等大中型农机物联网技术。鼓励开展农机融资(金融)租赁业务。打造区域农机安全应急救援中心和维修中心,以农机合作社维修间和农机企业"三包"服务网点为重点,推动专业维修网点转型升级。在适宜地区支持农机服务主体以及农村集体经济组织等建设集中育秧、集中烘干、农机具存放等设施。在粮棉油糖作物主产区,依托农机服务主体探索建设一批"全程机械化+综合农事"服务中心,为农户提供"一站式"田间服务。

六、完善创新服务方式

农业生产性服务是贯穿农业生产作业链条,直接完成或协助完成农业产前、产中、产后各环节作业的社会化服务。不断创新服务方式,对于培育农业农村经济新业态,构建现代农业产业体系、生产体系、经营体系,增加农民收入具有重要意义。

（一）推进专项服务与综合服务协调发展

鼓励各类服务组织围绕农业生产产前、产中、产后各环节，提供专业化专项服务和全方位综合服务，促进专项服务与综合服务相互补充、协调发展。积极推行专项服务"约定有合同、内容有标准、过程有记录、人员有培训、质量有保证、产品有监管"的服务模式，不断提高专项服务的标准化水平。统筹和整合基层农业服务资源，搭建集农资供应、技术指导、动植物疫病防控、土地流转、农机作业、农产品营销等服务于一体的区域性综合服务平台，集成应用推广先进适用技术和现代物质装备，不断提升综合服务的集约化水平。

（二）大力推广农业生产托管

农业生产托管是农户等经营主体在不流转土地经营权的条件下，将农业生产中的耕、种、防、收等全部或部分作业环节委托给服务组织完成或协助完成的农业经营方式，是服务型规模经营的主要形式，有广泛的适应性和发展潜力。要总结推广一些地方探索形成的"土地托管""代耕代种""联耕联种""农业共营制"等农业生产托管形式，把发展农业生产托管作为推进农业生产性服务业、带动普通农户发展适度规模经营的主推服务方式，采取政策扶持、典型引领、项目推动等措施，加大支持推进力度。

（三）探索创新农业技术推广服务形式

发挥农技推广机构在农技推广服务中的主导作用，推动服务功能从农业技术服务向农业公共服务拓展，强化公益性职能履行，加强对市场化农技推广主体的指导和服务。促进公益性农技推广机构与经营性服务组织融合发展，鼓励基层农技推广机构通过派驻人员、挂职帮扶、共建载体、联合办公等方式，为新型经营主体和服务主体提供全程化、精准化和个性化的指导服务。探索农技人员在履行好岗位职责的前提下，通过提供增值服务获取合理报酬的新机制。健全农技推广绩效考评机制，加强对农技推广机构职责履行情况和公共服务质量效果的考评，建立实际贡献与收入分配相匹配的激励机制。构建农技推广机构、科研教学单位、市场化主体、乡土人才、返乡下乡人员等广泛参与、分工协作的农技推广服务联盟，实现农业技术成果组装集成、试验示范和推广应用的无缝链接。支持有资质的市场化主体从事可量化、易监管的公益性农技推广服务。

七、引导服务健康发展

农业生产离不开政策支持和引导，更需要各类服务做保障。既要在健全工作推进机制上下工夫，更要引导服务规范健康发展。

（一）健全工作推进机制

各有关部门要充分认识发展农业生产性服务业的重要性、紧迫性，将其作为带动普通农户和新型经营主体建设现代农业的有效举措，作为推进农村创业创新的重要领域，摆上重要工作日程，抓紧制定符合本地实际的实施意见和具体措施，强化工作督导和调研。要明确指导农业生产性服务业的工作牵头部门，加强部门间的沟通协作，落实职责分工，强化工作考核，形成协同推进的工作机制。要深入开展重大问题研究，及时总结宣传和推广好经验好做法，分行业分领域树立一批典型，引领农业生产性服务业发展。

（二）引导服务规范发展

要结合深化"放管服"改革，该放给市场的要放给市场，培育服务市场、扶持服务主体、规范服务行为，不断优化工作指导和服务。建立健全农业生产性服务业标准体系，针对不同行业、不同品种、不同服务环节，制定服务标准和操作规范，加强服务过程监督管理，引导服务主体严格履行服务合同。建立服务质量和绩效评价机制，有效维护服务主体和服务对象的合法权益。建立农业服务领域信用记录，并将其纳入全国信用信息共享平台。对农业服务领域严重违法失信主体，按照有关规定实施联合惩戒。

（三）加大政策落实力度

进一步加大高标准农田等基础设施建设投入力度，鼓励各地加强集中育秧、粮食烘干、农机作业、预冷贮藏等配套服务设施建设，扩大对农业物联网、大数据等信息化设施建设的投资。鼓励各地通过政府购买服务、以奖代补、先服务后补助等方式，支持服务组织承担农业生产性服务。充分发挥全国农业信贷担保体系的作用，着力解决农资、农机、农技等社会化服务融资难、融资贵的问题。积极推动厂房、生产大棚、渔船、大型农机具、农田水利设施产权抵押贷款和生产订单、农业保单融资。鼓励各地推广农房、农机具、设施农业、渔业、制种保险等业务，有条件的地方可以给予保费补贴。支持易灾地区建设饲草料储备设施，提高饲草料利用效率。落实农机服务税费优惠政策和有关设施农业用地政策，加快解决农机合作社的农机库棚、维修间、烘干间"用地难"问题。各地要从当地实际出发，制定出台配套扶持政策，加强督促检查，推动政策落实，真正发挥政策引导和扶持作用。

第20章
优化教育资源均衡配置

习近平总书记在 2018 年 9 月 10 日全国教育大会讲话中指出："教育是民族振兴、社会进步的重要基石，是功在当代、利在千秋的德政工程，对提高人民综合素质、促进人的全面发展、增强中华民族创新创造活力、实现中华民族伟大复兴具有决定性意义。"习近平总书记的讲话深刻阐释了教育对于中华民族复兴的价值和意义。毋庸置疑，教育在新时代社会建设中处于基础性、战略性、先导性地位，是人民群众最关心最直接最现实的利益问题之一，这就要求各级党委、政府全面贯彻党的教育方针，坚持教育公益性质，优化教育资源配置，促进教育均衡发展，保障公民平等的教育权利，维护教育公平。

一、统筹教育发展规模、结构、质量和效益

规模、结构、质量和效益是统筹教育均衡的四大要素。这四大要素的协调发展，决定了教育发展水平。教育发展

是一个由规模、结构、质量、效益组成的相互依存、相互协调的系统
工程。

（一）统筹教育均衡发展，保证教育公平

统筹教育均衡发展，就要均衡配置教育资源，保证教育机会均等化。当
前宁夏各地教育资源配置失衡，主要表现为地区、城乡的不均衡，同级、同
类学校之间的不均衡，不同类别学校之间的不均衡，弱势群体子女与普通子
女之间的不均衡。各级政府要充分发挥政府职能、均衡配置教育资源、扶持
弱势群体。按照新发展理念的要求，统筹城乡、区域发展，统筹各级各类教
育，统筹教育发展的规模、结构、质量和效益，使教育各方面要素发展相适
应，各个发展环节相协调。

（二）稳定规模，科学规划

规模是基础，是衡量发展成就和办学实力的重要指标，稳定和适度扩大
办学规模，是增强办学能力、实现可持续发展、克服发展瓶颈的基本举措，
也是教育发展的正常需要。因此，宁夏教育要根据现有资源的数量和质量，
确定合适的在校生规模，以适度规模保证教育发展。在确定规模过程中要注
意资源的互补性、可替代性，在综合平衡充分利用各种资源的基础上，实现
适度办学规模。特别要抓住全国教育大会提出的教育改革机遇，科学规划，
实现办学规模的适度扩展，为建设好经济繁荣、民族团结、环境优美、人民
富裕的美丽新宁夏奠定坚实的人力资源基础。近年来，宁夏投入教育建设资
金促进了城区教育资源的相对均衡发展。在加强城市学校建设的同时，统筹
兼顾，加快了农村薄弱学校改造步伐，推动了城乡教育均衡发展。宁夏教育
发展实践证明，只有保持适度的规模才能使有限的教育资源发挥最大的效
用，从而降低办学成本，提高办学效益。

（三）统筹师资队伍建设，促教育师资均衡

教师是立教之本、兴教之源，统筹师资队伍建设，促进教育师资均衡，是确保每个人享受公平教育权利的前提。宁夏紧扣"均衡"二字做文章，不断加强师资队伍建设，主动解决教育师资城乡二元化矛盾。通过公开招聘农村中小学、幼儿园教师，城乡对口支教等措施，实现师资队伍的均衡配置；继续实施青蓝工程、中坚工程、名师工程、国培区培工程等方式，提高教师队伍素质；开展集中教研、专题教研、区域教研等多种形式的研讨活动，发现和培养学科优秀教师，积极推进教师专业成长；推动开展不拘一格的教学活动，全面掀起课堂教学教研的新高潮，让每所学校、每个教师都能在教学和教育科研工作中享有出彩机会；利用国家教育资源公共服务平台提供的"晒课"功能，组织看课评课，开展网络教研，分享典型经验，推广优秀案例，促进教师队伍素质的整体提高。

（四）坚持内涵式发展，促质量效益均衡

内涵式发展强调的是结构优化、质量提高、实力增强，更多是出自内在需求。内涵式发展路径主要通过内部的深入改革，激发活力，在量变引发质变的过程中，实现实质性的跨越式发展。宁夏在"办人民满意的教育"思想指导下，要转变教育理念，走内涵发展的道路，以科学化、精细化的管理思路促进学校管理水平的提升，认真落实自治区重点教育项目活动。管理部门要深入全区教育系统进行扎实有效的业务指导，传递教育改革的前沿信息，不断优化教学常规管理方式方法，提升教育质量。通过特色学校创建、校园艺术节、标准化学校创建、书香校园等活动提高学校的办学品位，提升学校的育人活力，形成"人人有特长，班班有特点，校校有特色"的教育格局，有力促进全区教育的均衡发展。

二、发展普惠性学前教育

发展普惠性学前教育，事关儿童的健康成长，事关千家万户的切身利益，事关国家和民族的未来。普惠性学前教育，重在"普惠性"。发展普惠性学前教育，要立足人民群众对接受更好教育的期盼和经济社会发展的需要办教育，着力破解教育发展质量水平与人民群众接受良好教育之间的矛盾，推进学前教育普及普惠、义务教育优质均衡发展。当前，学前教育成为广大群众新的诉求热点，希望有更好的学前教育期盼。政府在加大扶持资金的同时，要从长远考虑，出台行之有效的奖励、补贴制度，要让起跑线上的教育保障有力，让家长们少一些奔波，让孩子们多一些欢笑，群众多一份获得感。

（一）明确管理职责，科学规划普惠性学前教育布局

各级党委、政府要把建设普惠性幼儿园建设工作纳入社会事业发展总体规划考核，并建立经常性督办机制。不定期地对地区内普惠性幼儿园建设进行督察通报。在评选文明城市、文明街镇时，对普惠性幼儿园建设不达标的实行"一票否决"。搞好科学规划，广泛听取社会和专家的意见，在多方论证的基础上制定地区普惠性幼儿园布局调整规划。按照因地制宜、就近入园的原则，充分考虑城乡人口分布和流动趋势，科学规划幼儿园布局，方便幼儿就近入园入托。在大力发展公办园的同时，可根据各区域具体情况进行合理规划，将各区域内达到普惠性民办幼儿园的园所纳入规划之中，进行统一管理。

（二）加大扶持力度，积极发展普惠性幼儿园

各级党委、政府对于扶持发展普惠性学前教育责无旁贷，要大力支持。可以采取设立专项资金的方法用于扶持学前教育，对办学规范、安全保证、

保教质量高的幼儿园给予奖励扶持。对符合条件的在园儿童发放补贴，对符合条件的保教人员发放长期从教津贴。要建立学前教育资助制度，对家庭经济困难儿童、孤儿和残疾儿童接受普惠性学前教育给予资助，发展残疾儿童学前康复教育。要鼓励优质公办幼儿园举办分园或合作办园，要利用中小学布局调整后的富余教育资源和其他富余公共资源，优先改建成幼儿园。

（三）建立人才培养机制，建好学前教育教师队伍

学前教育教师队伍的建设是办好普惠性幼儿园的基础，要完善高等师范院校学前教育专业定向培养机制，尽快出台幼儿教师专业标准，完善落实幼儿园教职工工资保障办法、专业技术职称（职务）评聘机制和社会保障政策。建立幼儿园园长和教师培训体系，加大幼儿园特别是农村幼儿园教师的培训力度，采取远程研修、专家讲座、专题培训等方式提高幼儿教师的整体素质。

三、健全城乡一体的义务教育发展机制

习近平总书记指出："中国将坚定实施科教兴国战略，始终把教育摆在优先发展的战略位置，不断扩大投入，努力发展全民教育、终身教育，建设学习型社会，努力让每个孩子享有受教育的机会，努力让 13 亿人民享有更好更公平的教育，获得发展自身、奉献社会、造福人民的能力。"推进城乡义务教育一体化发展是促进义务教育均衡发展、实现教育公平的有力途径，也是贯彻习近平总书记讲话精神的具体实践。

（一）统一城乡义务教育"三免一补"政策

政策调整导向能够有力推进义务教育城乡一体化发展。宁夏回族自治区已经对乡村义务教育学生免除学杂费、免费提供教科书、免费提供文具，对

家庭经济困难寄宿生补助生活费（统称"三免一补"）。民办学校学生也按照中央确定的生均公用经费基准定额执行免除了学杂费。宁夏为进一步完善城乡义务教育经费保障机制，从2017年春季学期开始，在继续落实农村学生"三免一补"和城市学生免除学杂费政策的同时，还向城市学生免费提供教科书并推行部分教科书循环使用制度，同时免费提供自治区统一规定的教辅资料。公办义务教育学校寄宿生全部享受生活费补助，寄宿生生活费补助资金由中央和自治区按照5:5比例分担，民办学校学生免除学杂费标准按照自治区确定的生均公用经费基准定额执行。统一确定了义务教育学校生均公用经费基准定额，所需资金由中央和自治区按8:2比例分担，地方基准定额提高部分由各地承担，现有公用经费补助标准高于基准定额的，确保义务教育投入水平不降低。

（二）统一城乡义务教育学校生均公用经费基准定额

要严格按照中央统一确定全国义务教育学校生均公用经费基准定额，对城乡义务教育学校（含民办学校）按照不低于基准定额的标准补助公用经费，并适当提高了寄宿制学校、规模较小学校补助水平。要落实生均公用经费基准定额所需资金由中央和地方按比例分担，提高了寄宿制学校、规模较小学校公用经费补助水平所需资金，按照生均公用经费基准定额分担比例执行。

（三）巩固落实城乡义务教育教师工资政策

要确保县域内义务教育教师工资按时足额发放，各区县教育部门在分配绩效工资时，要加大对艰苦边远贫困地区和薄弱学校的倾斜力度。统一城乡义务教育经费保障机制，实现"三免一补"和生均公用经费基准定额资金随着学生流动可携带。同时，继续实施农村义务教育薄弱学校改造计划等相关项目，着力解决农村义务教育发展中存在的突出问题和薄弱环节。

四、完善现代职业教育体系

职业教育是现代国民教育体系的重要组成部分，职业教育为社会培养了大量急需的高水平技能型人才。自治区十二次党代会明确强调助力脱贫富民战略实施，要以富民脱贫重点县职业教育发展为主攻方向，引导贫困家庭新成长劳动力接受职业教育，提素质、学技能，稳就业、增收入，实现职教强民，阻断贫困代际传递。

（一）大力开展职业技能实用技术培训

要按照"政府统筹，部门联办，教育协调，一校多能"的原则，支持县级人民政府统筹县城内职业教育和成人教育培训资源、经费，以贫困人口为重点，以县级职教中心为主阵地，建立集学历教育、技术推广、富民脱贫、劳动力转移培训为一体的综合性职业开放平台，采取送下乡、集中办班、现场实训等多种形式，将服务网络延伸到社区、村庄、合作社、农场、企业。对在家务农、外出务工、回乡创业人员开展政府补贴性职业技能培训，对在家务农的群众就地就近开展实用技术培训，对进城务工人员进行转移就业和劳务品牌培训，对返乡创业人员开展创业培训，使有培训需求的劳动者都能得到职业技能培训。要充分发挥宁夏现代职业技能公共实训中心的作用，挂牌建设 11 个自治区职业教育助推精准脱贫技能培训基地，为贫困人员免费开展高水平的岗位技能培训和创业培训。

（二）推进闽宁职业教育对口协作

要推动建立闽宁职业教育合作办学机制，深化在联合招生、人才培养、课程建设、资源共享等方面的协作，带动自治区职业院校专业水平提升。创新闽宁职业教育协作形式，鼓励闽宁职业院校共建职教集团或学校联盟，推进管理创新、资源共享协同发展。鼓励闽宁职业院校通过分段培养方式开展联合招生。推动福建省优质中、高职学校招收自治区建档立卡家庭贫困学生，按照现代学徒制、订单式等模式进行校企联合培养，实现入校即入企。按照"钱随人走"的经费投入机制，自治区到福建省接受中、高职教育的建档立卡贫困家庭子女，享受中职免学费和国家助学金政策，福建省对宁夏学生的交通、住宿、课本、教材、服装等方面费用给予资助。

（三）构建自治区职业院校全方位结对帮扶体系

要以"均衡、优质、共享、共进"为主题，充分发挥自治区示范骨干职业学校辐射带动作用，探索集团化办学、名校办分校、委托管理、教学联盟等多种办学模式，推进职业教育结对帮扶。采取"1+1+1"形式，遴选1所优质高职院校和1所示范中职学校，对口帮扶1所贫困县（区）中职学校，开展联合招生，共同组织教学、协作，以高职带中职、示范校带弱校，提升贫困地区职业教育办学水平。实施贫困地区职业院校急紧缺专业援建计划，组织宁夏职业技术学院、银川市职教中心等川区17所高、中职业学校，采取派出专业带头人、专业教师、实训教师和捐赠教学设备等形式，对口帮扶固原农业学校等中南部9所职业学校家政服务、护理等紧缺技能人才专业建设。

（四）提高优质职业院校助推精准扶贫能力

要推动自治区优质职业教育资源向贫困地区、贫困家庭倾斜。实行区属高职院校单独招收中职毕业生计划，对建档立卡贫困家庭子女单独划线单独录取。根据贫困地区需求，在国家级骨干示范职业院校举办区域产业"冠名班"（如彭阳县"山杏班"、西吉县"马铃薯班"等），对就读学生从招生、教学到就业全程跟踪帮扶。加大职业院校科技扶贫力度，组织职业院校专家到贫困地区开展科技服务活动，围绕当地优势特色产业技术需求，设立产学研合作课题，研究可合作开发的精准脱贫项目，开展技术服务和指导，转化科技成果，促进地方产业转型升级。

（五）加强职业院校教师队伍建设

要创新职业教师编制管理方式和专业技能型师资引进、用、培训办法。在地级市事业总编制内划出一定比例专门用于引进专业技能型人才担任职业院校专职教师，对高职院校急需的"双师型"教师，由用人单位自主设置招聘条件，采取笔试、面试或直接考察的方式公开招聘，鼓励职业学校聘用有实践经验的行业专家、企业工程技术人员和社会能工巧匠等担任兼职教师。通过与天津市等东部地区合作，采取培养职业教育免费师范生等形式，培养自治区职业院校特别是中南部地区急需的"双师型"教师。组织部分职业院校校长和教师到东部地区国家级职业教育师资培训基地参加短期培训、挂职锻炼，提高管理水平和教学能力。每年组织 20 名贫困地区职业院校管理人员到自治区职教园区学校挂职培训，对 100 名贫困地区职业院校专业教师开展专项培训。截至 2018 年底，宁夏职业教育生师比和"双师型"教师比例分别达到 24∶1 和 50%的全国平均水平。

五、强化高等教育内涵发展

高等教育是科技第一生产力和人才第一资源的重要结合点，是区域核心竞争力的重要支撑。强化高等教育内涵发展是立足新时代提出的深刻命题，关系国家未来和民族振兴。要树立忧患意识、危机意识，增强责任感、使命感、紧迫感，树立新时代高等教育发展观，强化质量立校意识，推动高等教育从规模扩张为特征的外延式发展向质量提升为核心的内涵式发展转变，走出一条有特色的西部地区现代高等教育发展道路。

（一）优化教育资源配置，推进高等学校内涵发展

宁夏目前拥有普通高校 18 所，高校教师 7987 人，高校在校生 14.9 万人。全区高等教育毛入学率 2020 年即将达到 40%。宁夏大学进入中西部高

校综合实力提升工程建设行列，实现了一级学科博士点和"长江学者"、国家重点学科、国家大学科技园零的突破。宁夏医科大学获批博士学位授予单位，临床医学学科进入世界基本科学指标数据库（ESI）排名前1%。宁夏师范学院取得教育硕士专业学位授予权。新升格1所本科高校和2所高职学院。在继续强化政府教育责任的同时，要创新高等教育公共服务供给方式，拓宽高等教育资源渠道，扩大高等教育有效供给，提高高等教育资源配置效率，更好地满足多样化的高等教育需求。宁夏高校先后建成了与自治区经济建设和社会发展紧密结合的能源化工重点实验室、生物技术重点实验室、西北生态退化与恢复重建重点实验室、葡萄种植与酿酒工程技术中心以及西夏学研究院等10多个科技创新平台，为高校服务地方经济社会发展搭设了广阔的平台，成为助推地方经济社会发展的智囊团。特别是随着学科体系和人才培养体系的不断完善，宁夏高校科研及服务地方水平也不断提高。围绕自治区第十二次党代会提出的"三大发展战略"，主动贴近、积极参与，提供智力服务。通过重点投入和建设，西北土地退化与生态恢复重点实验室进入国家重点实验室培育基地行列，宁东基地煤化工资源循环利用工程实验室、国家级煤化工检测重点实验室、西北生态退化与恢复重建重点实验室、旱区现代农业水资源高效利用工程研究中心等成为国家部委的重点实验室和工程中心，教育部葡萄与葡萄酒工程研究中心顺利通过验收。

（二）分类指导精准施策，创新人才培养机制

宁夏实施本科教学质量工程，立项建设了一批人才培养模式改革试验区、教学团队和精品课程，持续加强高校教育教学和人才培养基础能力建设。要借鉴国内外创新教育经验，出台《宁夏高等学校创新创业教育改革实施方案》，在全区高校开设创业教育课程，依托高校建设一批创新创业学院和创客空间，开展"互联网+"创新创业大赛等实践活动，大学生创新意识明显增强，创业人数逐年增加。2017年，自治区各高校已经

把创新创业教育完全融入人才培养方案，贯穿人才培养全过程。到 2020 年建成 2~3 个自治区级创新创业教育示范高校，建设一批创新创业教育与专业教育全方位融合、全过程覆盖的示范专业。要按照新的本科专业类教学质量国家标准、高职专业教学标准及博士、硕士学位基本要求，融合相关部门、科研院所、行业企业制定的专业人才评价标准，立足自身办学定位，制定学校专业教学质量标准，全面修订人才培养方案，突出大学生创新精神、创业意识和创造能力培养。健全高校人才培养质量、毕业生就业质量年度报告制度，每年年底前组织完成年度报告编写和信息公开工作。组织行业协会定期发布自治区优势特色产业人才需求报告和人力资源市场供需情况。探索建立学科专业预警、退出联动机制，建立需求导向的学科专业结构和创业就业导向的人才培养类型结构调整新机制，促进人才培养与经济社会发展、创业就业需求紧密衔接。推进高校人才培养模式改革，总结推广系列"卓越人才培养计划"成熟做法，探索建立校校、校企、校地、校所以及国际合作的协同育人新机制，深化产教融合。积极推动部分有条件的高校、二级学院和专业集群向应用型转变，大力培养应用型技术技能人才。

（三）不断深化综合改革，强化创新创业教育实践

自治区高校加强专业实验室、虚拟仿真实验室、创新创业实验室和训练中心建设，联合行业、企业建好一批大学生校外实践基地。截至 2018 年底，在所有高校建立创新创业实践平台和学生社团，建设自治区级创新创业实验实训中心、创客空间、孵化园和大学科技园等示范基地 15 个，建设自治区级大学生校外实践基地 30 个。到 2020 年，建设实验教学示范中心和国家级虚拟仿真实验室 5 个、自治区级虚拟仿真实验室 30 个，年均实施国家级大学生创新创业训练计划项目 70 个、自治区级项目 400 个。要进一步完善国家、自治区、学校三级创新创业实训体系，大力实施大学生创新创业训练计划项目。支持高校学生成立创新创业协会、创业俱乐部等社团，自主开展创

新创业实践。促进各地创业园区、科技园区和中国（宁夏）现代职业教育公共实训中心开放共享，为大学生提供广阔的创新创业舞台。支持有条件的高校对老旧楼房、闲置房屋等潜在场地进行盘活和改造提升，建立多种形式的创客空间、创新创业孵化园和大学科技园，使创新创业教育与创业孵化环节紧密衔接。鼓励高校联合行业、企业，举办各类科技创新、创意设计、创业计划等专题竞赛和创新创业讲座、论坛，重点支持开展"挑战杯"大学生课外学术科技作品竞赛、"互联网+"大学生创新创业大赛和各级各类学科竞赛，积极组织高职高专学生参加全国职业院校技能大赛，引导大学生在取得创新创业初步成果的基础上，实现创新成果转化和创业项目孵化。

（四）建设现代大学制度，推进高等教育可持续发展

宁夏进一步加大政府投入和自治区统筹，鼓励吸引社会力量和资金办学，推动高校自身投入，坚持重点学校、重点学科，重点投入，进一步优化高校资源配置，努力为高等教育改革和发展提供坚实保障。要推进高校体制机制创新，在高校管理、人才激励、教学创新、后勤保障等体制机制上，进一步放开搞活，扩大办学自主权，充分调动和激发高校自身发展的内在活力。坚持特色办学，紧密结合宁夏煤化工、生态纺织、现代农业、信息化等特色产业以及沙漠化治理、中阿商务复合型人才培育等领域和方面，大力引进一批学术、学科带头人，着力建设一批特色学科、特色专业，积极推进产学研一体化，力争打造几个在国内外有一定影响力的学科和专业。扩大高等教育对外开放力度，抓住"一带一路"倡议和"两区"建设机遇，积极推进自主管理和人才培养的开放，大力引进国内外智力和优质教育资源。强化改革责任，进一步细化任务，明确职责，努力形成共同推动高等教育改革和发展的良好格局。

当前高等教育发展的特点，与经济社会发展联系更加紧密，内外部发展环境更加复杂。利益相关者增多，利益诉求多元甚至相互冲突。社会诚信体

系尚不健全，改革举措的出台往往受到社会公信力的质疑。因此，要加强科学民主决策，协调推进高等教育系统内部和外部配套改革。要加强舆论引导，让公众对高等教育改革有理性的认识和合理的期盼，凝聚社会共识，形成改革合力，营造良好的高等教育改革发展氛围。

第*21*章
切实减轻群众就医负担

2016 年 8 月，习近平总书记在参加全国卫生与健康大会时指出："没有全民健康，就没有全面小康。"习近平总书记关于卫生与健康的重要论述，是全面推进卫生与健康事业改革、发展、建设"健康中国"的重要指南。自 2016 年 5 月宁夏被确立为国家综合医改试点省份以来，始终坚持以"健康宁夏"为抓手，着力突破体制机制障碍，以关键环节的突破带动整体工作的推进。今后，我们要将医疗改革继续向纵深推进，将深化医疗改革作为保障全民健康、实现全面小康的重要抓手，切实减轻群众就医负担，努力为人民群众提供全方位、全周期的卫生和健康服务，让人民群众"看得起病，看得好病"。

一、构建保障机制，确保医改工作有效落实

自治区十二次党代会针对"健康宁夏"建设的总目标作出了要"全面推进综合医改，加强医疗联合体建设，促进优

质医疗资源下沉"的具体布局，要全面推进布局要求的有效落实，必须构建强有力的保障机制。

（一）加强顶层设计，强化协调推进

综合医改是宁夏承担的全国三大改革试点之一，自治区党委、政府高度重视，将深化医药卫生体制改革工作纳入全面深化改革工作的重点任务。2016 年 6 月，自治区党委、政府办公厅出台《宁夏回族自治区综合医改试点工作意见》和《宁夏回族自治区综合医改试点工作实施方案》两项关于医改的政策制度，确立宁夏综合医改试点配套政策及框架，切实加强医改顶层设计，保障医改有序进行。除此之外，宁夏医改办与自治区编办、财政、人社、物价等建立部门会商制度，强化部门联动机制，协商解决在改革推进中遇到的问题和困难，使顶层设计更加完善，改革目标更加集中。

（二）强化组织领导

强化综合医改工作的组织领导，宁夏统筹有关部门各司其职，定期会商，共同协调推进医改试点工作。自治区政府与各市签订医改工作责任书，对医改重点、目标任务、完成时限、领导责任都作出明确规定。各市、县（区）也相应成立以党政一把手任组长的领导小组，主要负责同志亲自抓，负总责。政府分管负责同志全力以赴抓落实、抓进度。自治区医改办每年都对医改任务进行细化分解，排出时间表、路线图，明确完成时限、责任部门和工作要求。

（三）强化监督考核

健全工作推进机制，完善监督考核办法，围绕省级综合医改试点确定的各项重点任务，制定《宁夏综合医改试点考核评价办法》，且委托有关专家组成第三方进行评估，评估情况作为效能考核、以奖代补的主要依据。今后，我们要进一步加大工作督察力度，建立动态监测、定期通报制度，以通报、约谈、督导等多种形式，督促各项工作任务落实。

（四）加大宣传引导力度

宣传是凝聚医改共识、传播医改经验、放大医改成效的重要手段，是推进医改工作的重要组成部分。要通过利用各类宣传渠道，构造医改立体式宣传格局，广泛宣传医改政策，实现医改政策的软着陆。要切实按照新时期医改任务目标，强化医改成果宣传，努力推广综合改革中的宝贵经验和先进典型，深入挖掘基层在深化医改方面的先进人物和事迹，弘扬医改正能量。同时，还要广泛开展健康科学知识的宣传，引导群众养成健康的生活方式，增强群众的健康保健意识和健康管理能力，有效提高健康素养水平。

二、围绕减负利民，巩固完善医疗保障体系

党的十九大报告提出了"深化医疗卫生体制改革，全面建立中国特色基本医疗卫生制度、医疗保障制度和优质高效的医疗卫生服务体系，健全现代医院管理制度"的总要求。对于宁夏来说，深刻践行这一总要求，就是要进一步巩固完善医疗保障体系，推进综合改革；就是要努力减轻人民群众的就医负担；就是要着力关乎民生的关键步骤，进一步完善公共服务体系，从而使群众的安全感更有保障，使人民群众的获得感更加充实。

（一）完善全民医保制度

完善、健全全民医保制度是减轻群众就医负担的重要举措。宁夏先后出台了《自治区人民政府印发关于进一步完善基本医疗保险制度若干意见的通知》《自治区人民政府关于城镇职工基本医疗保险自治区级统筹管理的意见》，巩固和提升城乡居民基本医疗保险统筹成果，加快推进城镇职工基本医疗保险省级统筹。目前，宁夏城镇职工、城乡居民政策范围内住院费用支

付比例分别达到76%、72.72%。我们要进一步加强参保地与就医地的协作，实现符合转诊规定的异地就医直接结算，推进医保全国异地就医联网直接结算工作。

（二）完善居民医保合理筹资和分担机制

要巩固和提升城乡居民基本医疗保险统筹成果，加快推进城镇职工基本医疗保险省级统筹，目的是为了建立一个政府、社会和个人合理分担、稳定可持续的动态调整筹资机制，该机制能够切实减轻城乡居民和困难群众的保费缴纳负担。目前，为兼顾城乡居民收入差异，城乡居民医保设置"一制三档"，2017年财政人均补助标准提高到502元，一、二、三档个人缴费标准分别调整为155元、270元、545元（每年动态调整），我们要提高特殊困难群体个人缴费财政补助和民政资助标准。

（三）完善大病医疗保险制度

李克强总理强调"我们把大病保险做好，就能把社会的'最底线'兜住，也就安定了民心"，开展城乡居民大病保险是建立重特大疾病保障制度的一项重要内容，是深化医改的一项重大制度创新，是对大病患者的高额医疗费用给予进一步保障的创新性举措。2014年1月起，宁夏全面推行大病保险制度，到2017年底累计为12.22万人次报销医疗费用6亿元，人均赔付7805元，最高补偿51.2万元，有效解决了大病患者家庭因病致贫、因病返贫问题，除此之外，2017年提高了城乡居民大病保险筹资标准和重特大疾病年度最高救助金额，进一步增强了医疗保障体系保基本、防大病、兜底线的能力，进一步减轻了人民群众的就医负担。今后要进一步完善大病医疗保险制度，在基本医疗保障的基础上，筑牢群众看病就医托底救急的网底，创新管理服务方式，加快我国商业保险的发展，不断满足人民群众日益增长的多元化、多层次健康服务需求。

（四）深化医保支付方式改革

医保支付是深化医改的重要环节，是调节医疗服务行为、引导医疗资源配置的重要杠杆，要建立适应不同人群、不同疾病或服务特点的多元复合式医保支付方式。2018 年，宁夏贯彻落实《国务院办公厅关于进一步深化基本医疗保险支付方式改革的指导意见》精神，结合自身实际，改变了过去单一的医保支付方式，建立起适应不同疾病、不同服务特点的多元复合医保支付方式。今后，我们将持续深化医保支付方式改革，为更好地保障参保人员权益、规范医疗服务行为、控制医疗费用不合理增长发挥积极作用。

要针对住院医疗服务，进一步完善总额控制下的按病种分值，按病种、按人头、按床日等付费制度，细化考核指标，提升精细化管理水平。要普遍实行总额控制下的按项目或按人头包干预付制，探索将门诊大病医保付费与慢性病规范治疗相结合，进一步控制门诊大病医疗费用的不合理增长。要探索符合中医药服务特点的支付方式，鼓励协议医疗机构提供适宜的中医药服务。总体来说，按照"先易后难，逐步扩大，整体推进"的原则，选择诊疗方案和出入院标准比较明确、诊疗技术相对成熟的疾病开展按病种付费，做好按病种收费、付费政策衔接，合理确定收费、付费标准，由医保基金和个人共同分担。同时，要强化医保对医疗行为的监管，全面推行医保智能监控工作，实现医保费用结算从部分审核向全面审核转变，从事后纠正向事前提示、事中监督转变。

三、优化医疗资源配置，全面推行分级诊疗制度

分级诊疗制度是合理配置医疗资源、促进基本医疗卫生服务均等化的重要举措，是切实缓解人民群众"看病难，看病贵"问题的有效手段，是深化医药卫生体制改革、建立中国特色基本医疗卫生制度的重要内容，对于促进医药卫生事业长远健康发展、提高人民健康水平、保障和改善民生具有重要

意义。自 2015 年 9 月 8 日国务院办公厅下发《关于推进分级诊疗制度建设的指导意见》以来，宁夏积极推进分级诊疗制度建设，加强顶层设计，先后出台《自治区人民政府办公厅关于推进分级诊疗工作的实施意见》《关于推进县乡村医疗卫生服务一体化管理的实施意见》《自治区人民政府办公厅关于推进家庭医生签约服务的实施意见》等一系列政策，保障、指导分级诊疗制度的有效落实。今后，要以构建紧密型医疗联合体和家庭医生签约服务为主要抓手，以医疗卫生信息化建设为突破口，做实分级诊疗，努力形成"小病在基层，大病进医院，康复回基层"的就医格局。

（一）推进医疗联合体建设

医疗联合体建设是深化医药卫生体制改革的重要步骤和制度创新，对促进医疗卫生工作重心下移和资源下沉，提升医疗服务体系整体效能具有重要意义。要积极探索组建模式多样、形式灵活的医联体，发挥优质医疗资源和医疗服务资源对基层特别是困难地区的辐射与带动作用，让患者更有获得感，进一步增进人民的健康福祉。

1. 建设和发展医联体

要以实现"基层首诊，双向转诊，急慢分治，上下联动"为核心目标，结合区域内医疗资源结构、布局及分级诊疗制度建设实际情况，积极探索以多种形式建设和发展医联体，以发展建立城市医疗集团、纵向医联体、一体化管理、专科联盟作为主要形式，二级以上公立医院要全部参与并发挥引领作用，打破区域限制，上下贯通，资源下沉，以利益为纽带，形成服务、责任、管理、发展的共同体。

2. 组建医疗团队

要组建城市医疗集团，形成三甲医院牵头、覆盖二级医院的医联体。同时，支持大型医院通过托管、技术协作等方式与市、县级医院及其他医疗机构建立医联体，通过派驻管理团队、临床专家团队等，重点提升市、县级医院服务能力与现代化管理水平。要全面建设管理共同体，使三级医院的优质医疗资源有效下沉基层。组建以三级医院为龙头、二级医院为枢纽、基层医疗卫生机构为基础的"3-2-1纵向医联体"或三级医院带基层医疗卫生机构的"3-1纵向医联体";组建以"县级医疗机构为龙头、乡镇卫生院为枢纽、村卫生室为基础"的"1+1"或"1+n"县乡村一体化管理联合体;组建专科联盟,充分发挥大型公立医院优势专科资源作用,特别是国家和自治区临床重点专科项目建设医院及自治区级医疗质量控制中心和诊疗中心所在医院要带头利用专科技术优势,联合其他医疗机构相同专科组建专科联盟,形成补位发展模式,为患者提供优质、快捷的诊疗服务,为联盟单位提供学科共建的发展平台。

3. 形成运行机制

要以公立医院业务、技术、管理、资产为纽带,通过落实城乡对口支援、职称考评"凡晋必下"制度、千名医生下基层、医师多点执业、业务指导培训、区域信息联网、双向转诊绿色通道、重点专科协同建设等举措,城市公立医院加强对县(区)医院及社区卫生服务机构的支持,县(区)级医院加强对乡镇卫生院和村卫生室的支持,引导优质医疗资源进一步下沉,引导患者在基层就近就医,形成上下联动、优势互补、资源共享的运行机制,推进区域医疗联合体工作。截至2017年7月,全区所有三级综合医院、90%的三级专科医院、63.54%社区卫生服务机构、35%的乡镇卫生院已纳入医联体范围,全区县域内就诊率达到84%。

(二)全面实施家庭医生签约服务

家庭医生签约服务是实现基层首诊、分级诊疗的基础,是对现有的以医院和疾病为中心的医疗卫生服务模式的重要补充,能够切实有效改善群众就医环境、均衡医疗资源、降低卫生总费用,是促进居民健康的重要举措,更是群众健康的守门人。要按照国务院医改办印发《关于印发推进家庭医生签约服务指导意见的通知》要求,大力推动全区家庭医生签约服务健康发展,进一步全面稳步推进宁夏家庭医生签约服务工作。

1. 探索服务模式

要以乡镇卫生院、村卫生室、城市社区卫生服务机构为主体组建家庭医生服务团队，并将医联体内多点执业医生和下基层医生纳入签约团队，充分运用居民电子分类健康档案管理系统和各级各类卫生信息平台，对签约居民（村民）实行分类管理。具体来说，每个家庭医生团队邀请1名二级以上城市医院高级职称临床医师，作为家庭医生团队指导专家，同时基层医疗卫生机构与二级医院、三级医院建立签约服务承接关系，形成"1+1+1"组合签约服务模式。签约服务围绕重点人群开展，要按照宁夏卫健委和宁夏残联专门联合下发了《关于进一步推进全区残疾人家庭医生签约服务工作的通知》要求，以推进宁夏残疾人家庭医生签约服务工作为抓手，为宁夏残疾人提供综合、连续、协同的基本医疗和公共卫生服务。

2. 规范服务内容

家庭医生签约服务项目的主要服务内容包括五个方面：（1）健康信息的收集与管理，完善健康档案；（2）提供健康知识的传递与咨询；（3）提供健康行为的干预与指导，培养签约居民自我健康管理能力；（4）初诊与分诊，接受签约居民就诊预约，为其提供基本诊疗和护理服务；（5）设立家庭病床，对需要连续治疗又需依靠医务人员上门服务的签约居民，根据家庭病床收治标准设立家庭病床。要通过家庭医生签约服务，促进基层首诊、双向转诊和分级诊疗，引导群众小病到社区、大病到医院、康复回社区，形成科学有序的就医秩序。2017年，宁夏普通人群家庭医生签约服务覆盖率达到30%，重点人群签约服务覆盖率达到60%，其中建档立卡贫困人口家庭签约服务率达到100%。

3. 提高服务质量

2018年4月3日，国家卫生健康委员会办公厅发布《关于做好2018年家庭医生签约服务工作的通知》，对2018年全国家庭医生签约服务工作作出新的要求和安排，主要强调要把家庭医生"做实做细"，保障签约质量，让签约不止于签，更重于约，提升居民签约满意度，明确要求"把工作重点向提质增效转变"。这无疑是推进家庭医生签约服务工作真正落到实处，要切实实现医疗卫生工作重心下移、资源下沉，提高群众获得感和幸福感的新工作要求，宁夏家庭医生签约服务工作要在新工作要求指导下，再接再厉，切实提供人民群众满意的高质量家庭医生签约服务。

四、全面取消药品加成，构建科学合理的医疗服务价格体系

要继续深化我国医药卫生体制改革，认真贯彻落实国务院办公厅印发的《深化医药卫生体制改革2017年重点工作任务》，力争使我国攻坚医药卫生体制改革取得重大阶段性成效，我国居民个人卫生支出占卫生总费用比重大幅下降，群众的获得感得到进一步提升。应该说，过去60年中，公立医院为了弥补资金不足、保证正常运营，在药品进价基础上加价15%卖出，在特定阶段该政策有效缓解了公立医院的生存危机，起到了正向积极的作用。此后，公立医院依赖药品加成收入，加重了群众就医负担，逐步演变为群众"看病贵"的主要原因之一。要以深化公立医院综合改革为契机，彻底破除"以药养医"，取消公立医院药品加成，回归公立医院公益本质。要以啃硬骨头的毅力和勇气，迎难而上、闯关克难，逐步建立起维护公益性、调动积极性、保障可持续性的运行新机制。

（一）全面取消药品加成

要依照《宁夏回族自治区关于加快推进县级公立医院综合改革的指导意见》，以取消"以药补医"作为县级公立医院改革的关键环节，进一步推动全区地市级、自治区级管理的二级及以上公立医院全部取消药品加成，实现了区、市、县、乡和村五级医疗机构药品"零差率"全覆盖。对于公立医院因此减少的收入通过调整医疗技术服务价格、财政定项补助以及公立医院加强核算、节约运行成本等弥补。同时，要在诊疗、手术、康复、护理、中医等项目方面体现医务人员的技术劳务价值，回归治病救人本身。此外，政府

要加大投入，在中央财政补助资金的基础上，省级财政通过以奖代补的方式，对地级市再给予补助，这在一定程度上弥补了公立医院取消药品加成后减少的收入，保障其良性运行。

（二）构建科学合理的医疗服务价格体系

医疗服务价格是调节医疗服务总量与结构、理顺医患关系与优化医疗资源配置的重要经济杠杆。构建科学合理的医疗服务价格体系对于促进医疗卫生事业健康发展，满足人民群众不断增长的医疗卫生需求，减轻患者不合理的医药费用负担具有重要意义。为此，医疗服务价格调整工作要在确保医院发展可持续、医保基金可承受、群众整体负担不增加的前提下，按照合理体现医务人员技术劳务价值、降低大型医疗设备检查价格、理顺医疗服务价格比价关系的原则全面开展。

1. 建立动态的价格调整机制、完善监测机制

要以建立动态的价格调整机制，并完善药品价格监测机制为抓手，双管齐下，推动构建科学合理的医疗服务价格体系。首先，推进医疗服务价格分类管理，对公立医疗机构特许医疗服务以及部分市场竞争比较充分、个性化需求比较强的医疗服务价格，实行市场调节价。其次，认真落实国家发展改革委、卫生健康委、人力资源和社会保障部《关于推进按病种收付费工作的通知》精神，推进按病种科学定价。再次，要完善宁夏药品价格监测机制。开展药品集中采购价格与全国各省区药品集中采购价格比对，形成药品价格联动，确保宁夏药品集中采购价格在全国范围内居于合理水平；要动态监测医疗机构药品价格，扼制医疗费用不合理增长的势头。

2. 健全药品供应保障机制

推行药品流通配送"两票制"管理。要严格落实只招生产企业，不招经营企业的采购政策，进一步规范药品（医用耗材）的集中采购工作。要通过规范中标药品生产流通秩序，推行流通配送"两票制"管理，鼓励"一票制"，切实加强监督检查力度，规范药品配送企业票据管理。严格落实药品

生产企业、药品配送企业和公立医疗机构药品销售票据管理，也是实现宁夏公立医疗机构招标药品、国家和宁夏谈判药品、基础输液和国家定点生产药品实行"两票制"管理的目标。

加快推进高值医用耗材联合采购。要全面推进高值医用耗材联合采购，压缩药品、耗材在流通领域的价格空间，腾出的部分用来调整价格，让利于患者。具体来说，通过继续推进省际医用耗材联合采购，完成全宁夏公立医院八大类高值医用耗材挂网采购工作。要对取消药品加成价格调整不到位以及比价关系不合理的项目进行价格调整，逐步理顺医疗服务比价关系，引导分级诊疗，在此基础上，要探索全面取消高值医用耗材加成。

3. 建立科学的公立医院绩效评价体系

建立科学的公立医院绩效评价体系，目的是为了探索一个合理的利益导向和激励机制，通过医疗机构收入的"腾笼换鸟"，把更好体现医务人员的价值作为机制改革的切入点和突破口，逐步建立维护公益性、调动积极性、保障可持续性的运行新机制。要按照"健全以公益性为导向的公立医院外部和内部相结合的考核评价和奖惩机制"要求，完善公立医院综合改革配套子政策，制定《公立医院院长绩效考核评价办法》，建立科学的绩效评价体系，对全区二级以上公立医院院长进行绩效考核评价，考核结果与公立医院院长薪酬挂钩；要建立科学有效的公立医院医护人员绩效评价体系，规范医务人员诊疗行为，强化医疗机构内控制度，强化医院科学化、规范化、精细化管理，建立以运行效率、服务质量、群众满意度等为核心的医院考核指标体系，开展综合绩效评价，全面提升医院决策管理水平和医疗服务质量；要加强二级以上公立医院的监管，每月督察一次，严格医疗费用控制。

第22章
稳步提高社会保险待遇水平

　　十九大报告就加强社会保障体系建设明确指出，按照兜底线、织密网、建机制的要求，全面建成覆盖全民、城乡统筹、权责清晰、保障适度、可持续的多层次社会保障体系。全面实施全民参保计划。完善城镇职工基本养老保险和城乡居民基本养老保险制度，尽快实现养老保险全国统筹。完善统一的城乡居民基本医疗保险制度和大病保险制度。完善失业、工伤保险制度。建立全国统一的社会保险公共服务平台。自治区第十二次党代会指出，推进全民参保，稳步提高统筹层次和保障水平，加快住房保障和供应体系建设，加大社会救助力度，增强养老服务供给能力，大力发展残疾人和慈善公益事业，建立更加公平更可持续的社会保障制度。社会保险是社会保障体系建设的主要部分，提高社会保险待遇水平，有助于完善社会保障体系，促进宁夏脱贫富民战略的实施。

一、深入实施全民参保登记计划

由于城乡居民基本养老、基本医疗保险起步晚，待遇水平仍不高，各地财政承受能力和基金结余分布不均，且统筹层次仍偏低，社会保障互济功能发挥不够，导致地区之间待遇差别较大。机关事业单位仍实行单位退休养老制度，与企业职工养老保险制度"双轨"运行，待遇差距矛盾突出，社会反响强烈。我国社保体系建设采取先城镇后农村、分人群渐次推进的方式，再加上农村社保制度实施时间不长，而且实行自愿参保政策，现今全国还有1亿多人没有参加基本养老保险，主要是部分非公经济组织员工、城镇灵活就业人员、农民工以及部分农村居民等。针对上述问题，宁夏"五个同步"推进实施全民参保登记计划。作为全国首批3个全民参保登记试点省区之一，宁夏以社会保险全覆盖为目标，以信息化"省集中"建设为基础，以入户登记调查为抓手，坚持"五个同步"，挖掘参保扩面资源，整区推进实施全民参保登记计划。目前，累计登记入库27万人，新增参保2.3万人。

（一）全国首批同步试点，政府主导强力推进

自治区政府高度重视全民参保登记工作，自治区政府召开专题会议听取全民参保登记工作推进情况汇报，研究制订试点方案。要抓住机遇，争取以试点推进扩面参保，走在全国前列。

（二）整区同步推进实施，狠抓目标责任管理

要充分发挥地域面积小、人口基数少、基层服务平台健全、信息数据"省集中"较快、自治区级五险统一管理的优势，在全区5个地级市22个县（区）整区同步推进实施，组织乡镇民生服务中心走村入户，专人负责开展信息登记调查。将全民参保登记工作纳入效能考核，将参保登记任务层层分解到市县，签订目标责任书，形成推动激励机制。

（三）部门协作同步推进，构建工作联动机制

人社部门牵头，公安、财政等部门要协同配合，明确分工，资源共享。公安部门提供全区常住人口户籍信息，并完成与社保人比对；财政部门要加大投入经费，用于开发全区统一的操作软件等；质监部门提供单位组织机构代码，核准单位基本信息，便于按单位调查登记。

（四）五险信息同步登记，提高入库数据质量

要通过全区统一的"省集中"信息平台，筛查比对全区每个人五险参保情况。要促进全民参保登记库、社保"一卡通"信息系统库与公安户籍信息库互联互通，建立动态数据核直比对机制。针对区外参保人员，申请利用全国异地参保信息查询平台，比对异地参保信息，解决跨省异地居住、流动人员漏保和重复参保问题。

（五）登记参保同步落实，力争实现应保尽保

要及时将登记入库的未参保人员信息，按照未参加的险种、户籍所在地、用人单位分门别类，整理汇总，多方联系，积极动员参保缴费，及时将登记成果转化为护面成果，逐步将游离于制度之外的应保未保人员纳入参保范围，力争实现人人享有社会保的目标。要将继续巩固全民参保登记成果，推出乡镇、村级示范点制定全民参保登记考核评估办法。建立工作进度通报制度，推行社会保险经办机构购买公共服务，解决基层经办管理服务能力不足问题推进五险合一经办体制改革，提升登记效率和质量。

二、健全完善职工养老保险激励机制

现行职工基本养老保险体系统一运行已有近20年。据《中国社会保险发展年度报告2014》统计，截至2014年底，城镇职工基本养老保险参保人

数总计 34124 万人，比 2013 年底增加 1906 万人，增长 5.9%；比 2009 年底增加 10574 万人，年平均增长 7.7%。但是《报告》也显示，企业职工养老保险实际缴费人数占参保职工的比例在下降。2014 年，企业缴费人员 19431 亿，比 2013 年增加 470 万人，占参保职工的比例 81.2%，比 2013 年的占比下降 2.8 个百分点，比 2009 年下降 6.5 个百分点。由此可见，我国部分职工对于缴纳养老保险的积极性不高，这与我国养老保险制度的激励机制不够健全密切相关。所以宁夏要尤为重视健全完善职工养老保险激励机制。

（一）企业职工基本养老保险

宁夏城镇企业职工基本养老保险于 1986 年 10 月起步，1992 年实现省级统筹，是全国最早实现省级统筹的 13 个省份之一。1998 年出台《宁夏回族自治区私营个体户及其从业人员基本养老保险暂行办法》，参保范围从国有集体企业、机关事业单位、社会团体职工向非公有制企业、个体经济组织扩展。2009—2010 年应对国际金融危机的冲击，宁夏出台实施"五缓四降三补贴两协商一免一核（54321）"社会保险阶段性优惠政策，有效帮助困难企业及职工实现稳岗就业。2010—2011 年，宁夏创新举措，出台《关于解决我区企业职工基本养老保险历史遗留问题的意见》（宁政发〔2010〕10 号）。要不断完善企业职工基本养老金计发制度改革，逐步建立"多缴多得，长缴长得"激励约束机制。要继续做好企业职工基本养老保险"六统一"，即统一的基本养老保险制度和政策，统一的基本养老保险缴费基数和比例，统一的基本养老保险待遇标准和项目，统一的基本养老保险基金使用和管理，统一的全区基金预决算管理，统一的基本养老保险业务规程。职工养老保险关系在全区、全国范围内可自由转移接续。

（二）健全多缴多得激励机制

退休人员退休时领的养老金，与其工作时的缴费年限长短、缴费水平高低直接相关。缴得多、缴得长，领的养老金水平自然高。此举也被业内看做是除了降费率外，养老金制度改革的重要一环。对于参保人员的基础养老金，政府对符合领取待遇条件的参保人员全额支付基础养老金，对长期缴费的，适当加发基础养老金；对于这些人的个人账户养老金，个人缴费和政府对参保人员的缴费补贴全部计入个人账户，参保人员自主选择档次缴费，个人缴费越多，享受的政府补贴越多，这也使得个人账户积累额越多，参保人员达到退休年龄后领取的个人账户养老金也就越多。

三、全面实施职业年金制度

宁夏地税局服从服务改革大局，认真贯彻落实《国务院关于机关事业单位工作人员养老保险制度改革的决定》和《自治区人民政府关于机关事业单位工作人员养老保险制度改革的实施意见》等文件精神，全面加强组织领导、部门协调、业务衔接、系统配置，全区机关事业单位职业年金征缴工作于2016 年 11 月 21 日正式运行。截至 2019 年，全区已入库机关事业单位职业年金3000 多万元。以省为单位由税务部门征收机关事业单位职业年金的工作走在了全国前列，为全国此项改革的顺利推行作出了积极探索，积累了有益经验。

（一）加强组织领导

机关事业单位基本养老保险制度改革是一项重大制度创新和机制创新，涉及广大机关事业单位工作人员切身利益，牵动其他社会群体利益。为此，要加强组织领导，明确责任分工，专门召开全系统启动机关事业单位养老保险费及职业年金征缴工作动员会，进行广泛思想动员和安排部署。在工作推进过程中，全区地税系统把此项工作摆在了重要议事议程，作为重点工作对待，做到一把手亲自抓，分管领导具体抓。自治区地税局制定了加强机关事业单位养老保险费及职业年金征缴工作的具体措施和办法，明确责任分工，形成以社保费征缴管理部门为主体，征科、计会、信息、纳服等多部门联动、齐抓共管的工作格局。

（二）加强部门协调

机关事业单位基本养老保险费和职业年金的征缴管理工作，牵动改革大局，涉及面大，政策性、专业性强，征缴工作涉及人社、财政、国库、银行等部门。对此，全区地税部门要牢固树立大局观念，服从服务于改革大局，做实做细部门配合协作工作。积极协调相关部门，做好机关事业单位养老保险费及职业年金预算科目代码设立、预算级次划分、职业年金专户开设等工作，为征缴机关事业单位基本养老保险费和职业年金工作创造良好的外部环境，形成积极的工作氛围。

（三）加强业务衔接

要积极与自治区人社厅和社保局沟通研究确定征管原则、征缴方式、征缴期限、票证使用、三方对账等事宜。及时在全系统对机关事业单位养老保险费的政策规定、参保范围、业务规范等专业知识进行培训。同时结合地税社保费征缴特点，深入调查研究，摸清机关事业单位基本情况及医保等征缴管理现状，做到心中有数。发挥税收征管优势，构建服务模型，实现税费同征、同管、同服务，彰显地税部门担负征缴机关事业单位基本养老保险费和职业年金服务优势。

（四）加强系统配置

截至 2019 年，宁夏机关事业单位养老保险费及职业年金征缴工作运行平稳，征缴工作初显成效。与中软、税友等公司研究设计了金税三期社保费征管子系统；与社保、银行、国库进行业务、技术对接，组织系统功能联调测试，彰显"金税三期综合系统"信息管费优势，为征缴机关事业单位基本养老保险费和职业年金工作奠定了信息技术基础。

第23章
扎实做好社会救助

十九大报告指出，统筹城乡社会救助体系，完善最低生活保障制度。完善社会救助、社会福利、慈善事业、优抚安置等制度，健全农村留守儿童和妇女、老年人关爱服务体系。自治区十二次党代会指出，加大社会救助力度，增强养老服务供给能力，大力发展残疾人和慈善公益事业，建立更加公平更可持续的社会保障制度。社会救助工作是脱贫富民战略中的重要一环。

一、完善社会救助保障标准

社会救助事关困难群众基本生活和社会公平，是一项托底线、救急难、保民生的基础性制度安排。要将完善社会救助制度与脱贫富民战略相结合，进一步完善社会救助保障标准，对各项社会救助制度进行全面系统规定，确立以最低生活保障、特困人员供养、受灾人员救助以及医疗救助（含疾病应急救助）、教育救助、住房救助、就业救助和临时救助为主体，以社会力量参与为补充的社会救助制度体系框架。提高社会救助法治化、科学化、制度化、规范化水平。《宁夏回族自治区党委 人民政府关于推进脱贫富民战略的实施意见》指出，要完善社会救助保障标准与物价上涨挂钩联动机制，适时适度提高城乡低保标准。

（一）加强和改进最低生活保障工作

社会救助相关部门要准确核实申请救助家庭人口、收入和财产情况，把好受理、审核、入户调查、民主评议、公示和监督等关口，切实把真正符合条件的困难群众纳入保障范围，努力做到应保尽保。认真落实低保经办人员和村（居）委会干部近亲属享受低保备案制度，确保低保对象认定准确，坚决杜绝"人情保""错保"等问题。切实强化县、乡两级政府主体责任，加大定期核查和动态管理，健全低保准入和退出长效机制，做到保障对象有进有出，补助水平有升有降。全面运用低保信息系统，及时更新信息数据，确保动态管理准确有效。

（二）规范受灾人员救助工作

建立和完善自治区、市、县、乡镇（街道）4级自然灾害救助应急预案与灾害应急救助工作规程，形成横向到边、纵向到底的灾害应急救助体系。自治区和各市、县（区）要根据自然灾害特点、居民人口数量和分布等情况，按照布局合理、规模适度的原则，设立自然灾害救助物资储备库，保障自然灾害发生时救助物资的紧急供应。建立健全政府领导，民政部门牵头，财政、农牧、气象等部门共同参与的自然灾害救助应急综合协调机制，根据情况紧急疏散、转移、安置受灾人员，及时为受灾人员提供必要的食品、饮用水、衣被、取暖、临时住所、医疗防疫等应急救助。做好灾情报送工作，坚持自然灾害24小时零报告制度，做到灾情报送途径统一、标准统一、口径一致。建立健全灾情评估制度，及时核查灾情，细化灾情评估报告和救助方案。加强因灾倒损民房恢复重建能力建设，有序推进灾后恢复重建，探索建立灾害保险机制。完善自然灾害救助程序，加强救灾款物管理使用，建立救灾专项资金督察长效机制，做到救灾资金制度化管理、程序化审批、社会化发放、常态化监督。

（三）完善医疗救助制度

要按照《宁夏回族自治区医疗救助办法》的要求，实现医疗救助制度城乡统筹，提高重特大疾病救助比例和水平。对符合条件的救助对象参加城乡居民基本医疗保险的个人缴费部分，给予全部或部分补贴。认真做好医疗救助与其他医疗保险的衔接，对救助对象经基本医疗保险、大病保险和其他补充医疗保险支付后，仍难以承担的符合规定的基本医疗自负费用，给予救助。要探索建立定点医疗机构动态管理和考核机制，加强对定点医疗机构的监管。优化医疗救助"一站式"即时结算工作，为医疗救助对象提供便捷服务。要扎实开展疾病应急救助工作，各市、县（区）和有关部门健全完善配套措施，设立疾病应急救助基金，对需要急救但身份不明或无力支付相关费用的急危重伤病患者提供应急医疗救治。加强疾病应急救助制度与其他医疗保障制度的衔接。

（四）深化教育救助工作

自治区、市、县（区）和各级教育部门要根据不同教育阶段需求，对各教育阶段就学的最低生活保障家庭成员、特困供养人员，制定减免相关费用、发放助学金、给予生活补助、安排勤工俭学的具体救助政策。要健全完善从学前教育直至研究生教育各阶段的家庭经济困难资助政策体系，从根本上保障不让 1 个孩子因家庭经济困难而失学、辍学。开展学前 1 年教育试点工作，对全区在园学前 1 年儿童给予资助。对义务教育阶段学生免除学杂费，免费发放教科书和教辅资料，对家庭经济困难的寄宿学生进行生活费补助，在中南部地区继续实施农村义务教育学生营养改善计划。对不能入学接受义务教育的残疾儿童，根据实际情况给予适当教育救助。实施普通高中、中等职业学校和高校助学金资助制度，对家庭经济困难学生给予资助。做好高校生源地信用助学贷款工作，解决学生在校期间的学费和住宿费问题。根据经济社会发展水平和救助对象的基本学习、生活需求情况，动态调整资助标准和覆盖范围，及时向社会公布。

（五）落实住房救助政策

要结合宁夏实际，不断完善住房救助政策和办法，进一步细化住房困难最低生活保障家庭、分散供养特困人员有关配租公共租赁住房、发放住房租赁补贴、农村危窑危房改造等方面的准入条件和标准。要按照"合理适度救助，多形式救助"的原则，紧紧围绕"保基本"和"兜底线"要求，坚持将救助对象列入保障性安居工程和农村危窑危房改造工程通盘考虑，对住房救助对象优先安排，应保尽保。要健全申请审核机制，住房城乡建设、民政部门要加强协调配合，依法分别做好申请对象的住房、收入和财产状况审核。科学合理确定住房救助方式，积极探索农村公共租赁住房救助模式。各级人民政府要按照国家规定，通过财政投入、用地供应等措施为实施住房救助提供保障。

（六）加大就业救助力度

各级人力资源社会保障部门要进一步落实创业贷款贴息、社会保险补贴、岗位补贴、培训补贴、费用减免、公益性岗位安置等促进就业的具体政策措施。加大对最低生活保障家庭中有劳动能力且处于失业状态的人员就业救助力度，实现至少1人就业，解决困难家庭"零就业"问题。依托基层公共就业服务机构，摸清就业救助对象底数和就业需求，免费提供就业岗位信息、职业介绍、职业指导等就业服务。对最低生活保障家庭中有劳动能力但未就业的成员，无正当理由，连续3次拒绝接受人力资源社会保障部门介绍的与其健康状况、劳动能力等相适应工作的，民政部门要减发或者停发其本人的最低生活保障金。按照国家有关规定通过社会保险补贴、税收优惠、小额担保贷款等就业扶持政策，鼓励用人单位吸纳救助对象和鼓励救助对象自主创业。

（七）完善临时救助制度

2015年底前，自治区民政厅出台自治区《临时救助办法》，进一步明确临时救助的功能定位、对象范围、审核审批程序、救助标准，完善评议公示、经费筹措和资金使用管理等，对因火灾等意外事件、家庭成员突发重大疾病等原因导致基本生活暂时出现严重困难的家庭，或者因生活必需支出突然增加超出家庭承受能力导致基本生活暂时出现严重困难的低保家庭，以及遭遇其他特殊困难的家庭，给予临时救助。要突出临时救助制度救急救难的特点，对突发紧急情况需要救助的，简化审批手续。加强临时救助与其他社会救助制度之间的衔接，形成制度合力，消除救助盲区。加强救助管理机构建设，完善生活无着的流浪、乞讨人员救助措施，为其提供临时住宿、急病救治、协助返回等救助。公安机关和其他有关行政机关工作人员在执行公务时发现流浪、乞讨人员的，告知其向救助管理机构求助；对其中的残疾人、未成年人、老年人和行动不便的其他人员，引导、护送到救助管理机构；对突发急病人员，立即通知急救机构进行救治。

（八）加强社会力量参与

自治区细化政策措施，研究制定向社会力量购买社会救助具体服务事项的办法。要通过财政补贴、税收优惠、费用减免等优惠政策鼓励单位和个人等社会力量通过捐赠、设立帮扶项目、创办服务机构、提供志愿服务等方式，参与社会救助。充分发挥社会组织、社会工作者和志愿者队伍等社会力量参与社会救助的专业优势和服务特长，针对不同救助对象开展困难救助、心理疏导、精神慰藉、能力提升、社会融入等多样化、个性化服务。借助自治区打造"黄河善谷"的优势，积极发展基层慈善实体，大力培育慈善类社会组织，健全完善各级慈善项目库，鼓励、引导、支持社会组织、企事业单位和爱心人士等开展慈善救助。

二、健全特困人员供养标准动态调整机制

要建立城乡统筹、待遇统一、符合实际的特困人员供养制度，健全特困人员供养标准自然增长机制，将符合条件的特困人员全部纳入救助供养范围，为城乡特困人员提供基本生活、照料服务、疾病治疗以及殡葬救助等方面的保障。将符合条件的城乡低收入家庭和残疾人家庭及时纳入最低生活保障范围，健全特困人员供养标准动态调整机制，逐步提高生活不能自理特困人员集中供养率。

（一）规范特困人员供养程序

要把区内农村五保供养和城市"三无"人员保障制度统一为城乡统一的特困人员救助供养制度。要进一步规范特困人员供养的申报、审核、审批程序，严格公示程序，实行动态管理；乡镇（街道）及时掌握行政区居民生活情况，主动为符合条件人员依法办理特困供养。

（二）健全特困人员供养标准

要将无劳动能力、无生活来源、无法定赡养抚养义务人或者其法定义务人无履行义务能力的具有宁夏城乡户籍的老年人、残疾人以及未满 16 周岁的未成年人纳入特困人员救助供养范围。同时，特困人员中的未成年人，满 16 周岁后仍接受义务教育或在普通高中、中等职业学校就读的，可继续享有救助供养待遇。健全特困人员供养标准动态调整机制，必须有相应的标准。特困人员救助供养标准包括基本生活标准和照料护理标准，供养形式分为在家分散供养和在当地的公办福利机构或农村五保供养服务机构集中供养，完全或者部分丧失生活自理能力的，优先为其提供集中供养服务。原则上，全区集中供养的特困人员救助供养标准不低于上年度当地农村居民可支配收入的 80%，分散供养的特困人员救助供养标准不低于上年度当地农村居

民可支配收入的60%。自治区财政对农村低保供养对象，分别予以集中供养人员按城市最低生活保障标准、分散供养人员按农村最低生活保障标准补助，并与最低生活保障标准同步调整。

（三）全面建立特困人员供养制度

自治区民政厅要会同有关部门，加强对各市、县（区）的指导，确保全区建立城乡统筹、待遇统一、符合实际的特困人员供养制度。要进一步规范特困人员供养的申报、审核、审批程序，严格公示程序，实行动态管理。乡镇（街道）应及时掌握行政区居民生活情况，主动为符合条件人员依法办理特困供养。要健全特困人员供养标准动态调整机制，全区集中供养的特困人员供养标准不低于上年度当地农村居民可支配收入的80%，分散供养的特困人员供养标准不低于上年度当地农村居民可支配收入的60%。自治区财政对农村五保供养对象，分别予以集中供养人员按城市最低生活保障标准、分散供养人员按农村最低生活保障标准补助，并与最低生活保障标准同步调整。市、县（区）人民政府按照标准落实特困人员供养资金，切实保障其基本生活。要加强特困人员供养制度与城乡居民基本养老保险、基本医疗保险、最低生活保障、住房保障、孤儿养育津贴等制度之间的衔接。要加强社会福利机构、农村五保供养机构等托底保障性养老机构建设，不断提高服务保障水平。

三、建立"两项补贴"动态调整机制

为解决残疾人特殊生活困难和长期照护困难，国务院《关于全面建立困难残疾人生活补贴和重度残疾人护理补贴制度的意见》于2015年9月印发，第一次在国家层面建立残疾人福利补贴制度。自2016年1月1日起全面实施以来，我国困难残疾人生活补贴和重度残疾人护理补贴两项政策发放工作已基本实现全覆盖，分别惠及1000多万残疾人，累计发放资金近300亿元。

全面实施困难残疾人生活补贴和重度残疾人护理补贴制度，建立"两项补贴"动态调整机制，实现应补尽补、应退即退。

（一）困难残疾人生活补贴和重度残疾人护理补贴

困难残疾人生活补贴主要补助残疾人因残疾产生的额外生活支出，对象为低保家庭中的残疾人，有条件的地方可逐步扩大到低收入残疾人及其他困难残疾人。低收入残疾人及其他困难残疾人的认定标准由县级以上地方人民政府参照相关规定、结合实际情况制定。重度残疾人护理补贴主要补助残疾人因残疾产生的额外长期照护支出，对象为残疾等级被评定为一级、二级且需要长期照护的重度残疾人，有条件的地方可扩大到非重度智力、精神残疾人或其他残疾人。要逐步推动形成面向所有需要长期照护残疾人的护理补贴制度。

（二）宁夏认定"两项补贴"的标准

符合困难残疾人生活补贴对象为：具有宁夏户籍，持有残疾人证，月固定收入低于当地最低工资标准，残疾人等级为一级、二级的生活困难残疾人。重度残疾人护理补贴对象为：具有宁夏户籍，持有残疾人证，需要长期照护的智力和精神残疾，一级、二级视力和肢体残疾及以上残疾类别的多重残疾且需要长期照护的残疾人。领取工伤保障生活护理费、纳入特困人员供养保障、受到刑事处罚的残疾人不在"两项补贴"制度保障范围。

（三）"两项补贴"标准适时调整

"两项补贴"标准是根据经济社会发展水平和残疾人生活保障需求、长期照护需求统筹确定，实现应补尽补、应退即退。根据相关政策和精神，宁夏回族自治区人民政府办公厅印发《困难残疾人生活补贴办法》和《重度残疾人护理补贴办法》，并于2016年1月1日起，为符合条件的困难残疾人每人每月发放100元生活补贴，为符合条件的重度残疾人每人每月发放80元护理补贴。两项制度同时鼓励有条件的地区适当提高补贴标准，扩大补贴范围，并明确"两项补贴"不计入家庭收入，与城乡最低生活保障互不冲抵，符合条件的残疾人自递交申请当月即可计发补贴资金，确保符合条件的残疾人及时享受到两项补贴。

四、推进公租房货币化

国务院常务会议确定培育和发展住房租赁市场的措施，推进新型城镇化满足群众住房需求。会议指出，实行购租并举，发展住房租赁市场，是深化住房制度改革的重要内容，有利于加快改善居民尤其是新市民住房条件，推动新型城镇化进程。其中确定推进公租房货币化，政府对保障对象通过市场租房给予补贴。在城镇稳定就业的外来务工人员、新就业大学生和青年医生、教师等专业技术人员，凡符合条件的应纳入公租房保障范围。为贯彻落实国家政策要求，必须进一步深化住房制度改革，促进房地产市场平稳健康发展，积极培育和发展住房租赁市场，加快改善居民住房条件，推动新型城镇化进程。《宁夏回族自治区党委 人民政府关于推进脱贫富民战略的实施意见》指出，合理确定住房保障规模和准入条件，加快公租房分配入住，推进公租房货币化，把符合条件的家庭及时纳入住房保障范围。

（一）坚持指导思想

深入贯彻中央城市工作会议精神，认真落实国家"十三五"规划关于住房保障工作的要求。按照"四个全面"战略布局的总体部署，紧扣供给侧改革，大力推进体制机制创新，建立更加全面、公平和可持续的公租房货币化保障制度。为"保基本、惠民生、促稳定"、吸引人才和提高自治区竞争力创造条件。

（二）恪守基本原则

市场导向，动态调整。合理确定租赁补贴和保障面积标准，适度调整现行保障标准，并根据自治区经济社会的发展、政府财力和住房保障工作实际情况，建立租赁补贴标准动态调整机制，原则上每两年调整一次；分类实施，梯度保障。根据城市中低收入住房困难群体、新就业高校毕业生和外来务工人员住房困难程度的不同，保障其基本住房需求，有层次、有差别地对其在市场上寻求租房予以不同方式、不同金额的租赁补贴保障，实现保障家庭从"住有所居"向"住有宜居"转变；部门联动，阳光操作。完善租赁补贴保障的申请、审核、发放和后续管理等操作流程，建立部门联审和信息共享机制，加强廉政风险防范和效能监察，充分保障群众知情权、参与权和监督权，确保公租房货币化保障工作的公开、公平、公正。

（三）实现目标任务

以发放补贴为主要方式，实现公租房货币化保障类型的全覆盖。对符合条件的城市中低收入住房困难家庭、新就业高校毕业生和外来务工人员通过发放租赁补贴的方式支持其在市场上租赁住房；实行公租房实物配租和租赁补贴并举。以公租房保障实物配租和租赁补贴并举的方式，形成公租房保障政策的闭合环。符合条件的城市中低收入住房困难家庭、新就业高校毕业生和外来务工人员可根据自身实际情况和需求，自主选择实物配租或租赁补贴其中一种保障形式，鼓励其选择租赁补贴保障形式；完善公租房货币化保障退出机制。加强部门信息共享，规范基本住房保障年审制度。保障对象每年年审时主动申报家庭情况，不再符合租赁补贴保障条件的，及时停止保障，对违规领取的补贴予以追缴。

（四）大力组织实施

加强组织领导。推进公租房货币化保障是完善住房保障体系的一项重要举措，涉及面广、政策性强。自治区房管局、人社厅、民政厅、财政厅及各市、县（区）人民政府要加强指导督促，完善支持政策，狠抓落实，确保公租房货币化保障工作扎实推进。明确职责分工。自治区房管局统筹全区公租房货币化保障工作，具体落实城市中低收入住房困难家庭和外来务工人员租赁补贴工作；自治区人社厅具体落实高校毕业生租赁补贴工作；自治区人民政府按照属地化原则，具体负责租赁补贴审核和发放工作；自治区民政厅、财政厅、公安厅、地税局、公积金管理中心根据自身职能做好相关工作。落实支持政策。通过公租房货币化保障的户数可按规定纳入保障性安居工程统计口径。公租房货币化保障所需资金由区、市、县（区）财政分别按比例承担。强化监督管理。自治区各部门要建立健全公平合理、公开透明的工作程序和监管措施，做到规范操作和运行，接受审计、财政、监察等部门的监督。对公租房货币化保障工作中存在违法违规行为的单位或个人，依法依纪追究相关责任。

第*24*章
增强人民群众的获得感、幸福感、安全感

　　党的十九大报告指出："带领人民创造美好生活，是我们党始终不渝的奋斗目标。必须始终把人民利益摆在至高无上的地位，让改革发展成果更多更公平惠及全体人民，朝着实现全体人民共同富裕不断迈进。"自治区党委、政府认真贯彻落实党的十九大精神和习近平新时代中国特色社会主义思想，站在讲政治、惠民生的高度，坚持以人民为中心的发展思想和"人民至上"的执政理念，坚定不移地推进脱贫富民战略，切实把维护好、发展好、实现好人民群众的根本利益作为工作的出发点和落脚点，使人民群众得到更多的获得感、幸福感、安全感。

一、提高人民群众的获得感

　　自治区第十二次党代会报告指出："必须把脱贫富民作为今后五年发展的价值取向和工作导向，全力打赢脱贫攻坚战，

大力实施富民工程，下大力气解决社会事业发展滞后、居民收入偏低等事关群众切身利益的问题，在提高经济发展水平的同时，实实在在提高人民群众的富裕程度和生活质量，让经济发展的成果更多转化为富民成果，让广大老百姓得到更多实惠。"全面建成小康社会最直接的体现是人民富裕，坚持把保障和改善民生作为全面建成小康社会最直接最现实最基础的工作常抓不懈，不断完善公共服务体系，保障群众基本生活，促进社会公平正义，形成多渠道的投资机制、有效的增收机制、健康稳定的保障体系，让人民群众共享改革发展成果，使人民群众获得感更加充实、更有保障、更可持续。

（一）坚持以习近平总书记关于扶贫工作的重要论述为指导，坚决打好打赢脱贫攻坚战

党的十九大把脱贫攻坚战作为决胜全面建成小康社会必须打赢的"三大攻坚战"之一，作出全面部署。宁夏要进一步提高政治站位，增强"四个意识"，动员全社会力量，坚持精准扶贫精准脱贫，坚持中央统筹、省负总责、市县抓落实的工作机制，强化党政一把手负总责，全社会共同参与，把打好精准脱贫攻坚战作为民生工作的重中之重，聚焦深度贫困地区和特殊贫困群众，突出问题导向，坚持实事求是，坚持时间服从质量，严格按照"两不愁三保障"的标准，对标党中央确定的2020年现行标准下农村贫困人口实现脱贫、贫困县整体摘帽、解决区域性整体贫困的目标，结合打好宁夏"五县一片"深度贫困地区脱贫攻坚战，进一步调整完善2017—2020年脱贫滚动计划，优化政策供给，下足绣花功夫，坚持精准、稳定、可持续，认真落实脱贫富民政策，集中安排资金、项目、举措，实施精准施策精准帮扶，扎实做好产业扶贫、易地扶贫搬迁、就业扶贫、金融扶贫、教育扶贫、健康扶贫等重点工作。强化监督、考核，坚决克服盲目乐观、急于求成倾向，做到脱真贫、真脱贫。要开展扶贫领域腐败和作风问题专项治理，集中力量解决扶贫领域形式主义、官僚主义的突出问题，切实提高贫困群众的获得感。坚持大扶贫格局，注重扶贫与扶志、扶智相结合，激发贫困群众内生动力。要分

层分类对全区涉及扶贫开发工作的干部进行轮训，培育懂扶贫、会帮扶、作风硬的扶贫干部队伍，坚决打赢打好精准脱贫攻坚战。

（二）着力推进产业富民，打牢群众增收的基础

大力培育、发展特色优势产业。充分发挥宁夏的资源禀赋，进一步完善体制机制，加大资金投入，做好技术创新、优化提升、集群发展等文章，推动特色产业提质增效。在工业方面，围绕现代煤化工、现代纺织、装备制造、新能源、新材料等重点产业，培育发展新经济、新业态、新模式，进一步压缩化工、冶金、煤炭等传统高耗能行业投资，补链延链强链，着力扩大电子设备、通用设备、生态环保等新兴产业投资，推进优势产业向高端化、集约化方向发展，着力打造先进装备制造、智能铸造、新材料、新能源、节能环保、煤制油、煤电产业集群，发挥区域优势产业集群化效应，加快产业转型升级步伐，推动重大产业项目规模及装备水平，进一步提高工业企业对就业增收的带动作用。在农业方面，紧紧围绕"一特三高"现代农业，制定农业特色产业发展规划，因地制宜选准致富产业，做强做精盐池滩羊、红寺堡酿酒葡萄、原州冷凉菜、西吉马铃薯、彭阳辣椒、泾源肉牛等产业，形成名副其实的"一县一业"。同时，因户施策，精准扶持，支持贫困户发展小杂粮、油料、中药材、黄花菜、硒砂瓜、中蜂等"一村一品"富民产业。积极推进"四个一"工程，大力发展农产品精深加工，延长产业链条，打造一批贫困县区农产品加工园区，开展粮油、马铃薯、牛羊肉、枸杞、酿酒葡萄、中药材等特色农产品精深加工，着力打造优势农产品品牌。积极培育家庭农场、农民合作社、龙头企业等新型经营主体，与贫困户建立紧密利益联结机制，规避市场风险和自然影响，带动贫困户在特色产业发展中获得实实在在收益。

大力发展非公有制经济。坚持把非公有制经济作为群众就业创业的稳定器、生力军。研究制定有针对性的非公经济发展政策措施，从放开投资领域、加强融资担保服务、拓展经营领域、建立孵化基地、培育壮大等方面着

力鼓励扶持，放水养鱼，一石激起千层浪，促进非公经济健康快速发展，催生一批批在电子商务、商业贸易、农业产业、信息化产业等领域具有"新特精专长"的非公企业，让更多群众在发展非公有制经济中增加收入。

大力发展现代服务业。坚持把发展服务业作为增收的有效补充，完善服务业体系建设，发展现代金融、物流、信息技术、现代商贸等服务业，利用电子商务、农超对接、连锁经营等方式，搭建线上线下交易平台，提高服务水平和质量。积极发展健康养老、家政和社会服务、文化旅游等新兴服务业，抓好农村电商、冷链运输、农产品批零等，着力发展生活服务型服务业，增强发展动力活力。

（三）坚持把就业创业作为最大的民生，不断提高就业质量和增收水平

就业是民生之本，创业是发展之源。坚持就业优先战略和积极就业政策，围绕农业产业、现代物流、电子商贸、文化旅游、生产生活服务等，实施更加积极创业就业政策，全力推进"大众创业，万众创新"，帮助群众拓宽就业创业、增收致富渠道，充分享受改革红利，实现更高质量和更充分就业。注重解决结构性就业矛盾，落实劳动者自主就业、市场调节就业、政府促进就业和创业带动就业政策，综合运用促进创业就业的财税、金融、贸易、产业等政策措施，支持新产业新业态发展，实现经济发展和扩大就业良性互动。加强职业技能培训，不断提高群众的创业就业能力。继续深化大众创业万众创新，出台创业富民政策措施，落实创业担保贷款、补贴等扶持政策，解决创业融资难、税负重、门槛高等问题，释放和激发社会创新创业活力。积极提供全方位公共就业服务，积极开展技能、创业、就业培训，支持科技创业、农民创业、青年创业、巾帼创业、大学生创业、回乡青年多渠道就业创业。深化"放管服"改革、商事制度改革，搭建创业孵化平台建设，推进"互联网+创业服务"，拓展创业载体，支持创新创业，主动上门服务，构建和谐劳动关系，为全民创业营造良好的环境。深化收入分配制度改革，

坚持按劳分配的体制机制，履行好政府再分配调节职能，调整分配结构，实施差别化分配激励政策，促进收入分配更加合理、更有序，完善工资水平决定、正常增长和支付保障机制，坚持同工同酬，维护农民工权益，提高低收入者水平。

（四）全面实施乡村振兴战略，加快推进乡村治理体系和治理能力现代化

党的十九大提出实施乡村振兴战略，是顺应亿万农民对美好生活的向往、是决胜全面建成小康社会、全面建设社会主义现代化国家的重大历史任务，是新时代做好"三农"工作的总抓手。按照产业兴旺、生态宜居、乡风文明、治理有效、生活富裕总要求，坚持山川统筹、城乡融合，认真做好乡村振兴发展规划，全面实施乡村振兴战略，建立健全城乡融合发展体制和政策体系，统筹推进农村经济政治文化社会等建设，加快推进农业农村现代化。整合落实各类产业扶贫项目资金，加强教育培训、就业能力提升、公共设施建设，激发群众内生动力，提高群众发展能力，大力发展特色优势产业，拓展产业发展渠道。大力发展农产品精深加工，延长产业链条，打造优势农产品品牌。深化农村集体产权制度，深化农村土地制度改革，保障农民权益，稳步推进农村危房改造，改善农村人居环境。制订乡村振兴规划，加强城乡道路、绿化、亮化、公园、污水处理等基础设施建设，打造一批休闲农业、健康养老、乡村旅游、商贸物流等特色小镇和"田园综合体"，发展多种形式的适度规模经营，促进一、二、三产业融合发展，着力提高人民宜居水平。加快农村产业基地、扶贫车间、公共服务、文化阵地等项目建设，统筹推进美丽乡村建设。牢固树立"绿水青山就是金山银山"的发展理念，实行严格的生态保护机制，加强生态建设和环境保护，着力改善生态环境，构筑西北生态安全屏障。大力实施生态立区战略，通过扩大财政支出、减免税收、土地优惠等方式，广泛开展植树造林，着力加快三北防护林、天然林保护、退耕还林等国家重点林业工程。着力推进节约资源和保护环

境建设。坚决打赢蓝天保卫战、碧水攻坚战、环保持久战，全面提升宁夏生态环境质量。

二、提高人民群众的幸福感

党的十九大报告指出："必须坚持人民主体地位，坚持立党为公、执政为民，践行全心全意为人民服务的根本宗旨，把党的群众路线贯彻到治国理政全部活动之中，把人民对美好生活的向往作为奋斗目标。"必须把增进人民福祉、实现人民幸福作为工作追求，不断加大公共安全、教育、文化体育、社保和就业、医疗卫生、环境保护、城乡社区事务、农林水事务、保障性住房等领域的投入力度，着力转变政府职能，大力保障和改善民生，大力实施富民工程，大幅度增加收入，加快构建公共服务体系建设，努力让宁夏人民群众的生活更加富裕，幸福感更强。

（一）全面提高政府效能，提升服务水平

全面加强政府自身建设。优化政府机构设置和职能配置，深化机构改革，形成职责明确、依法行政的政府治理体系，增强政府公信力和执行力，全力打造人民满意的服务型政府。继续深化行政审批制度改革，规范改进审批行为，简化审批流程，压缩审批时限，加快审批标准化建设步伐，强化部门间业务协同和信息共享，进一步提高审批效率和服务水平。以"放管服"改革为突破口，加快政府职能转变，推行政府权力清单制度，实行政务公开工作，提效能，促进去产能、去库存、去杠杆、降成本、补短板，为推进供给侧结构性改革助力发力。

改进干部工作作风，提升服务水平。认真践行群众路线，牢固树立为人民干事是天职、不干是失职的理念。认真落实新时代新担当新作为，牢记使命职责，守住民生底线，树立正确的政绩观，时刻把老百姓的安危冷暖放在心上，把造福人民的责任扛在肩上，在促进发展上抓落实、补短板、求突

破，在改善民生上想对策、出实招、见成效，推动改革发展，增进人民福祉。要提高政治素质和工作本领，转变工作作风，求真务实，干字当头，解决推诿扯皮、不担当不作为等消极思想，以钉钉子精神，切实把涉及群众民生事宜一件件办好办实。

（二）坚持把发展教育作为基础性工作摆在优先位置

教育是人民群众最关心的现实利益问题。坚持教育优先发展，把教育作为改善民生的头等大事来抓，立足宁夏实际，实施强基固本工程，着力提高教育质量，推进教育现代化，实现教育资源均衡配置。实施学前教育"行动计划"，加大农村幼儿园建设力度，加快发展普惠性学前教育，解决宁夏学前教育城乡差距大、师资队伍短缺和整体水平不高等突出问题。统筹推进农村义务教育，大力实施薄弱学校改造、义务教育学校建设、普通高中改造等一批教育项目，建立优质教育资源共享共建的长效机制，建立健全推进和完善城乡义务教育学校建设标准统一、教师编制标准统一、生均公用经费基准定额统一、基本装备配置标准统一和"三免一补"政策城乡覆盖保障机制，扩大优质资源覆盖面，逐步缩小城乡、区域间义务教育差距，推动城乡义务教育一体化发展，加快推进每个孩子从"有学上"到"上好学"的转变。加强师德师风建设，完善乡村教师待遇保障机制，加强教师培养再培训工程，提升教师综合素养和教学水平，培养"一专多能"教师队伍，倡导全社会尊师重教。完善现代职业教育体系，建成西部较大的职业教育园区，建设地级市综合性实验实训基地，立足现代煤化工、新材料、新能源、节能环保、特色优势农业、乡村旅游、商贸物流、现代服务业等新产业新能源新业态新领域，实行"特精专"订单式教学，建成具有宁夏特色、符合国家标准的开放型、合作式、国际化的现代职业教育体系，全力打造"机制一流，特色领先"的西部职业教育高地。用足用好国家、自治区各类人才项目和政策，加大人才培养力度，积极引进国外优质教育资源，开展合作办学，加快一流大学和一流学科建设，实现高等教育内涵式发展，增强服务地方经济社会发展能力，努力办人民满意教育。

（三）扎实推进文化繁荣发展，丰富群众性文化活动

全面提升社会主义核心价值观建设水平。深入开展社会主义核心价值观"六进"活动，把核心价值观教育融入教育教学、校风学风、民风家风，增进人们对核心价值观的认同感和践行力，用社会主义核心价值观凝聚思想共识，打牢全区群众团结奋斗的共同思想基础。加强社会公德、职业道德、家庭美德、个人品德教育，加强高校思想政治工作和青少年思想道德建设，大张旗鼓宣传表彰一批道德模范、最美人物，引导全社会崇德向善、见贤思齐。在城乡广泛推动移风易俗、树立文明新风，大力弘扬良好家风家教、校风校训、企业精神等，抵制封建迷信、等靠要等陈规陋习，营造科学健康文明向上向善的社会氛围。

加快文化产业发展。加快文化产业基地和园区建设，做大做强国有文化企业，扶持中小微文化企业，重点打造一批有实力、有活力、有竞争力的骨干文化企业，深入实施"互联网+"文化行动，推动文化与科技、旅游、金融等产业深度融合，培育游戏动漫、数字服务、创意设计等新兴业态，推动文化产业成为国民经济的支柱产业。

深入实施文化惠民工程，培育新型文化业态，加快文化产业发展。积极争取中央、自治区公共文化服务体系建设专项资金，加快补齐贫困地区公共文化设施短板。广泛开展"送戏下乡"、广场文艺演出等文化惠民活动，不断丰富群众文化生活。发展文化产业增收富民。深入挖掘特色文化资源，扶持发展特色非遗文化富民产业，促进群众"富口袋"和"富脑袋"比翼双飞。

（四）坚持把社会保障作为民生的"安全网"，加强和完善多层次社会保障体系建设

推进全民参保，稳步提高保障水平。要按照全覆盖、保基本、多层次、

可持续方针，健全与全面建成小康总体目标相契合、筹资保障水平与经济社会发展相适应、覆盖城乡居民和各类从业人员的社会保险制度，建立公平可持续的社会保障制度，推进全民参保。推进住房保障和供给、社会救助、养老服务、残疾人和慈善公益等建设，筑牢全区社会保障安全网。坚持和完善以社会统筹为主的城镇职工基本养老保险制度，全面实施机关事业单位养老保险制度，推进城乡居民养老保险基金区级统筹管理，完善灵活就业人员和农民工等流动人口参保政策。加快发展企业年金、职业年金，探索建立个人补充养老保险制度，建立基本医疗保险与商业健康补充保险、医疗救助互相补充衔接发展机制，形成多层次基本医疗保障体系。健全失业、工伤保险制度，增强失业保险预防失业、促进就业的作用，形成预防、补偿、康复"三位一体"的工伤保险制度。完善救助和保障兜底制度，提高城乡保障标准，规范低保管理，加强农村低保制度与扶贫开发的衔接，将符合条件的贫困人口及时纳入低保范围，做到应纳尽纳、应保尽保。

聚焦人民群众对美好生活向往的新期待，推动养老福利慈善事业健康发展。发展养老福利慈善事业，提升养老服务水平。完善城乡救助体系，建立城乡统筹、政策衔接、运行规范的特困人员救助供养制度，妥善解决城乡群众临时性、突发性困难救助问题，推动养老服务业发展，完善城乡养老服务政策制度，建立健全养老服务业转型升级、养老服务评估、失能老人护理补贴、基本养老服务补贴、养老机构和居家社区养老服务改革改制等政策制度。深入推进医养融合发展，大力支持社会参与养老事业，全面推进老年人社区健康管理、养老机构医疗康复、老年人专业医疗机构等方面发展，加快养老服务队伍建设，提升服务水平。进一步完善慈善政策法规体系，创新慈善体制机制模式，强化慈善事业健康发展。全面推行政府购买残疾人服务工作，切实落实助残政策，解决残疾人就业、生活、住房等问题，切实维护残疾人基本权益。着眼共建共治共享，创新城乡社区治理，努力把全区城乡社区建成和谐有序、绿色文明、创新包容、共建共享的幸福家园。完善军人抚恤、优待、褒扬、安置等制度机制，健全服务保障体系，促进军民融合发展。

加强保障性安居工程建设和农村危房改造。住房保障是社会保障的重要组成部分，是人民群众的一项基本生活保障需求。积极争取中央补助资金、银行信贷资金，结合特色乡镇培育工程，加强特色乡镇建设规划，以规划为龙头，积极争取项目资金，招商引资、招才引智，积极吸纳社会资本参与投融资，打造融资平台，加大城镇棚户区改造，加快交通、水、电、气、房、讯、网以及教育、医疗等配套设施建设，加强保障性安居工程建设。抢抓乡村振兴战略机遇，结合整村推进、农业特色产业、乡村旅游等，加强美丽乡村建设力度，建设宜居工程，做到应改尽改，实现住有所居目标。

（五）坚持把健康作为人民群众的基本共同追求，大力实施健康宁夏建设

健康是促进人的全面发展的必然要求，是全面建成小康社会的重要内涵。要完善人民健康政策，为人民群众提供全方位全周期健康服务。以提高人民健康水平为核心，以基层基础为重点，预防为主，中西医并重，将健康融入所有政策，全面推进综合医改，加强医疗联合体建设，促进优质医疗资源下沉，加强基层医疗服务能力建设，转变健康领域发展方式，全方位、全覆盖维护和保障人民健康。全面深化医疗综合改革。支持社会办医，发展健康产业，满足人民群众多样化健康需求。继续深化公立医院改革，坚持公益性方向，落实政府责任，创新体制机制，统筹推进医疗服务、医疗保障、药品供应、公共卫生、监管体制等综合改革。坚持预防为主，深入开展爱国卫生运动，倡导健康文明生活方式，预防控制重大疾病。健全全民医疗保障制度，实施居民基本医保"六统一"政策，完善统一的城乡居民基本医疗保险制度和大病保险制度，加强制度间衔接。实施药品生产、流通、使用全流程改革，构建规范有序的药品供应保障、管理体系。加强基层医疗卫生服务体系和全科医生队伍建设。建立覆盖城乡的医疗卫生服务体系，加强乡镇卫生院、村卫生室标准化建设，提升基层卫生服务机构能力建设。建立"两免两

降四提高一免"综合医疗保障体系，针对精准医疗救助对象，制定常见病、慢性病转诊指标和流程，聚焦脱贫攻坚，强化政策倾斜，采取有效措施提升农村贫困人口医疗保障水平和贫困地区医疗卫生服务能力。全面实施全民健身国家战略，完善全民健身体系。坚持"配置均衡，规模适当，方便适用，安全合理"原则，积极发展体育事业，坚持体育场地设施供给普惠化、均等化、身边化，公共体育场地设施更加完备，形成布局合理、互为补充、覆盖面广、普惠性强的全民健身设施网络，开展系列体育赛事和全民健身活动，打造全民健身活动特色品牌，提高全民健身事业新水平，在西部地区率先实现村级农民体育健身工程全覆盖，实现宁夏人均体育场地面积全国领先。

三、提高人民群众的安全感

习近平总书记指出，"汇聚起维护国家安全强大力量，不断提高人民群众安全感幸福感"，创新社会治理是全面建成小康社会的重要方面，坚定不移推进社会治理创新，不断改进社会治理方式，丰富社会治理手段，着力提升社会治理能力和治理水平现代化，扎实推进平安宁夏建设，为与全国同步建成全面小康社会保驾护航。

（一）打造共建共治共享社会治理格局

加强社会治理制度建设，必须把党的政治建设摆在首位，完善党委领导、政府负责、社会协同、公民参与、法治保障的社会治理体制，提高社会化、法治化、智能化、专业化治理水平。加强社区治理体系建设，推动社会治理重心向基层下移，巩固党和国家长治久安、人民安居乐业的社会基础。发挥好工会、共青团、妇联等群团组织作用，促进社会组织、专业社会工作、志愿服务健康发展。压实矛盾纠纷排查和化解"两个责任"，推进矛盾纠纷化解工作常态化、制度化和规范化，切实把问题化解在萌芽状态、解决在基层。从畅通群众利益诉求表达渠道方面着手，建立人民调解、行政调解、行政裁决、行政复议、司法调解、司法裁决、仲裁裁决等多元化化解工作机制，一站式处理化解，提高化解疑难复杂矛盾纠纷的化解率。

（二）完善公共法律服务体系，推进法治惠民工程

深入推进科学立法、民主立法，健全立法工作机制，提高立法质量，加快法治政府建设，深化行政执法体制改革，提高政府工作法治化水平。扎实开展"七五"普法，培育自尊自信、理性平和、积极向上的社会心态。加强公民道德建设和社会诚信体系建设，以完善法律法规为保障，褒扬诚信、惩戒失信，大力推进诚信建设制度化，着力构建不敢失信、不能失信、不愿失信的长效机制，形成人人讲诚信、诚信如真金的良好社会风尚。认真贯彻落实妇女、儿童、老人等权益保障法律法规制度，营造尊重妇女、关爱儿童、尊敬老人、爱护残疾人的良好风尚。坚持全面创新发展，为打造新时代共建共治共享的社会治理格局提供生机活力。

（三）创新信访工作方式，依法及时解决群众合理诉求

信访工作是党和政府联系人民群众的桥梁和纽带，更是为人民群众排忧解难的重要渠道。要着力加强信访工作，落实信访属地管理责任，规范信访工作机制，强化网上信访工作，让人民群众通过多渠道了解掌握、参与监督信访个案办理，进一步增强信访工作的透明性和公正性，有效预防和减少重复访、越级访、进京访、群体访。要按照"三到位一处理"总要求，切实增强运用法治思维、法治方式化解信访案事件能力，对诉求合理的解决到位，对诉求无理的思想教育到位，对生活困难的帮扶救助到位，对无理缠访闹访聚众滋事等违法行为依法处理，进一步规范信访工作秩序，营造良好的社会氛围。

（四）完善应急管理体制，确保人民安居乐业

应急管理关乎国家安全和大局，事关群众生命财产安全，牢固树立国家

安全观，增强全局意识，忠诚履职尽责，确保国家长治久安、人民安居乐业。深化全民国家安全宣传教育，增强全民国家安全意识，依靠人民做好与敌对势力的斗争。加强网络舆情监管和网络信息化建设，加强国家安全工作信息化、专业化建设，严密防范和坚决打击各种渗透颠覆破坏活动、暴力恐怖活动、民族分裂活动、宗教极端活动。坚持安全发展理念，破解社会治理难题，确保社会安全有序发展。一是树立安全发展理念，健全公共安全体系，完善安全生产责任制，坚决遏制重特大安全事故，提升防灾减灾救灾能力。二是加强预防和化解社会矛盾机制建设，加大调处矛盾纠纷，确保及时解决人民内部矛盾。三是加快社会治安防控体系建设，依法打击和惩治"两抢一盗"、电信网络诈骗、侵犯公民个人信息、非法集资等违法犯罪突出问题，保护人民生命财产安全，有效维护社会秩序和国家安全发展。

第25章
脱贫富民的典型案例

一、东西扶贫协作的成功典范——闽宁对口扶贫协作的做法与启示

习近平总书记指出："消除贫困、改善民生、实现共同富裕，是社会主义的本质要求。"做好扶贫开发工作，支持困难群众脱贫致富，帮助他们排忧解难，使发展成果更多更公平惠及人民，是我们党坚持全心全意为人民服务根本宗旨的重要体现，也是党和政府的重大职责。闽宁镇的诞生与兴起，是中国扶贫史上的一个伟大创举和发展缩影。那些果敢先行的决策者，那些东部支援西部的协作省，那些背井离乡的拓荒者，以及接力开发建设的后来者，将智慧创造和理想坚守，深深地印刻在了这里的贫瘠荒漠里。1996年，党中央、国务院实施东西扶贫协作战略，福建、宁夏两省区按照党中央的决策部署，谱写了东西对口扶贫协作的壮丽诗篇，闽宁镇就是两省区倾力协作、真心帮扶的硕果。

（一）背景与概况

1996 年 5 月 31 日，国务院在北京召开扶贫协作会议，部署经济发达的 13 个省市对口帮扶经济欠发达的 10 个省区，确定福建省对口帮扶宁夏回族自治区。闽宁扶贫协作从此拉开了序幕。1996 年 10 月，时任福建省委副书记的习近平担任福建省闽宁对口帮扶领导小组组长，提出以解决贫困人员温饱为重点，以产业协作为基础，构筑互惠互利、联动发展的工作格局。1997 年 4 月，时任福建省委副书记的习近平深入宁夏南部山区考察。6 天的时间里，他入农村、进企业、访农户，一路调研，一路思索。在调研西吉移民搬迁的吊庄玉泉营时，习近平提出了建设闽宁村的设想，集力聚资，将其打造成具有样板意义的闽宁协作示范村，让移民迁得出、稳得住、能致富。在闽宁对口扶贫协作第二次联席会议上，习近平提出，宁夏和福建所处的地理位置与自然环境有着明显不同，彼此协作具有较强的互补性。双方可在"优势互补，互利互惠，长期协作，共同发展"的原则指导下，以促进贫困地区经济发展为中心，以解决贫困地区群众温饱问题为重要任务，广泛深入地开展多种形式的扶贫协作，促进闽宁双方共同发展。1997 年 7 月 15 日，银川城外永宁县，"闽宁村"正式奠基。从 400 多公里外的西吉县山区搬迁来的第一批 8000 名移民，在这块土地上艰难创业，来自福建的技术人员教会了他们菌菇、葡萄等种植技术。2001 年 12 月 7 日，经宁夏回族自治区人民政府批准，闽宁村"升格"为闽宁镇。在此之前，闽宁村在行政上一直归距离银川市约 390 公里的西吉县管辖。

习近平在 2002 年第六次联席会议讲话时强调，要在巩固已有扶贫协作成果的基础上，根据新时期扶贫开发的特点，调动各方面力量，创新帮扶机制，拓宽合作领域，扩大协作规模，增强帮扶力度，推动闽宁对口帮扶协作再上新台阶。2008 年 7 月 23 日，国务院扶贫办"全国东西扶贫协作经验交流会"在宁夏召开，"闽宁模式"受到与会专家、学者、官员的一致肯定，被誉为东西扶贫协作的典范。2013 年 9 月，国务院扶贫办将"闽宁模式"正式列入《中国社会扶贫创新行动优秀案例集》，并作为具有代表性、创新性和推广价值的成功案例向全国推广。2014年，根据国务院副总理汪洋的批示，国务院扶贫办在宁夏召开全国东西协作会议，推广"闽宁模式"的成功经验。2016年7月19日，习近平总书记再次来到闽宁镇视察，目睹闽宁的变化和成就，他高兴地对大家说："1997年我来到这里，被当地的贫困状态震撼了，下决心贯彻党中央决策部署，推动福建和宁夏开展对口帮扶。重点实施了'移民吊庄'工程，让生活在'一方水土养活不了一方人'那些地方的群众，搬迁到适宜生产生活的地方，建起了闽宁镇，你们的收入也从当年的人均500元增加到现在的1万多元，将近20倍。看到你们过上好日子，脸上洋溢着幸福，我感到很欣慰。闽宁镇探索出了一条康庄大道，我们要把这个宝贵经验向全国推广。"2016年7月，习近平总书记在银川主持召开东西部扶贫协作座谈会并发表重要讲话，对进一步提高新形势下东西部扶贫协作和对口支援水平作出战略部署，提出明确要求。在"银川会议"上，习近平总书记对闽宁对口扶贫协作给予充分肯定，闽宁对口扶贫协作成为全国东西扶贫协作的成功典范。

（二）创新做法与成效

1. 坚持联席推进，确保中央扶贫开发政策贯彻落实

习近平同志在闽宁对口扶贫协作之初，就推动建立了党政联席会议制度，确保了对口扶贫协作年年有新举措，年年有新成效。22年来，两省区把党政主导、联席推动作为闽宁对口扶贫协作的有力抓手，紧紧围绕扶贫开发这条主线，每年召开一次由主要领导参加的联席会议，及时总结交流帮扶经验，研究解决帮扶重大问题，协商制定帮扶举措，督促协商成果落地见效。每次会上都根据福建所能、宁夏所需进行紧密对接，提出工作要求，确定工作重点，落实协作责任。比如，在第二次联席会议上，由习近平同志亲自签署决定，为宁夏贫困地区打水窖2万眼，援建希望小学16所，发动福建省属国有、"三资"、乡镇及民营企业到宁夏联办创办经济实体，互派干

部挂职，扩大宁夏对闽劳务输出，在彭阳县开展菌草示范生产。之后，在每年召开的联席会议上都要确定具体的帮扶项目和协作内容。

2. 坚持结对帮扶，加快贫困地区脱贫致富进程

在 2002 年第六次联席会议上，习近平同志提出，要在巩固现有扶贫成果的基础上，根据新时期扶贫开发的特点，调动各方面力量，创新帮扶机制，拓宽合作领域，扩大协作规模，增强帮扶力度，推进闽宁对口扶贫协作再上新台阶。22 年来，两省区始终坚持把市县结对帮扶作为贯彻这一要求的重要举措，福建省 30 多个县（市、区）先后轮流结对帮扶宁夏 9 个贫困县（区）。1997 年，习近平同志提议建立一个以福建、宁夏两省区简称命名的移民村——闽宁村。经过 20 多年的开发建设，当年不到 8000 人的闽宁村已变为下辖 6 个行政村、常住居民超过 6 万人的闽宁镇，全镇移民人均可支配收入由搬迁之初的不足 500 元跃升到 2017 年 12341 元，增长了近 24 倍，昔日的"干沙滩"变成了"金沙滩"。闽宁镇与福建漳州市台商投资区角美镇，闽宁镇 6 个行政村与福建 7 个经济强村建立了"携手奔小康"关系，在他们的示范带动下，两省区先后一批乡镇和行政村建立了结对帮扶关系。在市、县、乡、村结对帮扶的同时，两省区各级党政机关、企事业单位、人民团体、科研院所、各级各类学校和医院之间也开展了形式多样的协作共建，营造了多层次、全方位的对口扶贫协作氛围。

3. 坚持产业带动，增强贫困地区自我发展能力

在 1998 年第三次联席会议上，习近平同志强调，闽宁对口扶贫协作要以基本解决贫困人口的温饱问题为重点，以产业协作为基础，进一步加大企业和社会力量扶贫协作的规模和力度，切实抓好教育、科技和人才的扶贫协作。22 年来，两省区牢牢抓住增强贫困地区自身"造血"能力这一关键，以"5·18"海峡两岸经贸交易会、"6·18"中国·海峡项目成果交易会、"9·8"中国国际投资贸易洽谈会、中阿博览会等商贸活动为平台，把发展特色产业作为提高自我发展能力的根本举措，坚持以市场为导向，以产业协作为基础，通过共建扶贫产业园、搭建合作交流平台等方式，促进贫困地区优势资源开发，带动贫困人口长期稳定脱贫，走出了一条企业合作、产业扶贫、项目带动的"造血"式扶贫路子。通过政府搭台、企业唱戏，已吸引5600多家福建企业（商户）落户宁夏，8万多闽籍人员在宁从业。此外，宁夏青龙管业、宁夏红等企业也成功进入福建开拓市场，宁夏哈纳斯集团在福建投资110亿元的莆田国家级天然气战略储备基地项目，已列入国家和福建省"十三五"规划，即将开工建设，产业协作步入合作共赢的新阶段。

4. 坚持互学互助，促进干部理念更新和作风转变

闽宁对口扶贫协作的22年，既是福建的人才、资金、技术、经验、市场要素植入宁夏发展"肌体"的过程，也是对两地特别是宁夏干部群众思想观念"洗礼"的过程。福建先后选派10批161名干部、17批1056人次支教教师和348名医疗专家来宁帮助工作，宁夏也先后选派16批268名干部到福建挂职。通过互派干部挂职，不但培养锻炼了干部，而且帮助宁夏干部群众学到了东南沿海发达地区的先进理念，开拓了眼界，转变了观念，提升了素质，增长了才干，增强了改变家乡面貌的紧迫感和责任感。通过支教、支医和科技领域的合作交流，引进了福建省先进的教学思想、医疗技术和科学技术，助推了宁夏脱贫攻坚事业。

5. 坚持社会参与，凝聚起脱贫攻坚强大合力

21年来，闽宁两省区积极搭建社会参与平台，培育多元社会扶贫主体，引导和鼓励社会团体、民间组织、爱心人士通过科技帮扶、公益慈善、投资置业等方式，积极参与宁夏贫困地区的经济社会建设。在充分发挥各级工、青、妇等人民团体的示范引领作用的同时，广泛动员福建各类商会、协会的桥梁纽带作用，引导和鼓励福建企业及个人投资宁夏、投资西海固。在参与宁夏经济建设的同时，福建企业家还积极投身援建希望学校、资助贫困学生、救助困难群众等社会公益事业，捐款捐物超过了1.3亿元，并设立了"闽商见义勇为基金"。

（三）几点启示

1. 把建立长效机制作为前提

22 年来，闽宁两省区历届党委、政府，始终按照习近平同志当年确定的闽宁对口扶贫协作总方针，在实践扶贫协作五大机制中，围绕促进贫困地区经济发展，务实苦干，大胆创新，实现了闽宁对口扶贫协作向宽领域、多层次、全方位发展。闽宁两省区每年轮流召开一次党政主要领导参加的联席会议，签订《会议纪要》和各类合作协议，协作（合作）内容均能得到不折不扣的落实。经济、科技、教育、文化、卫生、干部培养等扶贫协作内容越来越丰富，层次越来越高。做到了年年都有新举措、年年都有新成果，22 年持续不间断，有力推动了宁夏脱贫攻坚的进程。

2. 把解决贫困问题作为核心

22 年来，遵循习近平同志当年提出来的"以促进贫困地区经济发展为中心，以解决贫困地区群众温饱问题为重要任务"的对口扶贫协作要求，始终坚持以解决贫困问题为核心，将扶贫重心由"物"转变为"人"，围绕"人"的发展配置资源和项目；以科教扶贫为重点，着眼于提高人的素质；以医疗卫生帮扶为重点，致力于改变因病致贫、因病返贫；以技能培训和劳务输出为重点，培植和发展扶贫造血功能；以生态环境建设为重点，改变贫困人口生存条件和生产生活方式；以发展特色产业为重点，因人因地精准施策拔穷根。不仅改变了一代人的命运，而且推动了贫困地区整体社会进程。

3. 把产业带动扶贫作为关键

闽宁两省区成功实现了援助式扶贫向开发式扶贫转变。把福建的人才、资金、技术、经验、市场等要素与宁夏贫困地区的土地、特色农产品和劳动力资源有机结合，培育和发展了西吉、隆德、盐池、红寺堡和永宁闽宁产业园（城），引入了以华林公司、国圣公司、皇达科技、人造花工艺等企业，带动了当地现代农业和特色优势产业的发展，走出了一条市场导向、产业带动，扩就业、促增收的脱贫路子。通过产业链的纵向和横向延伸，产业的触角逐渐渗透到乡（镇）村，与土地和劳动力要素相衔接。一个个特色优势产业集群正在改变着西海固落后的生产结构和传统的生活方式。

4. 把改造生态环境作为基础

贫困地区发展生产的最大制约因素是自然环境。由于历史、人口、观念等多种因素使人和环境陷入到发展与破坏的矛盾之中。西海固千百年制约人类生存与发展的生态环境，目前已经彻底扭转。天上的水，地表水、地下水已经被充分合理利用，这一片生存之地被有效治理，土地和人的关系也被彻底重建。

5. 把激发内生动力作为根本

如何将输血式扶贫转变为造血式扶贫，是扶贫开发最重要的课题。闽宁两地扶贫干部创造性地发挥政策的优势，利用资本之手和市场规律，激励和鞭策贫困群众发展产业，主动参与产业链的生产与分配；鼓励返乡农民工创业，带动千家万户参与发展特色产业，激发出蕴藏在当地群众之中的内生动力，把贫困地区群众引上了靠自己双手勤劳致富的道路。

二、盐池县脱贫攻坚典型经验

习近平总书记指出："全面建成小康社会，最艰巨最繁重的任务在农村，特别是在贫困地区。没有农村的小康，特别是没有贫困地区的小康，就没有全面建成小康社会。"这是我们工作的重点，也是我们消除贫困，坚决打好打赢脱贫攻坚战的责任和目标，聚焦贫困群众、贫困地区，实施精准扶贫、精准脱贫，在毛乌素沙地的边缘干旱地带，走出了一条群众苦干、产业发展、保障有力的稳定、可持续发展脱贫攻坚路子。

（一）基本情况

盐池县位于陕甘宁蒙四省交界地带，地处毛乌素沙地南缘，既是革命老区，也是宁夏中部干旱带上的国家级贫困县，面积 8522.2 平方公里，辖四乡四镇 1 个街道办 102 个行政村，总人口 17.2 万人，其中农业人口 14.3 万人。2014 年精准识别贫困村 74 个，贫困人口 11203 户 32998 人，贫困发生率为 23%。近年来，盐池县贯彻落实习近平新时代中国特色社会主义思想和党的十九大精神，坚持精准扶贫、精准脱贫，在自治区、市党委、政府的坚强领导和大力支持下，紧紧围绕"两不愁三保障"脱贫目标，攻坚拔寨，众志成城，举全县之力坚决打赢精准脱贫攻坚战。2015 年金融扶贫工作受到国务院通报表扬，享受"免督察"和六项激励措施，金融扶贫"盐池经验"向全国推广。2016 年，中央深化改革领导小组对盐池县"扶贫保"经验给予充分肯定，公立医院改革受到国务院通报表扬，第一批创建全国健康促进县获得优秀等次，荣获全国扶贫系统先进集体。2017 年落实土地节约集约利用等政策成效明显，受到国务院督察激励。2014—2017 年连续四年荣获宁夏扶贫工作考核一等奖。

（二）主要做法和取得的成效

1. 牢固树立"四个意识"，坚决贯彻落实习近平总书记关于脱贫的重要论述

盐池县始终把脱贫攻坚工作作为重要政治任务，摆在全县经济社会发展的重要位置，坚决贯彻落实习近平新时代中国特色社会主义思想，牢固树立"四个意识"，提高政治站位，进一步增强打赢打好精准脱贫攻坚战的责任感、使命感、紧迫感。充分发挥县委统揽全局、协调各方的领导作用，按照《自治区脱贫攻坚责任制实施细则》，成立了以县委书记为组长、县长为第一副组长、52 个乡镇部门为成员单位的脱贫攻坚领导小组，县、乡、村逐级签订责任状，层层传导压力、级级压实责任，构建县、乡、村三级组织抓扶贫、全县动员促攻坚的工作格局。充分发动全社会共同参与脱贫攻坚，组织全县 3100 余名干部与贫困群众结对帮扶，选派 37 名优秀年轻干部到乡镇挂职，抽调 222 名自治区、市、县优秀干部驻村帮扶（其中第一书

记 74 名），闽宁协作、央企（中航油）帮扶、百企帮百村等扎实推进，先后有 5 批 12 名优秀干部到盐池县挂职开展工作，构建了党政主导、部门协作、社会参与的大扶贫格局，全县所有贫困村、贫困户实现了帮扶责任人全覆盖。加大督察考核力度，完善领导干部、帮扶人责任追究办法和驻村工作队、第一书记管理考核办法等 6 项规章制度，建立了脱贫攻坚逐级监督检查、定期报告制度，盐池县也成立了扶贫专项督察组和执纪检查组，采取每月通报、定期督察、暗访抽查等方式，开展多轮专项巡回督察，找问题、抓整改、促落实。加强扶贫资金监督管理使用，制定《盐池县统筹整合使用财政涉农资金管理暂行办法》《盐池县扶贫资金三级公开实施方案》等系列涉农扶贫资金管理制度，实现了项目管理规范化、资金管理公开化、项目验收透明化。

2. 严格程序，精准识别精准退出

严格按照国家评定标准识别贫困对象，开展横向到边、纵向到底的全面摸底排查。一是严格程序保精准。针对识别标准不统一的问题，盐池县严格按照"两不愁三保障"标准，结合实际，全面推行"五看十步法"，通过民主评议、综合分析等进行倒排序，精准识别贫困对象，一把尺子量到底，有效杜绝贫困对象"失真"。二是阳光操作保精准。严格落实"四会议三公示"程序，严把宣传动员、群众评议和公开公示三个关键环节，采取召开村民小组会、村民代表大会、村两委班子会等形式由群众评判，全程阳光操作，确保了建档立卡贫困户识别的科学民主和公平公正。同时，多次开展"回头看"，及时查漏补缺，做到动态管理、有进有出、逐年更新，实现扶贫对象精细化管理，提高了群众知晓率、识别精准率和数据信息录入准确率。三是严明纪律保精准。严肃工作纪律，按照"谁识别谁负责、谁填报谁负责、谁包抓谁负责"的要求，精准识别、严把识别关和退出关，靠实责任，解决建档立卡贫困户评定过程中受家族势力干扰、搞平均主义、偏亲厚友等因素造成的错评漏评情况。

3. 把培育特色产业作为脱贫攻坚的根本之策，实现群众可持续稳定增收

出台特色产业扶持政策，大力发展以滩羊为主导，黄花菜、小杂粮、牧

草、中药材为辅助，适合家庭经营小品种为补充的"1+4+X"特色优势产业，不断夯实脱贫攻坚产业基础。一是主导产业强力带动。充分发挥"中国滩羊之乡"等品牌优势，组建了盐池滩羊产业集团，成立了县乡村三级滩羊协会，对产业链关键环节实行"六统一"，先后在北京、上海、广州等大中城市举办盐池滩羊品牌推介会，盐池滩羊被列入全国商标富农十大典型案例，先后成功入选中国杭州 G20 峰会、厦门金砖国家领导人会晤、上海合作组织领导人青岛峰会专供食材，"盐池滩羊肉"品牌价值达到 68 亿元，滩羊产业已成为群众脱贫致富的主导产业。2017 年，全县滩羊饲养量 311.2 万只，实现产值 10.2 亿元。大力发展黄花菜、小杂粮、优质牧草和中药材产业，累计种植黄花菜 8.1 万亩，年均种植以荞麦为主的绿色小杂粮 40 万亩，一年生优质牧草 10 万亩，中药材 2.7 万亩以上。二是适合家庭经营的特色产业遍地开花。坚持因户因人施策，在做好县级"1+4"主导产业的同时，充分发挥乡镇多种经营的主动性，结合当地实际，积极推动发展"一村一品，一户一业"。目前，黑毛猪、滩羊、香瓜等特色产业发展迅速，已成为贫困群众增收致富新的增长点。三是扶贫新业态全面铺开。通过采取集中扶持、合作经营等方式，大力发展"光伏+"扶贫模式。目前，已完成 74 个贫困村光伏电站建设，每年可为村集体增收 22 万元，连续 20 年。完成分布式光伏 2554 户，为符合条件的 794 户建档立卡兜底户安装屋顶光伏，每年每户收益 3000 元以上。各村从集体收益中每年安排 3 万元资金，为全县 1500 余户兜底贫困户每年每户分红 2000 元，有效解决了兜底户稳定增收问题。坚持脱贫攻坚与生态保护并重，先后安排 1500 名有劳动能力的建档立卡贫困人口就地转成生态护林员，年均增收 1 万元，实现生态补偿脱贫。

4. 把加强基本公共服务作为脱贫攻坚的重要支撑，不断加大民生保障力度

坚持从破解水电路房等基础设施瓶颈入手，统筹推进农村供水、道路、危房危窑改造等基础设施和公共服务建设，全力打通服务群众"最后一公里"。一是实施基础改善工程。突出抓好偏远山区村组路网辐射，按照"常住户 50 户以上的村庄通水泥路或柏油路、20 户以上的村庄巷道通水泥路，常住户低于 20 户的通砾石路"的要求，2014 年以来，全县总计建成村组道路 3230 公里，改造村庄巷道 1458 公里。紧盯边远山村、边界村群众吃水难问题，实施了南部山区人饮管线改造提升工程，新增自来水入户 8782 户，自来水入户率达 99.7%，农村常住户全部喝上了放心水。二是实施危房危窑改造工程。加大危房危窑改造力度，以农户自筹为主，政府补助、政策扶持和社会参与等为抓手，通过"十个一批"措施，三年累计完成农村危房危窑改造 6991 户，结合县情实际，制订出台了《盐池县"十三五"易地扶贫搬迁项目实施方案》，完成易地扶贫搬迁 519 户 1602 人，切实解决了农村危房危窑户和无房户住房保障问题。三是提升公共服务水平。扎实推进贫困村综合文化服务中心建设，新建 102 个村级文化服务中心，村卫生室全部达到标准化，配套建设文化广场 115 个。通过增加电信基塔密度，实施 4G 网络覆盖工程、有线网络和卫星接收户户通工程，广播电视覆盖率达到 100%。采取"客运公司+公交公司"运行模式，实现了所有行政村通客车。实施美丽村庄、环境卫生整治等重点工程，新建、改建美丽村庄 47 个，通过"社会化参与，市场化运作"的方式，将县内农村环卫保洁全部发包，农村环境卫生显著改善。四是实行兜底保障工程。对全县 5664 名无劳动能力的建档立卡贫困户全部纳入农村低保范围，全面实行"两线合一"，逐年提高低保金发放标准，实现了"应保尽保，应救尽救"。同时，因村因户采取资产收益分红、土地流转、分布式光伏电站收益等方式增加兜底贫困户收入。

5. 把金融扶贫作为脱贫攻坚的主要抓手，切实解决贫困群众发展难题

坚持把金融扶贫作为脱贫攻坚主要抓手，制定了《盐池县金融扶贫实施方案》，采取诚信支撑、产融结合、风险防控、保险跟进、改革创新"五大举措"，破解了贫困户贷款难、贷款贵等难题，走出了一条"依托金融创新推动产业发展、依靠产业发展带动贫困群众增收"的富民之路。一是打造诚信体系，解决贫困户贷款难的问题。探索建立了乡村组户"四信"评定系统，按照"1531"的比例，将全县所有农户的信用情况分为四个信用等级，与各金融机构同评定、共应用，实行贷款额度、利率优惠与信用等级挂钩，推行免担保免抵押贷款，有效降低贷款门槛和贷款成本。全县共评出信用乡镇 8 个、信用村 92 个、信用组 525 个、信用户 4.8 万户，诚信度均达到 90% 以上。利用评定的诚信体系，对 60~70 岁有发展能力的贫困户进行二次授信，累计发放贷款 6000 余万元；对"黑名单"贫困户进行分步解决，累计释放"黑名单"贫困户 968 户，放贷金额达 7373 万元。在全县 8 个乡镇设立了 14 个便民服务网点，102 个行政村设立了 193 个金融便民服务终端，群众足不出户就能适时办理免费转账、清息、缴费等业务。同时，建立县级"智慧扶贫综合管理服务平台"，破解了金融扶贫精准统计难题。二是推进产融结合，解决可持续发展的问题。一方面，严格落实扶贫小额信贷政策，对贫困户执行 3 年期 10 万元以内（5 万元以内免担保免抵押）基准利率、财政贴息贷款，贫困群众发展产业资金需求实现了"应贷尽贷"。2017 年底，全县符合贷款条件的建档立卡贫困户贷款余额达 7.55 亿元，户均贷款 8.8 万元，2016—2017 年共为建档立卡贫困户贴息 2212 万元。另一方面，筹集各类风险补偿金 8000 万元注入各商业银行，撬动银行扩大倍数放贷，累计为新型经营主体、小微企业贷款 11.9 亿元，解决新型经营主体和小微企业融资难题。三是推行保险扶贫，解决群众脱贫风险大问题。按照"保本、微利"原则，采取"政府+商业保险"方式，建立了"2+X"菜单式扶贫保模式，实行低保费、高保额的特惠政策，解决了贫困群众的后顾之忧。设立 1000 万元"扶贫保"风险补偿金，建立盈亏互补机制，为群众发展产业保驾护航。

6. 把健康扶贫作为脱贫攻坚的基本保障，织牢防病治病的安全网

结合推进医疗卫生体制改革，按照自治区《关于推进健康扶贫若干政策的意见》和《健康扶贫行动计划（2017—2020 年）》要求，制定了健康扶贫中长期规划和年度健康扶贫实施方案，积极探索，创新实践，着力解决大病救助保障力度不够、医疗能力弱、群众健康意识低、就医负担重等难题。一是大力实施健康保障工程。成立了县级卫生发展基金，建立了"四报销四救助"体系，确保贫困群众年度门诊个人医疗费用支出不超过15%，住院个人医疗费用支出不超过10%，年度累计个人支付不超过5000元。二是大力推进健康服务工程。创新开展"五项补助措施"，为8112名因病致贫、慢性病患者进行了免费体检，为4000多名大病患者落实医疗报销政策，为所有建档立卡贫困群众开展签约服务，全县建档立卡贫困户基本医疗保险参保率达100%。全面实行"先住院后付费"，基本医保、大病保险、大病补充保险、民政医疗救助等政策在县内各医疗机构实现"一站式"结算，确保医疗报销救助无缝隙、全覆盖。三是大力开展健康促进工程。成立了健康促进委员会，建立了健康促进工作网络，全面开展"健康盐池大讲堂"等活动，倡导健康文明的生活方式，不断巩固健康促进县成果，提高全民健康素养和防病治病意识。

7. 把扶贫同扶志、扶智相结合作为脱贫致富的长远之计，不断激发群众的内生动力

坚持精神脱贫与物质脱贫并重，走教育引导提升素质的脱贫路子，激发贫困群众自力更生、自主脱贫的内生动力。一是立足扶贫先扶志，破除精神贫困。深入开展"育人塑魂"工程、"诚信盐池"建设，采取党员"1+1"、干部帮扶等多种形式，帮助群众树立想富、敢富、能富的心气劲。深入开展"三先开路话脱贫"等主题巡回演讲活动，引导脱贫典型现身说法，教育群众听党话、感党恩，鼓励贫困群众依靠自己的双手苦干实干、勤劳致富。二是立足治穷先治愚，提高致富能力。全面落实建档立卡户和农村家庭经济困难残疾儿童"一免一补"、义务教育"三免一补"、高中阶段国家助学金、助学贷款等教育精准扶贫政策，近两年累计资助贫困学生8.2万人次8299万元，全县九年义务教育阶段实现"零辍学"。不断强化劳动力转移中长期培训，建立职业教育与企业定向合作机制，实施"菜单式"培训，逐步形成了基础教育、职业教育、技能培训、教育引导"四位一体"教育格局，累计完成建档立卡贫困户培训16077人，实现有条件的贫困户每人掌握1~2门实用技术，贫困群众的综合素质不断提高。三是立足脱贫先脱旧，树立文明新风。深入开展"三破三立"大讨论、"移风易俗，弘扬新风"等活动，树立新思路、新作风。突出正向激励，坚持早干早支持，多干多支持，大干大支持，重奖农村致富带头人，对率先脱贫的典型户予以表彰奖励，激励贫困群众大干快富、光荣脱贫。

截至2017年底，全县贫困村出列74个，减贫10792户32078人，剩余411户920人因病、因残没有实现稳定脱贫，贫困发生率为0.66%。全县完成地区生产总值85.6亿元，农民人均可支配收入9548元，建档立卡贫困户人均可支配收入8145元，贫困群众均实现了"不愁吃，不愁穿"。

（三）几点启示

1. 各级领导切实贯彻落实扶贫政策

深入贯彻落实习近平总书记关于脱贫攻坚的重要论述，认真落实中央和自治区关于打赢脱贫攻坚战三年行动的决策部署。牢固树立"四个意识"，提高政治站位，进一步增强打赢打好精准脱贫攻坚战的责任感使命感紧迫感。充分发挥县委统揽全局、协调各方的领导作用。建立领导责任制，层层传导压力、级级压实责任。

2. 抓好扶贫产业这个核心

因地制宜、立足本地实际、坚持发展特色脱贫产业，不断拓宽贫困群众增收致富空间。把发展特色产业作为群众增收致富的重点产业，加强市场对接，延伸产业链、打造供应链、提高附加值，在生产的规模化、标准化、特色化经营和品牌化打造上持续用力，以产业发展带动贫困群众稳定持续增收致富。注重龙头企业和专业合作社的发展和积极作用。

3. 创新金融扶贫方式

金融扶贫是将"输血式"扶贫变为"造血式"扶贫的有效载体，盐池县在金融扶贫方面，紧紧围绕贫困群众的金融需求，创新模式、精准服务，充分发挥金融扶贫的作用。

4. 以问题导向，注重工作实效，提高脱贫攻坚质量

加大督察考核力度，完善领导干部、帮扶人责任追究办法和驻村工作队、第一书记管理考核办法等6项规章制度，建立脱贫攻坚逐级监督检查、定期报告制度。加强督察考核，全面查找、及时解决存在的问题，确保脱贫退出成果得到群众认可、经得起历史检验。

5. 有效带动，激发群众脱贫致富动力

充分发挥农村基层党组织作用，充分发挥"两个带头人"的作用，切实激发贫困群众的内生动力，引导他们依靠自身努力实现脱贫致富。带领群众向全面建成小康社会迈进。

三、"两个带头人"助力脱贫攻坚——固原市抓党建促脱贫的经验

精准打好脱贫攻坚战，是贫困地区农村与全国同步建成全面小康社会的前提，是实施乡村振兴战略的基础。固原市是六盘山集中连片特困地区核心区，是宁夏深度贫困地区的主要区域，解决这一区域的贫困问题是宁夏打赢脱贫攻坚战的必要条件。近年来，固原市成功探索发挥"两个带头人"在脱贫攻坚中的积极作用，对于贫困人口脱贫产生了良好的效果。

（一）背景与概况

固原市地处六盘山集中连片特困地区核心区，曾"苦瘠甲天下"，是宁夏唯一的全域贫困市，辖四县一区均属国家级贫困县，贫困人口占到全区的一半，是宁夏脱贫攻坚的主战场。为打赢打好脱贫攻坚战，2015年9月以来，固原市委实施了农村"两个带头人"工程，即：选优配强村党组织带头人（含村党支部书记、村两委成员、第一书记、大学生村官、村级后备干部）、培育壮大脱贫致富带头人队伍，带动群众发展经济、脱贫致富，达到了抓党建、强产业、促脱贫的目的。"两个带头人"工程是从群众实践中总

结出来的。党组织带头人发挥"头雁""火车头"作用，带头致富、带领群众致富，是党的一贯要求，所以，必须把致富带头人纳入，让代表农村先进生产力发展方向的政治力量和经济力量结合起来，带领群众共同发展、脱贫致富。在脱贫攻坚工程中，致富带头人积累了见识、理念、品种、技能、销路等优势，他们是一方水土能够养活一方人路径的"明白人"，是"市场的种子"。

（二）主要做法与成效

1. 建立培优扶强机制，增强带头本领

按照自治区党委开展村级党组织"三大三强"行动（加大投入力度、强化基本保障，加大培训力度、增强素质能力，加大选拔力度、选优配强基层党组织书记）要求，固原市自觉在加强村党组织带头人队伍上下功夫，绝不让不称职者占位子、混日子。

配强村党支部书记。加大对文化程度偏低、能力偏低、群众公认度偏低的"三低型"村党支部书记调整力度，及时把思想政治素质好、有知识有见识、思路宽点子多、懂经营会管理，能团结带领党员群众共同致富的优秀党员选拔为村党支部书记，结合村两委换届和平时工作情况，先后调整不称职村党支部书记309名，占总数的38.4%。换届后村党支部书记平均年龄由50岁下降到46.5岁，高中及以上文化程度占到52.4%。精准选派第一书记。把第一书记作为"两个带头人"工程宣传群众、唤醒群众的重要支点和杠杆，紧紧抓在手上。按照因村派人、精准派人的原则，先后两轮选派第一书记1374名，实现建档立卡贫困村和党组织软弱涣散村第一书记全覆盖。实行第一书记与派出单位定点帮扶责任、项目、资金落实情况捆绑，先后调整不称职第一书记306名。精心培育后备干部。通过"三推两考一培养"（自我推荐、群众推荐、组织推荐，村党支部考察、乡镇党委考察，定岗培养）方式培养村级后备干部1795名，安排到村民小组长岗位锻炼成长，换届中497名后备干部进入村"两委"班子。

重视大学生村官培养使用。将大学生村官优先向贫困村、后进村配备，优化农村基层党组织带头人队伍，25 名表现优秀的大学生村官担任村党支部书记。

选好选准脱贫致富带头人。严格选人标准。坚持政治标准和带富能力并举，选育对象主要是思想政治素质好，掌握一定致富技能，具有承接、领办扶贫产业项目，依法生产经营，积极履行扶贫社会责任，直接带动至少 3 户贫困户参与产业发展项目或务工就业，实现建档立卡贫困户稳定增收、精准脱贫的经济引领能人。拓宽来源渠道。采取在村上创业成功并承接领办扶贫产业的企业和农民专业合作社负责人、种养大户、家庭农场等新型农业经营主体中培育扶持一批；开展"家乡要脱贫，我能做些啥"和"乡里菁英"回归等活动，从在外创业成功人员中召回一批；依托闽宁对口帮扶、扶贫产业园区和特色产业发展引进一批；鼓励事业单位工作人员担任农村"两个带头人"下派一批。此即"四个一批"办法，全市共培育脱贫致富带头人 3506 名。建立信息台账。根据致富带头人的基本信息、产业类型、收入情况、带动户数、带动形式等建立台账，由村党组织推荐申报、乡镇党委审核把关、县（区）统一认定、市上宏观指导的方式确定致富带头人名单。其中，"有土"带头人 2270 名（种植 855 名、养殖 1355 名、林下经济 60 名），占 64.7%；"离土"带头人 1236 名（劳务 751 名、加工及营销 449 名、乡村旅游 36 名），占 35.3%。根据带动能力，将致富带头人分成 A 类（带动能力强，带动群众 30 户以上）440 名，B 类（带动能力较强，带动群众 10~29 户）1129 名，C 类（有一定带动能力，带动群众 3~9 户）1937 名。加大培育力度。在脱贫致富带头人的培育上，坚持大干大支持、小干小支持。支持致富带头人领办新型经营主体，对从事农产品初加工、休闲农业以及特色种植、养殖等，带动贫困群众在产业链上生产或就近就地务工，进行普惠性补贴支持，特别是对致富带头人领办股份合作社，群众以土地、资金等入股的，实施以奖代补，给予一定的资金和项目支持。对带动贫困户作用明显的致富带头人，由组织、扶贫、农牧等部门推荐，银行不通过担保直接提供贷款，并实行优惠利率。

2. 建立转化提升机制，促进融合互动

努力把农村党员培育成致富带头人。从项目、资金、技术、信息等方面，加大对农村党员带头致富、带领群众共同致富的支持力度，鼓励和支持农村党员领办农业合作社、家庭农场，发展特色产业、乡村旅游、农产品电子商务等，力争使有劳动能力的农村党员都有脱贫致富项目、每个贫困村都有党员致富带头人。

注意在致富带头人中择优培养入党积极分子、发展党员、培养村后备干部。培育"两个带头人"特别是致富带头人的行动，为农村储备入党积极分子和后备干部，打下了坚实基础。因为，致富带头人是靠党和政府的好政策发展起来的，他们认为"跟党走，啥都有"，有感恩党、向党组织靠拢的情怀。两年来，固原市在致富带头人中择优发展党员240名，将477名致富带头人吸收为村后备干部进行培养。

注重培养"二合一"的带头人。党员致富带头人有争当村党组织带头人的愿望，因为当了村党支部书记，他们更有组织宣传动员群众加入合作组织走规模化发展道路的优势。村两委换届后，村党支部书记中致富带头人424名，占总数的52.6%，较之前提高了20个百分点。1016名致富带头人进入村两委班子。

加大"两个带头人"的激励力度。注重培养"两个带头人"的政治荣誉感，支持村党组织带头人参与公务员招录考试，先后从村干部中招录公务员22人。2016年全市乡镇领导班子换届中，3名优秀村党支部书记当选为副乡（镇）长，并继续留在村党支部书记岗位上发挥作用。全市从"两个带头人"中推选的各级"两代表一委员"1431人，其中党组织带头人786人、致富带头人645人。结合庆祝建党95周年，全市共表彰"两个带头人"366人，其中党组织带头人170人、致富带头人196人。在干部选拔任用中树立重视基层、"凡提必下"导向，市县（区）先后提拔重用第一书记85名，其中提拔为副处级以上领导干部14名。

3. 建立示范带动机制，引领脱贫富民

充分发挥农村基层党组织的政治领导核心作用和"两个带头人"的带动作用。农村基层党组织积极组织宣传和贯彻党的方针政策，走产业化发展之路，监督保证农村合作组织合法经营、维护群众利益，为农村发展产业争取资金项目，并让有潜力的能人先试先带，促进产生更多致富带头人，把"两个带头人"作用充分结合起来，带动群众脱贫致富。

让先进更先进。先后组织 3430 名"两个带头人"到吴忠利通区、盐池县、陕西杨凌、户县东韩村和市内观摩，学习别人"把产业链拉得更长，把产品做向更高端"的经验，开阔视野，增强带动能力，举办脱贫攻坚专题培训班，对 1576 名村党组织书记村委会主任和 639 名第一书记进行集中培训，按照"地域相近，产业相似"的原则，将全市所有第一书记覆盖区域分成 119 个片区，每个片区确定一名负责人，建立第一书记微信群，互相交流，互促提高。

让先进带后进。举办农村"两个带头人"巡回讲堂，送教上门，选派带头人 393 名，宣讲 723 场次，培训群众 3.5 万人，"农民讲给农民听，你行我也行"。聚焦精准减贫带富，让"两个带头人"通过"公司+农户""合作组织+农户"等形式带动群众发展。在实践中探索出六种带动模式，即：龙头企业引领型。采取"支部+公司+基地+农户"的方式，由龙头企业带动贫困群众脱贫致富。专业组织带动型。采取"支部+合作社+农户"的方式，由专业合作社、产业协会带动贫困群众脱贫致富。致富能人帮带型。采取"1+X"的方式，引导致富带头人通过一对多形式，与贫困群众建立结对帮扶。技术指导服务型。采取"技术+"的方式，由致富带头人提供技术支撑，帮助贫困群众脱贫致富。托管分红互助型。采取"托管+分红"的方式，由致富带头人盘活资金、土地等，贫困群众以入股的方式进行分红，增加收入。劳务创收带领型。由致富带头人牵头组建务工队，带领有劳动能力、无务工渠道的贫困户打工挣钱。带头人共领办国家级农业产业化龙头企业 1 家（宁夏佳立生物科技有限公司）、自治区级 48 家，国家级示范合作

社 39 家、自治区级 89 家，二星级以上家庭农场 105 家，涌现了一批跨村跨乡甚至跨县带动群众的致富带头人，5.28 万户 14.9 万名群众跟着带头人并肩奋斗在脱贫致富的各类产业组织中，其中直接带动建档立卡贫困户 3.05 万户 9.2 万人。

让后进赶先进。党组织带头人和第一书记普遍组织本村群众走出去观摩学习，群众"回来后就坐不住了"。连续两年开展"冬季大轮训，提振精气神"活动，群众从原来的"要我学，逼我干"到"我要学，我想干"的大转变，打消了贫困群众长期以来怕风险、怕失败的担忧，竞相贷款、加入合作组织，跟着"两个带头人"抱团发展的热情空前高涨。实施"两个带头人"工程以来，金融扶贫积极跟进，发放涉农贷款 221.95 亿元，其中为 7.44 万户建档立卡贫困户发放贷款 32 亿元，户均 4.3 万元

4. 建立支撑保障机制，提升落实成效

从严督察考核。市委、政府把"两个带头人"工程作为实施脱贫富民战略的重要工程，纳入县（区）、部门目标效能考核，市级主要领导分别包抓一个县（区）、联系一个乡镇、指导一个村，市直部门（单位）主要负责人每人包抓一个村，机关干部联户帮扶，单列分值进行考核，主要考核带头人的培育数量、带动贫困户数量和带动效果。设立"两个带头人"工程单项奖，每年评选 1 个先进县（区），给予 20 万元的单项奖励。县（区）、乡镇参照市上做法，分层级建立考核机制。

加大扶持力度。在对建档立卡贫困户进行金融贷款支持的基础上，市上建立 5 亿元"两个带头人"产业担保基金，按照 1:10 比例放大贷款，把致富带头人至少带动 10 户以上贫困户、并且与贫困户签定帮扶带动协议作为金融支持的硬杠杠，实行贷款额度与减贫带贫情况结合，带的贫困户越多，金融支持的力度越大；同时，实行优惠利率，延长贷款期限，执行优惠担保费率。目前致富带头人担保贷款余额 20.52 亿元，当年新增 15 亿元。

强化人才支撑。选派 678 名科技特派员与农户"结对子"、传帮带，推进技术力量向农村一线倾斜。制定出台了鼓励事业单位工作人员担任农村

"两个带头人"带领群众脱贫致富实施办法，探索实行离岗后身份不变、编制不变、人事关系不变、福利待遇不变、工龄连续计算"四不变一连续"政策，鼓励干部职工到贫困村创业扶贫，带动10户以上建档立卡贫困户增收脱贫，户均年收入3万元以上。四是加强基础保障。结合"两不愁三保障"目标，投入资金3200万元，新建、扩建村级组织活动场所44个、维修258个；为427个村注入资金9055万元，作为发展壮大村级集体经济启动资金；市县财政每年配套资金6600万元，全面落实村级组织办公经费、为民服务专项资金等，村干部报酬提高到上年度农民人均可支配收入的3倍，并与星级评定等次挂钩，激发了村干部干事的热情，为实施"两个带头人"工程提供了有力支撑。截至目前，全市累计销号贫困村476个，减贫25.3万人，贫困人口下降到9.2万人。

（三）几点启示

1. 精准打好脱贫攻坚战，抓党建是关键

固原市"两个带头人"工程，积极探索党建扶贫新路径，激活了农村基层党建引领脱贫攻坚的神经末梢。在农村基层党建和农村发展、脱贫富民之间找到了结合点，以产业为纽带，把基层党组织力量、群众致富愿望、市场力量有机结合起来，群众参与到产业当中，自主选择、自主经营、自担风险、自我发展，形成"带头人跟着党组织走，群众跟着带头人走，带头人跟着产业项目走，产业项目跟着市场走"的格局。

2. 在党建中促脱贫，在脱贫中促党建

农村"两个带头人"工程，破解了党建与发展、脱贫"两张皮"的难题。在农村基层党建中，增强基层党组织的凝聚力、战斗力，增强农村党建的活力，努力把农村贫困人口培养成农村实用人才，帮助贫困农户实现稳定增收脱贫。在脱贫攻坚主战场上锻炼干部，培养、识别、使用干部，增添农村基层组织的新鲜血液，夯实农村党建基础，提高农村基层党组织在群众中的形象。

3.创新农村基层党建，政府政策引导、监管、考核是保障

农村基层党组织和致富带头能人，他们是党把各项政策落到地的"最后一公里"，是最接地气、最能接近贫困群众的群体。然而，贫困农村基层党组织凝聚力、战斗力不强，农村基层党员的先锋模范作用发挥的不够，农村的致富能人基本上都在外务工或从事其他工作，因此，加强农村基层党组织建设，政府积极地鼓励政策，必要的引导、监管和考核，对于培育和壮大"两个带头人"非常重要。

后 记

为了深入贯彻落实党的十九大和十九届三中、四中全会精神，落实习近平总书记关于扶贫工作的重要论述，全面贯彻落实自治区第十二次党代会精神，自治区党委十二届八次、九次全会精神，以及自治区党委、政府关于推进脱贫富民战略的实施意见，进一步加强对宁夏经济社会重大理论与实践问题的研究，充分发挥中共宁夏区委党校、宁夏行政学院的职责，我们组织相关专业的教师，就继续实施脱贫富民战略的相关理论与实践问题展开了深入研究。本书是这项研究工作的最终成果之一，也是中共宁夏区委党校、宁夏行政学院学术文库的一项成果。

本书由中共宁夏区委党校、宁夏行政学院社会与文化教研部主任狄国忠担任主编。

承担本书撰写任务的分别是：狄国忠（总论、第一章、第八章、第十章、第十一章）、周泽超（第二章、第七章、第十四章）、宋克玉（第三章）、李晓（第四章、第二十一章）、李长德（第五章、第十二章、第二十章）、马成乾（第六章、第十三章、第十八章、第十九章）、徐如明（第九章）、王雨（第十五章、第十六章、第二十二章、第二十三章）、芦建红（第十七章）、崔继鹏（第二十四章）。第二十五章崔继鹏为3个案例的第一作者，狄国忠为第二、第三个案例的第二作者，刘姝为第一个案例的第二作者。

本书的出版得到了宁夏人民出版社的大力支持，在此表示衷心感谢。

在研究和撰写本书的过程中，作者借鉴了相关领域许多专家学者的研究成果，在此，对这些专家学者表示感谢。由于作者水平有限，本书难免有不妥之处，敬请读者批评指正。

编　者

2019 年 12 月